수필도 아닌 것이

수필도 아닌 것이

초판 1쇄 발행 2022년 4월 20일

지은이 이희순
펴낸이 장길수
펴낸곳 지식과감성#
출판등록 제2012-000081호

교정 정은지
디자인 이현
편집 정슬기
검수 김우연, 이현
마케팅 고은빛, 정연우

주소 서울시 금천구 벚꽃로298 대륭포스트타워6차 1212호
전화 070-4651-3730~4
팩스 070-4325-7006
이메일 ksbookup@naver.com
홈페이지 www.knsbookup.com

ISBN 979-11-392-0426-1(03810)
값 12,000원

- 이 책의 판권은 지은이에게 있습니다.
- 이 책 내용의 전부 또는 일부를 재사용하려면 반드시 지은이의 서면 동의를 받아야 합니다.
- 잘못된 책은 구입하신 곳에서 바꾸어 드립니다.

지식과감성#
홈페이지 바로가기

수필도 아닌 것이

이희순 수필집

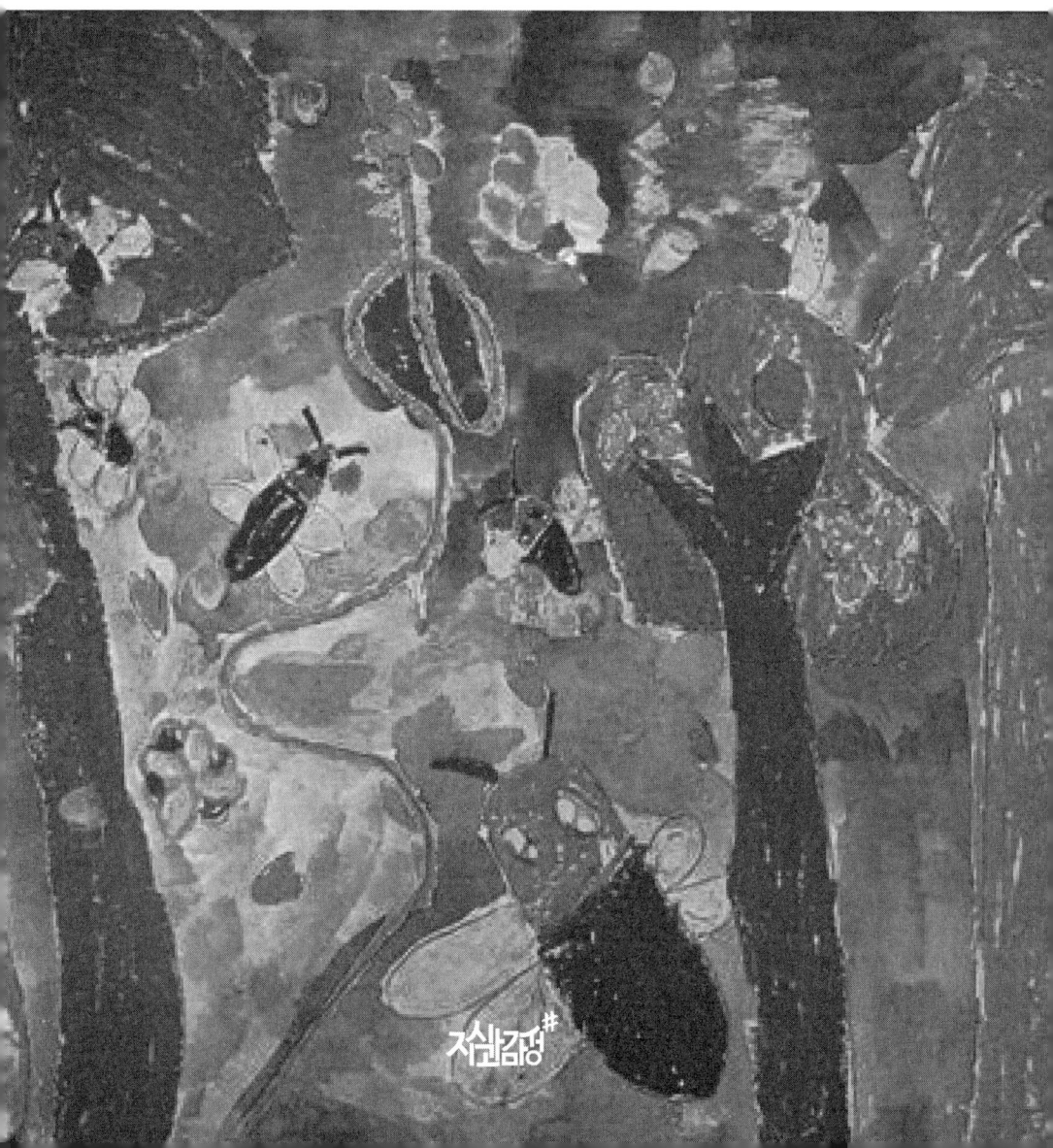

들어가며

　어느덧 등단한 지 15년이 되었군요.
　그동안 수필집 한 권 내지 못한 부끄러움을 감추며 미적거리는 사이, 수필도 아닌 것이 앞자리를 내달라 조릅니다. 〈맞춤법 연습〉이라는 별종이지요. 첫 수필집을 내는 잔치마당에 축하는 못 해줄망정 몽니를 부립니다. 제발 주제 파악 좀 하고 뒷자리 하나 알아보라 하니 아예 퍼질러 앉습니다. 녀석이 주인 마음을 꿰뚫고 있으니 백기를 들 수밖에 없군요.

　'맞춤법으로 몸 풀고 하늘 문법으로 마음 깨우기'가 제 처녀작의 제목이었지만 긴 제목이 탐욕스러워 보여 《수필도 아닌 것이》로 서둘러 개명했습니다. 수록 작품의 제목을 하나하나 어루만져봅니다. 데려온 자식도 아니건만 방치했던 작품들과 눈도장을 찍고 나니 조금은 마음이 놓입니다.

　이 수필집은 좀 특별합니다.
　첫머리에 맞춤법 연습을 올리자마자 수필작품들의 원성이 자자합니다. 늘 보아왔던 그렇고 그런 문제들이 아닌 만큼 독자님의 언어생활에 도움이 되리라 확신합니다.
　이상의 〈오감도〉에 대한 기하학적 해석도 음미해보시기 바랍니다.

한편, 이 수필집은 영적 차원의 깨달음을 얻고자 하는 독자님께 참으로 낯설고 놀라운 경험을 안겨줄 것입니다.

원로 수필가 L 선생을 모시고 참 오랜만에 섬에서 가두리 양식을 하는 친구를 찾아갔습니다. 세월이 깊어질수록 생각나는 친구입니다. 아직 먼 길이지만 이 세월 따라서 향기로운 글을 쓰고 싶습니다. 어디까지나 아름다운 꿈이라 우기면서 초연한 표정의 탈을 골라봅니다.

임인년 봄날 우거에서

차례

들어가며

〈맞춤법 연습〉 맛보기

1. 수필도 아닌 것이

한글 닿소리 이름 바꾸기	14
로드킬 이야기	17
꽃은 기다리겠다	20
파격	24
꽃 중의 꽃	27
사주 이야기	30
사람만이 오행을 품수했다는데	33
금환일식(金環日蝕)	36
제사와 고사	40
석수장이가 사는 마을	44
꽈배기의 변	46

2. 성경과 한자

단군신화의 논리학	50
성경과 한자	54
때죽나무 아래서	75
기왓개미 만들어서	79
비파의 주인	83
곤달걀을 버리다	87

봄의 전원에서	91
가을을 타다	94
바구니 장수	98
꿀벌 이야기	101
내 마음의 돌탑에는	104
9월이 오면	107

3. 재수 없는 음악회

돌의 마음	112
라디오의 추억여행	116
재수 없는 음악회	119
워낭과 청려장	122
실상과 환상	126
짜장면 냄새를 그리다	130
인간과 전자인간	133
청춘의 패션	136
개미와 멍석	139
이름알이	143
백도 기행 - 백두산 상상봉을 찾아	146
횡재	150

4. 섣달그믐밤의 아부

끌끌 울었다	154
삼삼칠박수	158
양파 득도하다	160
섣달그믐밤의 아부	162
인연과 편견	165
도둑을 잡지 않았다	168
미생마 이야기	171
탈출	173
모내기 1974	175
멸구 푸던 시절	181
우물 파기	185
가시나무와 고인돌	189

5. 나잇값

국자 이야기	194
나잇값	197
놋수저와 낫	201
뎅젱이 생각	204
밥돌과 고수레	208

호이안과 바나힐	210
뺨 한 대	217
《갈매기 학습법》을 학습하다	219
사이비 사기꾼	221
시골이니까	225
여수 말 산책	228
당신 거기 있어줄래요	241
산을 자르고 들을 가르니	244
기다리는 산	246
꽃게 발을 들고	249
진남관 바라보며	252
천로역정	257
〈오감도〉 생각	261
바람아 바람아	266

6. 맞춤법 연습

〈맞춤법 연습〉 맛보기

※ 틀린 곳이 있으면 바로잡아주십시오.

1. 애개, 고작 두 개뿐이야?
2. 임마, 체신머리없이 뭐 하는 거냐?
3. 그 일은 내가 할께.
4. 주착없이 무슨 짓인가?
5. 생떼같은 자식을 가슴에 묻었다고 하더군요.
6. 마굿간과 외양간은 같은 말일까?
7. 사흘을 굶었다더니 어째 어리버리해 보였다.
8. 널니리야 널니리야, 잃었던 낭군이 다시 돌아온다.
9. 고향을 떠나온지도 10년이 지났는가 보다.
10. 고맙다고 하기는새로 보따리 내놓으라 하네.
11. 내 막내동생도 벌써 불혹에 접어들었어.
12. 햇님과 달님은 오누이랍디다.
13. 내 님은 누구일까, 어디 계실까.
14. 허락하든 승락하든 알아서 하시오.
15. 맨 앞에 있는 이가 맏상주라네.
16. 우리의 역활은 분쟁조정이지요.
17. 대금 결재일이 바로 오늘이다.
18. 성공율이 극히 낮아 보였다.

19. 산수갑산을 가더라도 부디 살아서 오너라.
20. 녀석은 끈질기게 임팔라를 노리고 있었다.
21. 뒷칸에 탄 사람은 누구일까?
22. '알맞는 답'보다는 '맞는 답'이 맞다.
23. 그 일을 하기에 걸맞는 사람을 찾아보세요.
24. 귀기가 감도는 게 어째 온몸이 으시시했다.
25. 어차피 복궐복이니까 아무 데나 던져 봐!
26. 큰 자랑거리도 아닌 걸 가지고 으시대기는.
27. 해군의 세라복은 언제 보아도 멋있어요.
28. 오는 길에 우리 가게에 잠깐 들렸다 가세요.
29. 그래도 아직 춥지 않는가 말이다.
30. 그그저께 2천만 원을 결제해서 가까스로 위기를 넘겼다네.
31. 눈을 부비며 부시시 일어났다.
32. 그 말을 들은 박 선생은 그만 얼굴이 벌개졌다.
33. 이따가 술 한 잔 합시다.
34. 장딴지에 큰 생채기가 나서 아홉 바늘이나 꿰맸다더라.

※ 해답은 뒤편 〈6. 맞춤법 연습〉에 있습니다.'

1.
수필도 아닌 것이

한글 닿소리 이름 바꾸기

　고루 이극로 선생은 1893년 경남 의령에서 태어났다. 1911년 18세의 나이로 독립군이 되기 위해 서간도로 이주하여 민족학교 교사로 활동하였다. 1920년에는 베를린대학에서 경제학 박사 학위를 취득하였으며 파리대학과 런던대학에서 음성학을 연구하기도 하였다. 1923년에는 독일 훔볼트대학에 한국어 강좌를 개설하였다. 조선어학회 간사장으로 활동하면서 한글맞춤법 통일안, 표준어 규정, 외래어표기법 제정 등에 큰 업적을 남겼는데 특히 《조선말 큰 사전》 편찬을 주도하였다. 1942년 조선어학회 사건에 연루되어 옥고를 치르며 일제의 가혹한 고문을 받았다. 1948년에 김구 선생과 함께 북한을 방문하여 머물다가 6.25 전쟁이 터지자 북한에 잔류하여 북한의 언어정책을 진두지휘하였으며 1978년에 별세하였다. 선생은 월북인사로 분류되어 우리에게 잘 알려지지 않았으나 최근 재조명되고 있다.

　유튜브를 탐색하다가 우연히 이극로 선생의 육성을 듣게 되었다. 1928년 프랑스 소르본대학에서 녹음한 원본이 파리박물관에 소장되어 있었던 것이다. 한글의 탄생 과정과 자모를 소개하는 선생의 음성은 뜻밖에 생생하고 맑았다. 10개의 홀소리를 하나하나 읽어가는 선생의 목소리에는 신념과 긍지가 넘쳤다. 이어지는 선생의 닿소리 발음에 나는 귀를 의심했다. 선생은 닿소리 14자를 기역 니은 디귿 리을이 아니라 '그느드르므브스응즈츠크트프흐'로 읽고 있었다. 참으로 놀라운 발견이었다. 오래전부터 나는 한글 닿소리가 어떤 연유로 기역 니은 디귿 리을 미음 비읍 시옷 이응 지읒 치읓 키읔 티읕 피읖 히읗이라는 이름을 지니게 되었는지 의문스러워 답답했고 '기윽, 디읃, 시읏'이 아닌 '기역, 디귿, 시옷'에 거부감을 느끼고 있었다.

나는 2018년부터 이태에 걸쳐 성인문해교실 강사로 일했다. '문교부 혜택'을 받지 못한 어르신들에게 한글을 지도하는 일이다. 그러던 중, 나는 닿소리의 이름이 한글 공부에 걸림돌이 된다는 사실을 발견했다. '기역'의 '기'는 첫소리에 쓰이고 '역'은 끝소리로 쓰이는데 '가'는 '기+아'가 합한 소리로 발음이 되어야 할 터인데 두 음절을 합성해보면 '갸'로 소리가 나서 이치에 맞지 않는 것이었다. 그런데 이극로 선생의 발음대로 '그윽'의 '그'를 적용하면 '가'는 '그+아'이니 합성하면 제대로 '가'로 발음된다는 걸 알 수 있다. 끝소리 발음을 꼬이게 하는 닿소리는 기역과 시옷이었다. 가령, '가+윽'이라야 '각'이라는 소리가 날 텐데 '가+역'을 결합하면 엉터리가 되고 만다. '스+읏'이라야 '슷'으로 소리 나는데 '스+옷'이 되고 보니 이해할 수가 없게 된다.

2019년 여름, 궁리 끝에 나는 닿소리의 새로운 이름을 지었다. 바로 그윽, 느은, 드은, 르을, 므음, 브읍, 스읏, 응, 즈읒, 츠읓, 크윽, 트읕, 프읖, 흐읗이다. 나만의 닿소리인 셈이다. 이렇게 바꾼 닿소리로 지도해보니 어르신들이 한글을 좀 더 쉽게 익히는 효과가 있었다. ㅇ은 첫소리에선 음가가 없기 때문에 '응'으로만 적었다.

현재의 한글 닿소리는 중종 때 최세진이라는 학자가 명명했다고 한다. 한문교육을 위한 한글 교습용으로 이름 지은 것이라고 전한다. 그렇다면 우리말 정립에 지대한 공헌을 하신 이극로 선생은 어떤 연고로 닿소리를 '그느드르므브스응즈츠크트프흐'로 발음한 것일까? 분명 내력이 있을 터이다. 나로선 놀라운 만남이었지만 한 가지 아쉬움을 떨칠

수 없었다. 선생의 닿소리 발음은 ㅇ을 제외하곤 음절의 첫소리에만 해당되기 때문이다. 받침으로 쓰이는 닿소리에 대한 소릿값이 없어 가령, '난'을 어떻게 발음해야 하는지 모호해진다. 2019년 여름에 개발한 나만의 닿소리는 닿소리의 초성과 종성에 논리적으로 적용할 수 있다. 가령, '맘'이라는 음절은 므음(ㅁ)의 초성 '므'와 '아'가 합성된 '마'에 '므음'의 종성 '음'을 대입한 '마+음'이 합하여 '맘'으로 소리가 난다. 닿소리와 홀소리 하나하나의 음가를 본말이라고 한다면 이들이 결합한 음절은 준말이라고 할 수 있다.

   한글 닿소리의 이름을 바꾸었으면 한다. 아울러 ㄲㄸㅃㅆㅉ 즉 쌍기역, 쌍디귿, 쌍비읍, 쌍시옷, 쌍지읒도 '쌍'이라는 한자말을 빼고 음가를 살려 '끄윽, 뜨, 쁘, 쓰읏, 쯔'로 이름을 바꾸었으면 좋겠다. ㄲ, ㅆ과 달리 ㄸ, ㅃ, ㅉ은 초성으로만 쓰이기 때문에 종성이 없다. 겹받침 15자의 이름도 궁리해봐야겠다.

로드킬 이야기

길 복판에 개선장군처럼 당당하던 방게 한 마리가 내 차에 놀라 줄행랑을 놓습니다. 녀석은 도로의 위험한 진동을 학습해놓은 듯합니다.

시골길이라서 그런지, 거의 날마다 로드킬을 목격하게 됩니다. 십중팔구는 고양이고 다음으론 견공들인데 간혹 고라니나 너구리, 족제비 같은 야생동물의 죽음도 보입니다. 이제 산골에선 들고양이들도 야생동물의 반열에 오른 듯합니다.

며칠 전 덩치 큰 백구가 느닷없이 내 차 앞을 가로질렀습니다. 급제동을 걸며 겨우 피했구나 하는 순간, 백구는 옆에서 진행하던 승용차에 받히고 말았습니다. 둔탁한 충격음과 함께 백구는 저만큼 나가떨어지고 차는 잠시 멈칫하는가 싶더니 그대로 가버렸습니다. 나는 20년이 지나도록 생쥐 한 마리 윤화(輪禍)를 입히지 않은 것에 감사합니다.

오늘 아침, 처참하게 죽임을 당한 저 고양이의 젖이 불은 것으로 보아 어린 새끼들이 있는 게 틀림없습니다. 적어도 네 마리의 새끼들은 이내 다 굶어 죽게 될 겁니다. 16세기 초, 서인도제도에서 벌어진 인디언 말살의 참혹한 역사가 오버랩됩니다. 어느 섬에서는 부모들을 광산에 끌고 가는 바람에 버려진 아이들이 서너 달 동안 6천 명 이상이나 죽었습니다. 끌려간 부모들도 지옥의 고통에 시달리다가 대부분 불귀의 객이 되었습니다.

우리나라에서만도 줄잡아 한 해에 백만 마리의 야생동물이나 애완동물이 길 위에서 목숨을 잃는다고 합니다. 사람들은 산을 자르고 들을 가로질러 야생동물들의 길을 파괴했습니다. 자동차를 이용하여 시도 때도 없이 그들을 처형하면서 결코 본의가 아니라고 말합니다.

도시의 거리에서는 체구가 작은 애완견들의 로드킬이 종종 목격됩니다. 얼마 전엔 흰색 발바리가 무참하게 죽어있었습니다. 버림받은 줄도 모른 채 공원에서 며칠을 굶주리며 주인을 기다리다가 마침내 낯선 거리에서 비명횡사한 것이라는 상상에 마음이 무거웠지만 내가 할 수 있는 일은 없었습니다.

요즘은 강아지를 찾는 사람들이 거의 없어 장터에 강아지를 팔러 나온 이가 슬그머니 개장수 트럭 옆에 강아지들을 두고 온다는 이야기도 들립니다. 개장수는 짐짓 모르는 체하며 강아지들을 가져간다고 합니다. 그 강아지들은 쇠 우리에 갇혀 몇 달 사육되다가 영양탕이 되겠지요. 로드킬과 다를 게 없어 보입니다.

로드킬은 젖먹이동물에 그치지 않습니다. 매나 꿩 같은 날짐승, 뱀과 개구리 등의 파충류와 양서류, 거미와 온갖 곤충도 무시로 희생되고 있습니다. 야생동물들은 자동차의 속도와 강렬한 불빛을 이기지 못합니다. 질주하는 괴물 앞에서 그들의 준족은 초라하기 그지없고 일찍이 맞서보지 못했던 자동차의 전조등 앞에서 그들의 밝은 눈은 차라리 무용지물일 뿐입니다.

야생동물들은 아둔하고 분별력이 없어 번번이 로드킬을 당하는 것일까요? 야생동물들도 어미나 우두머리의 교육과 경험을 통하여 이미 도로의 위험을 잘 알고 있을 터이나 위험을 무릅쓰고 길을 건너야 하는 까닭이 있을 겁니다.

그들에게 길을 열어주어야지요. 모두가 자연인데 '자연 사랑'을 주술처럼 되뇌는 인간만이 자연을 거스르며 뜬구름을 잡습니다. 야생동물은 제 나름의 길을 가꾸면서도 자연에 대항하지 않습니다. 절제를 모르는 인간들은 평화로운 길목에 올무와 덫을 놓아 야생의 죽음을 기다립니다. 야생동물들은 그들의 길에 인간들이 쳐놓은 올무와 덫에 걸려 죽어가고 그들의 길을 가로지른 인간의 길 위에서 로드킬을 당합니다.

사람도 '로드킬'을 피해 가지 못합니다. 사람은 지능이 높고 사리판단이 정확한데 왜 길 위에서 앰한 죽임을 당하는 것일까요? 보행자건 운전자건 자신의 편리함만을 추구하는 이기심이 규칙을 멀리하게 만들고, 어떠랴 싶은 안일한 마음이 이성을 흐리게 합니다. 어리석은 지혜를 신뢰하는 인간들은 무단횡단과 난폭운전으로 그들의 길 위에서 자멸합니다. 다만 길 위에서 길을 찾지 못해 방황하는 나그네를 향한 비웃음만큼은 잠시 참아야겠습니다. 그곳에는 진정한 길이 없는지도 모르니까요. 사람들은 저마다 꿈을 그리며 길을 나서지만 그 길 위에서 또는 어느 길에서 생을 마치게 될지도 모릅니다. 나는 이 길 위에서 기도합니다. 내 발길이 비록 목적지에 이르지 못할지라도 부디 로드킬로 생이 마감되지 않기를 소원합니다.

꽃은 기다리겠다

합격 기원

오백 명을 선발하는 일류대학에 이천 명이 다투어 원서를 냈다. 부모들은 제 아들딸 합격시켜달라고 전능하신 하나님께 손 모아 기도했다. 대자대비 부처님께 절하여 빌고, 천지의 신명을 불러 모시고 저세상의 조상님께 비손하였다. 그나마 몇몇 부모는 제 아들딸 '꼭'이라는 말은 차마 못 하고 그저 쌓아온 실력대로 해달라며 읍소하였다. 천지신명마저 귀를 막으며 시험 전야 타국으로 잠적하였고 오직 갈고닦은 성적 따라 오백 명이 합격했다.

비밀번호

귀하의 비밀번호 보안수준은 형편없으니 지금 다시 설정하세요. 귀하의 비밀번호는 늙다리예요. 알파벳에 숫자에 특수문자 뒤섞어 판을 짜보되 못해도 열 자리는 돼야 합니다. 비밀번호 잊었다고 사뢰었더니 시시콜콜 까다로운 지시를 한다. 눈물도 인정도 한 방울 없는 '피 씨(PC)'한테 동정을 바란 내가 그렇다. 우여곡절 헤맨 끝에 임시번호를 받고야 간신히 내 집에 들어는 갔다.

겸손

러시아 소치에 잠을 바치며 동계올림픽 중계에 빠져들었다. 우리나라 선수가 우승을 하여 태극기가 올라가고 '동해물과 백두산'이 울려 퍼지면 언제라도 감동이 물결쳐 온다. 선수 셋이 차례로 단상에 오른다. 우승한 선수는 한가운데 우뚝이 영광스럽다. 시상자가 선수 목에 메달을 걸어준다. 동메달 선수가 고개를 숙인다. 금메달 선수는 가장 높은 단에 서 있기에 더욱 깊숙이 고개를 숙인다. 선수들은 뼈를 깎아 단련했지만 메달 받는 선수만이 자랑을 품에 안고 고개를 숙인다. 쭉정이 이삭은 고개를 숙일만한 권세가 없다. 잘 여문 이삭만이 고개를 숙여 겸손의 미덕을 갈무리한다.

수족상응(手足相應)

왼발과 왼손이 함께 나가고 오른발과 오른손이 함께하는 걸음은 코미디 극장의 전유물이다. 사람들은 그 몸짓이 우스워 배를 잡지만 수족상응은 인간의 본능이며 수비를 넘어서 상대를 무찌르는 공격 자세다. 농부의 괭이이며 나무꾼의 도끼이다. 수족상응은 힘을 쓰는 자세에 그치지 않고 한바탕 춤판으로 신명이 난다. 탈춤을 비롯한 우리네 춤사위의 으뜸꼴이니 송무백열(松茂栢悅)이요 부창부수(夫唱婦隨)다. 같은 편 손과 발의 동고동락에 웃음 짓는 진실은 깨달음이다.

꽃구경

벚꽃은 오라 하는 기별이 없고 화사한 복사꽃은 제 가까이 오지 말라 몇 번이고 이른다. 만남이 괴로우니 멀찍한 눈요기나 하고 가란다. 목련은 화들짝 눈부시더니 세상이 저처럼 순결한 줄 알았다가 일시에 무너져 숨을 거뒀다. 때죽나무 천사들은 처음부터 나에게 눈길 한 번 없었다. 수줍은 탓이리라 다독이다가 그들의 속삭임을 듣게 되었다. 사람들의 낯빛은 어둡고 험궂어서 마주칠까 두려운데 저기 저 이는 증해서 못 보겠다. 찔레꽃 향기는 쉬지도 않고 나의 뇌수를 씻고 헹구며 이자의 악취는 천하에 족탈불급(足脫不及)이란다. 그때에 비바람에 꽃잎이 휘날리면 돌이키지 말고 그림자도 감추어라. 폭풍우 몰아치고 꽃이 지는 까닭을 그대는 눈물로 뉘우치는가.

미스터리

분홍은 화사하여 다정도 하고 보라색엔 꿈들이 깃들어있다. 비취련가 하늘색은 나래를 편다. 빨강의 정열과 함박눈의 순결은 사랑 그립고, 너나없이 반가운 이웃들이다. 만남을 거듭하다 정분이 지나쳤나, 달도 별도 스러지고 먹구름이 몰려든다. 정열과 순결의 아름다운 사랑과 나래에 꿈을 실은 화사한 봄날은 어찌하여 캄캄한 어둠이 되었는가. 순수하고 고즈넉한 꿈을 타고 왔으나 정작으로 그 안에 빛이 없었다. 누가 비춰주던 한 줄기 빛에 자신의 바쁜 자랑 드러내느라 그 빛을 간직하지 못한 탓이다. 분홍의 사람과 보라 사람과 하늘색 사람하고 흰옷 입은 사람이 만나서 두터운 정을 쌓으며 별들을 불러서 꿈을 꾸지만 이윽고 어둠에 함몰되더니 저마다 지음받은 이름마저 지워졌다.

진리

　사람은 많은 것을 보고 듣지만 제 마음에 화합이 돼야 믿는다. 세 치 혀는 길들일 수가 없으매 입에다 재갈을 물려보는데 말매미가 요란스레 나팔을 분다. 사람의 입에는 확성기가 달려있어 바늘이 한 입술 건널 때마다 간짓대가 되었다가 전봇대로 둔갑한다. 사람들은 무엇을 진리라고 하는가. 다이아몬드는 불에 타서 사라지지만 정금은 결단코 타지 않는다. 진리라고 맹세하는 한 가지를 말하라. 눈을 씻고 본 것인가, 고개를 주억거린 일리 있는 말인가? 문명의 자취와 역사가 진리인가? '만물의 영장(靈長)'이 인간일진대 영묘한 힘을 지닌 우두머리는 둥구나무 천년보다 오래 살아서 만물 위에 뛰어남이 옳지 않은가. 진리가 있음을 웅변하는 사람아, 이제는 어느 쪽에 걸어야 한다.

파격

다섯 살 손녀가 차에서 내리자마자 1층 유리벽에 씌어있는 글자를 하나하나 손짓하며 "여수 할머니 집"을 읽었다 한다. 제 아빠는 일찌감치 한의사를 예약해두었지만 나는 우리 손녀가 문학에 천부적인 재질이 있다고 우긴다.

나는 뉴스와 시(詩) 사이에서 방황했다. 칸딘스키와 몬드리안의 세계가 나의 혼란을 부채질했다. 시인은 그의 대장간에서 언어를 달구고 두드리기를 거듭한다. 나는 수필의 패러다임에 매여 명징한 사생화에 집착해왔다. 시인은 추상 화가이며 소설가에게는 우주를 섭렵하는 상상의 날개가 있다. 나는 수필을 쓴답시고 카메라를 챙겨 도시의 골목과 고즈넉한 산골을 기웃거린다. 간혹 남들이 발견하지 못한 희귀한 장면을 포착하곤 야릇한 미소를 흘리지만 그것은 사진에 불과하다. 사진이 예술로 승화되려면 시각에의 호소를 넘어 사실의 행간에 작가의 내밀한 은유가 깃들어 있어야 한다. 그러한 은유는 율동을 동반하여 꿈을 노래한다.

사실에 바탕을 두어야 하는 수필은 사진예술과 유사한 면이 있다. 수필이 신변잡기를 벗어나 문학이고 예술이기 위해서는, 시인의 추상과 소설가의 상상력이 논픽션의 갈피에서 은은한 방향(芳香)으로 배어 나와야 한다. 바로 사진작가의 고뇌이다. 그것은 쉽사리 눈에 띄지 않는 메타포(metaphor)일 터이다. 시인은 12현금에 추상의 언어를 실어 바람을 부른다. 현이 없는 내 낡은 첼로는 단조롭고 식상한 원시의 타악만 양산한다.

　손녀가 낭랑하게 읽은 글자는 '○○지역 아동센터'였다. 나는 손녀의 답이 엉터리라고 생각하지 않았다. 그 순진무구한 손짓에 감동하고 있었다. 마음을 움직이는 힘은 빈틈없는 논리만이 아닌 듯하다. 수필은 '여수 할머니 집'이다. 그것은 틀린 답일지언정 거짓이 아니다. 멋들어진 은유가 손녀의 눈 속에서 빛났다. 수필가는 그런 아이의 영혼에 지혜의 깊이를 더해야 한다.

　세월의 연륜은 시대의 청춘 앞에서 빛을 잃었으나 노인은 지나간 날들에 자신을 결박한다. 추수 때를 놓친 이삭은 고스러져 그 낟알이 땅에 흩어져버린다. 나는 김춘수의 〈꽃〉을 외우고 있으나 수필의 형상화를 시도하지 못한다. 아포리즘(aphorism) 수필은 '촌철살인'과 내통한다. 나는 몇몇 졸고에 아포리즘의 옷을 입혀본 적이 있다. 성철스님의 법어들을 아포리즘의 모범으로 삼아도 좋을 터이다.

　수필가는 시인의 언어에는 관대하나 자신의 잣대를 벗어난 수필에는 비수를 겨눈다. 산문시에 비견하는 수필을 쓸 때이다. 한 편의 시라고 해도 좋을 만한 수필을 쓸 때가 된 것이다. 수필이 문학으로 대접받을 수 있는 길이라고 생각한다. 어두워진 하늘을 무너뜨리고, 빛을 잃은 별들을 쏟아버리지 않으면 봉황은 오지 않는다. 수필은 시인의 영감을 깨우고 소설가에게 참신한 상상을 선사하는 선도의 문학이어야 한다. 독자에게 싸구려 공감을 던져주어서는 안 된다. 독자는 작가와의 특별한 교감을 원하고 있다. 문학은 독자에게 교훈과 쾌락을 선물하지만 작품 속에서 그것은 필요충분조건이 되어야 한다. 삶의 가치와 진실의 발견은 독자를 행복의 세계로 이끌어준다. 그러므로 문학은 궁극적으로 독자의 상상 속에 숨어 있는 극락을 체험케 해야 한다. 이러매 실상을 바탕으로 하는 수필의 길은 험난하다. 수필인의 모색이 어느 장르의 작가들보다 치열해야 하는 까닭이다.

　독자들은 침묵하는데 아직도 허다한 작가와 평론가들은 이상 문학의 늪에서 허우적거리고 있다. 〈오감도〉에 등장하는 13이라는 숫자가 수상했다. 최후의 만찬 자리에 앉은 예수와 열두 제자라는 사람, 불길한 수라는 주장과 한말의 13도를 뜻한다는 해석이 춤을 춘다. 혹자는 예언이라고 한다. 다들 나름의 이유가 있겠지만 내 생각은 단순하여 그의 파격에 다가간다. '제1의아해가무섭다고그리오'는 13글자이다. '제13의아해가무섭다고그리오'에 이르기까지 한결같이 13글자라서 방안지에 써넣어보면 대각선의 가새표가 한가운데 '무'에서 교차한다. 이는 철저히 계산된 기하학적 구도이다. 가위표를 한 절망이 하늘에서 내려다보는 까마귀의 눈에 적나라하다. 까마귀는 유체이탈의 작가이다. 교차점의 '무'는 사라져버린 자아이다. 김해경은 자신을 '상(箱)'이라 했다. 육면체의 공간에 갇혀 몸부림치다 숨을 거두는 자아를 극명하게 나타낸 별호 아닌가. 그의 문학의 열쇠는 바로 상자 안이라는 무기력의 공간이다. 이상의 난해함을 모사하고 뜻 모를 은유로 치장하는 세태에 마음이 편치 않다. 진정한 권위는 독자의 안중에 있다.

　사람들은 인간수명의 유한함을 한탄하며 지인이 죽었다는 소식을 슬퍼하나 자신은 오래 살 것이라며 최면을 건다. 착각은 편협한 집착과 자아도취의 오만에서 비롯된다. 죽음의 근본을 알아보려고 하지 않고 오래 살기를 기도한다. 나는 독자에게 인정받는 작가인가? 이 물음을 떠올릴 때마다 나는 부끄러워 붓을 물린다. 그러다가 '여수 할머니 집'을 쳐다보며 빙그레 웃는다. 아무래도 파격이다.

꽃 중의 꽃

　신들의 아버지 제우스가 세상을 다스리던 아득한 옛날에는 신과 인간 사이의 사랑과 질투가 죽음을 불러 꽃을 만들어냈다. 꽃들은 그리움과 안타까움과 원망이 세상에 형체를 드러낸 신과 요정 또는 인간의 지극한 슬픔이었다. 꽃의 슬픔이 아름답다는 것은 비극이다. 판도라가 에피메데우스의 상자를 열지 않았다면 세상에는 슬픔이 없어 정녕 꽃도 탄생하지 않았을 터이다.

　미와 사랑의 여신 아프로디테가 끔찍이도 사랑한 아도니스는 사냥을 하다가 산돼지에게 옆구리를 받혀 숨을 거두고 말았다. 뒤늦게 달려온 아프로디테는 아도니스가 흘린 피 위에 신의 술을 뿌렸다. 피와 술이 섞여 거품이 일어나고 한 시간 후에 핏빛 꽃 한 송이가 피어났다. 그 꽃은 바람이 불어서 피어오르고 다시 바람이 불어서 진다고 하여 아네모네 곧 '바람꽃'이라 불렸다. 제우스의 양치기 소년 나르키소스는 아름다운 요정 에코의 사랑을 거절해 신들의 노여움을 사게 되었다. 어느 날 시냇물에 비친 자신의 매혹적인 그림자를 보고 사랑에 빠져 헤어나지 못한 채 결국 죽음을 맞았다. 그는 수선화가 되었다. 물의 님프 클리티에는 태양의 신 아폴론을 사모하였으나 아폴론은 응해주지 않았다. 클리티에는 땅바닥에 앉아 엿새 동안 먹지도 마시지도 않은 채 날마다 태양의 행로를 따라 얼굴을 돌리다가 해바라기가 되었다. 태양의 신 아폴론과 미소년 히야킨토스의 사랑을 시기한 서풍의 신 제피로스가 바람의 방향을 바꾸는 바람에 히야킨토스는 아폴론이 던진 원반에

27

이마를 맞아 숨을 거두었다. 그의 이마에서 흐른 피가 땅에 스며들어 꽃이 피어났으니 바로 '히야신스'이다.

인당수에 몸을 던진 청이는 화사한 연꽃으로 태어났다. 춘향의 절개는 한 송이 순결한 옥중화였다. 동방의 꽃들은 죽음을 초월하는 사랑과 정절과 충효의 표상이었다.

꽃들은 저마다 은밀한 전설을 가슴 깊이 묻어놓고 오늘도 향기를 더하여 웃음 짓는다. 나는 꽃들의 시치미와 인내를 감당할 수 없다.

나는 뇌수를 정화해주는 찔레꽃 향기를 기뻐하고 겸손의 미덕을 수줍어하는 때죽나무 꽃을 편애한다. 문 앞에 마중을 나왔다가도 바짝 다가가면 향기를 허락지 않는 난의 절제에 숙연해진다. 사람들의 사귐에 화기가 넘쳐나는 '이야기꽃'에 매료된다. 그곳에서 가끔 터져 나오는 '웃음꽃'이 행복하다. 들녘에서 소일하는 요즈음 내가 새로이 좋아하게 된 꽃은 '소금꽃'이다. 오뉴월 들녘에서 그을린 목덜미의 발제에 핀 깔끄러운 소금 꽃이 바람결에 상쾌하다. 그러다가 나는 2월 영등시의 나진포 개에 만발했던 '사람 꽃'을 떠올린다. 웬 아낙들인가 하였더니 모처럼 어촌계에서 영을 텄다고 했다. 저마다 좋은 생각을 품고 바지락을 캐고 있었을 것이다. 꽃은 외로움을 서어하니 무리 지어 함께 피어야 제격이다.

세상에는 꽃을 피운 사람들이 있어 왔고 꽃다운 삶을 살아가는 사람들도 있다. 시인과 가객은 사람이 꽃보다 아름답다고 노래했다. 지독한 외로움을 견디며 우렁우렁 잎들을 키우는 생명의 사랑을 지닌 사람이 꽃보다 아름답다고 외쳤다. 어느 시인의 '꽃'이 되려면 누가 와서 이름을 불러주어야 했다. 사람들은 간절한 염원을 품고 '그의 이름'을 부르고 또 불렀다. 나도 목 놓아 불렀다. 그러나 사막은 황량하고 꽃의 생명은 초라하다. 이 땅은 '꽃다운 세상'과는 너무나 멀리 있는 듯하다.

진정 꽃보다 아름다운 사람이 있을진대 그는 천하의 어떤 꽃과 비교할 수 없는 귀하고 거룩한 꽃 중의 꽃 곧 '사람 꽃'이리라 믿는다. 저마다 인꽃(사람 꽃) 한 송이 피워 올리면 백화가 만발한 화원에 하얀 나비들이 모여들 것이다. 인꽃의 개화 에너지는 생명의 사랑이다. '백만 송이 장미'를 피우고 이웃을 자신처럼 아끼는 순수한 사랑만이 인꽃을 피워 올릴 수 있다. 인꽃 속에는 그렇게 꺼지지 않는 불꽃이 타오르고 있어 누구의 가슴을 뜨겁게 한다. 땅과 공중의 어떤 벌레도 아름다운 불꽃이 이글거리는 인꽃을 범하지 못한다. 세상이 인꽃으로 수놓이는 날에 '금수강산' 이루어질 터이니 바로 낙원이요 극락이다. 낙원에 피어난 꽃들은 다시는 지지 않는다. 그들이 곧 낙원이기 때문이다. 이 땅의 온갖 꽃은 조물주가 인간에게 보내는 최고의 메타포이다.

나는 누천년 호국의 뜨거운 피를 먹고 줄기차게 피어나는 '샤론의 장미'로 화관을 마련하겠다. 새하얀 눈꽃으로 천의무봉한 두루마기를 지어 입기 위해 전인미답의 설국을 찾아 길을 나선다. 다시는 지지 않는 꽃의 비밀을 가지고 동녘 하늘을 가로질러오는 피닉스의 날갯짓을 감지한다. 나는 사람들에게 사랑의 향기인가. 오직 나만이 알고 있는 오늘, 나는 그렇게 한 송이 '인꽃'이기를 소망한다.

사주 이야기

　사람들은 점술이나 사주에 관심이 깊은 듯하다. 친척이나 지인들의 틈바구니에 끼여 귀동냥을 해보니 점집이나 '철학원'을 기웃거려본 사람이 꽤 많은 눈치이다. 인터넷 세상에도 사주와 각종 점술, 관상과 손금 사이트나 카페가 난립하는 것으로 미루어 젊은이들의 호기심도 어른 못지않아 보인다. 앞이 보이지 않는 현실 속에서 더욱 고립무원에 빠져드는 현대인의 불안한 심리를 들여다보고 있는 느낌이다. 나는 지금껏 '운명감정'이라는 것을 받아본 적이 없으나 사십 대 초반에 사주 공부에 빠져들었다. 이 학문에 통달하여 나 자신의 일생을 거울처럼 환히 들여다보리라 하였다. 10여 년의 우여곡절 끝에 희미하게나마 나의 미래를 보게 되었다. 내 인생이 조금 보이기 시작하니 다른 사람들의 운명에 간섭하고 싶은 교만함이 고개를 쳐들었다. 돌이켜보면 선무당 아이 잡는 행각이었을 뿐인데, 소 뒷걸음치다가 쥐 한 마리 잡은 것으로 우쭐대며 즐거워하였었다. 기고만장하여 5~6년 동안에 제법 많은 사람을 손봐주고 보니 세미프로를 넘어 전문가의 경지에 다다른 기분이었다. 그러나 이내 나는 큰 혼란에 휩싸이게 되었다.

　사람들은 두렵고 불편한 오늘을 벗어나 위로를 받고 다시 아름다운 꿈을 꾸기 위하여 사주감정을 부탁한다. 양약은 입에 쓰고 충언은 귀에 거슬리기 마련이라며 자신의 운명을 감정한 결과가 나쁘더라도 괜찮으니 숨김없이 알려달라고들 하지만 속으로는 좋은 말만 듣기를 원한다. 인생은 고해의 바다요 가시밭 천리일진대 비바람 몰아치는 광야에서 한두 가닥의 희락만 건져 올려도 과분하다 할 것이다. 온갖 위험과 악조건을 오래 견디어 피어난 들꽃도 열흘의 영화를 누리지 못한다. 사이비 감정가가 아닌 바에야 의뢰인의 기대에 찬물을 끼얹어야 할 경우가 훨씬 많을 터이다. 그래도 사람들은 자신과 자신이 사랑하는 사람만큼은 행복을 누릴 권리가 있다고 고집한다. 이마에 정직을 두르자니 의뢰인이 낙심하고 눈곱만 한 희망을 침소봉대하자니 내가 병이 나게 생겼다. 고생문이 훤한 사람한테 자수성가할 명이라고 둘러대는 나 자신에게 지친 나머지 손을 씻기로 작정하고 그대로 단행하였다. 고해의 바다가 내게서 물러갔다.

  10여 년 전, 선각자들과 더불어 노동운동에 나섰을 때 나는 내 운명이 위기에 처했음을 직감하였다. 나는 노동운동에 전격 투신하여 운명을 내 편으로 만들어보리라 하였다. 상사는 내 말을 반신반의하면서도 애써 말리지는 않았다. 시간이 흐를수록 대다수 조합원은 지도부의 치열한 투쟁을 부담스러워하였고 나와 동지들은 차기 임원진 선거에서 고배를 마셔야만 했다. 나는 자청하여 유배를 청하였고 내가 원하는 곳은 아니었으나 섬으로 가게 되었다. 두 달 만에 특급 태풍의 기습을 받았다. 사납게 밀려드는 해일에 사무실은 순식간에 물에 잠겼으나 직원들은 명치까지 차오른 물속에서도 침착하게 탈출하여 안전지대로 피신하였다. 섬은 폐허가 되어버렸으며 사무실은 온통 진흙밭으로 변하고 바닷물에 침수되었던 직원들의 컴퓨터는 작동 불능이었다. 무려 2주 동안 의자에 앉아보지 못한 채 피해 복구의 중노동에 시달려야 했다. 그때 복구에 손길을 보태러 온 본청의 동료들이 내 건강을 의심하였고 굼뜬 나도 몸의 이상을 감지하였다. 다음 날 바로 병가를 얻어 찾아간 병원에서 검사결과를 놓고 머뭇거리는 의사를 대신하여 내 입술로 암을 선고받았다. 조금만 늦게 왔으면 림프절에 전이되었을 거라고 했다. 노동운동과 섬과 태풍이 나를 살린 셈이다. 태풍의 안전지대에서 편안하게 근무했더라면 때늦게 암을 발견하게 되었을 것이다. 나를 그 섬에 보내준 분들에게 진심으로 감사하고 있다. 공교롭게도 한글날 수술을 받았기에 해마다 9월이 오면 나는 무사히 또 한 돌이 눈앞에 다가온 기쁨에 넘쳐 '9월의 노래'를 흥얼거렸다.

그러나 내 인생 최대의 사건은 기연을 만나 성경을 깨달은 것이었다. 암 수술을 받은 지 2년 만의 사건이었다. 깨달아 돌아보니 내가 그토록 심취하였던 '동양철학'은 한낱 땅의 것에 불과하였다. 성경은 그 모든 것을 포용하고 있었으며 지극히 높은 신의 가르침이었다. 나는 그 속에서 뚜렷이 내 모습을 보게 되었다. 나는 예수교인들의 탄압에 앞장섰던 사울이 그리스도를 영접한 후 자신의 모든 것을 배설물처럼 쏟아 버리고 '사도 바울'로 다시 난 것처럼 새 옷을 입는다.

비움은 무(無)의 상태에 이르기 위함이 아니다. 무소유란 아무것도 가지지 않은 자가 되기 위함이 아니다. 비움은 천상천하에 가장 보배로운 것으로 채우기 위함이요 무소유는 오히려 자기 자신을 진리의 사랑으로 넘치게 하기 위함이다. 천지간에 으뜸은 무엇이며 마루는 무엇을 뜻하는가. 오늘도 나는 '종(宗)'이라는 글자를 찬찬히 들여다보고 있다.

사람만이 오행을 품수했다는데

어린 오누이가 천년 묵은 백여우에게 쫓기면서 하얀 병과 파란병과 빨간 병을 차례로 던져보지만 가시덤불에 혼이 나고 파란 강물에 막히고 큰 불길에 그을리면서도 끝내 쫓아온 백여우한테 잡아먹힐 절체절명의 순간, 옥황상제께서 급파한 세 발 달린 개 '삼족구(三足拘)'가 백여우를 물어 죽여 오누이를 구한다는 어머니의 옛이야기는 만날 들어도 재미있었다.

그러기에 개들은 상제님이 하사하신 귀한 다리에 오줌 방울이 튈까 봐 꼭 그 뒷다리를 들고 쉬를 한다고 한다. 요즘 한창 인기 절정을 달리고 있는 어느 사극에는 '삼족오(三足烏)'가 등장하는데 삼족구와는 무슨 연관이라도 있는지 모르겠다.

'개' 하면 우선 충직함이 떠오른다. 온몸에 물을 묻혀 불붙은 풀밭을 구르고 굴러 불을 꺼서 주인을 구하고 자신은 타죽은 전북의 오수개 이야기, 수백 리 길을 되짚어 주인을 찾아왔다는 기이한 진돗개 이야기는 모르는 이가 없을 정도다. 대체 이들의 충성심은 단순한 습성의 산물일까, 사람과 엇비슷한 지적작용에 의한 의지력의 발로일까?

나는 개를 좋아한다. 그러나 무슨 전문적 식견이 있는 것도 아니요 더구나 고상한 애견가와는 거리가 멀다. 나는 썩 괜찮은 개를 길러본 일도 없으려니와 훈련을 시켜본 적도 없다. 그저 '똥개'보다는 조금 나은 개와 무덤덤하게 지낼 뿐이었다. 내로 더불어 사는 개들은 '자유'가 기본이라 목줄이나 사슬을 몰랐다. 우리 집에 살았던 개들은 단언컨대 사람만큼이나 '완전한 자유'를 누렸다.

'다롱이'도 그랬다. 녀석은 거실이며 주방을 무시로 드나들면서 마음 내키면 마실을 가기도 하고 재수가 좋아 '연인'이라도 만나면 며칠이고 돌아오지 않았다. 그럴 땐 내가 녀석을 찾아 나서야 했다. 녀석은 자동차가 넘치는 한길에서 차를 피해 다니는 법을 알고 있었다. 사람들이 길을 건너기 시작하면 민첩하게 따라 건넌다. 제 주인이 대중목욕탕으로 모습을 감추면 다시 나올 때까지 출입문 곁에 웅크리고 앉아 바보처럼 한 시간을 기다린다. 온갖 자동차의 굉음 속에서도 주인의 자동차 소리를 백 보의 거리에서도 신통하게 알아챘다. 이층에서 웬 인간이 기르는 목줄도 없는 잡견이 사람들을 위협하고 걸핏하면 짖어대니 아래층 사람들은 말할 나위 없고 이웃의 원성이 그치지 않았다. 그러나 어느 날 밤, 녀석이 아래층에 숨어들어온 도둑을 내쫓는 광경을 목격한 뒤로 근방에 도둑맞는 일이 사라지자 사람들은 두 번 다시 녀석을 나무라지 않았다. 녀석은 진정한 자유를 누리면서도 결코 방종하지 않았다. 때가 되면 제집에 가서 자고 주인이 외출하면서 집에 있으라면 복종하여 주인이 돌아올 때까지 집을 지키고 있었다. 누가 찾아오면 녀석은 방문자를 골라가면서 짖었다. 종종 들르는 사람일지라도 내 생각에 좀 찜찜하고 마땅찮은 사람이다 싶으면 놈은 틀림없이 짖었다. 짖지 말라고 나무라도 소용이 없다. 그렇게 한 5년이 지나자 녀석은 주인의 말을 웬만큼 알아들었다. 따로 훈련을 시키지 않았건만 가라면 가고 오라면 왔다. 자라면 자고 앉으라면 앉고 누우라면 눕는다.

녀석은 아내와 내게 아주 특별한 존재이기는 하다. 겨우 강아지 티를 벗었을 무렵 봉고차에 치여 가슴이 쩍 벌어지는 중상을 당한 채 의식을 잃은 적이 있었다. 동물병원에서는 고개를 절레절레 흔들더니 아내가 하도 애걸하는 바람에 마지못해 누더기를 덧대어 꿰매듯 아무렇게나 수십 바늘을 꿰맸다. 아내는 햇볕이 잘 드는 장독대 앞에 '중환자실'을 마련하고 '식물 개'나 다름없는 녀석에게 매일 주사를 놓고 상처를 소독해주었다. 나는 그런 아내를 한사코 말렸다. 참으로 미련하고 가망 없는 일이었다. 그런데 녀석은 정확히 엿새 만에 꿈질했다. 사람이 그렇게 살아났다면 대단한 기적이라며 한동안 떠들썩했으리라. 그렇게 구사일생하자 녀석은 완전한 내 가족이 되었다. 다롱이는 우리와 꼭 10년을 함께 살다가 미쳐 날뛰는 이웃집 거대한 도사견에 맞서 집을 지키다가 장렬히 전사하였다. 다롱이는 단 한 발짝도 물러서지 않았다고 한다. 내가 대문간에 들어섰을 때 그는 마지막 숨을 몰아쉬고 있었다. 미처 손을 쓸 새도 없이 두 눈을 부릅뜬 채 대문간을 노려보고 있던 모습 그대로 숨을 거두었다. 그 참담했던 기억은 지금도 생생하기만 하다. 나는 그의 주검을 거두고 눈을 감겨 텃밭 감나무 밑에 묻었다. 작은 묘비라도 세워 주리라 다짐했건만 결국 '없던 일'이 되었다.

졸지에 십년지기를 잃어버린 아내의 슬픔은 너무 커서 곁에서 그냥 지켜보기조차 힘겨웠다. 그야말로 그는 우리와 한 식구였으니 아내의 식음 전폐도 넉넉히 이해할 만했다. 아내는 며칠 동안 음식을 입에 대지 않았다. 아내는 눈물을 훔치며 다시는 개를 기르지 않겠노라 스스로 철석같이 다짐하였다. 하나, 지금 마당이 넓은 우리 집엔 개 일곱 마리가 천방지축이니 한마디로 '개판'일 따름이다.

오직 사람만이 오행(五行)을 품수(稟受)했다는데 다롱이는 진정 사람이 되고 싶어 최후의 순간까지 그토록 주인에게 충성을 다하며 몸부림쳤을까.

금환일식(金環日蝕)

오후 다섯 시다.

한 시간이 지나면 퇴근이니 다시 몸이 가벼워질 법도 하건만 눈꺼풀이 천근만근이다. 느닷없이 꼭뒤가 뜨끔하다. 눈물이 핑 돈다. 누가 볼까 싶어 얼른 고개를 숙여 괜한 책상 서랍을 열어보건만 기어이 눈물을 참지 못한다. 갑작스럽게 찾아든 이 슬픔의 정체는 무엇일까. 이럴 수도 있는가 하고 옆자리 동료에게 물어보니 황당하다는 얼굴만 보여준다.

퇴근길 네거리에서 좌회전 신호를 기다리는데 핸드폰이 떤다. 순간 섬뜩한 예감이 번개를 친다. 그가 다섯 시쯤에 눈을 감았다 한다. 까닭 모를 다섯 시의 눈물은 친구의 영혼이 작별을 고하러 찾아온 시간이었더냐…. 마음에 정처도 없이 방황하다가 그와 내가 중학교 시절부터 고교졸업 때까지 옆자리 단짝이었다는 옛일이며 동병상련(同病相憐)한 이 즈음의 기억들이 독백처럼 떠오르자 그만 아내 앞에서 숟가락을 든 채 울었다. 다음 날 밤에 나는 도무지 말이 없는 그의 얼굴을 물끄러미 쳐다보다가 조화(弔花) 그늘에 얼굴을 감추었다. 하나, 한 줄기 눈물이 뭬 그리 부끄러우랴. 곰곰이 생각해보면 그의 영혼이 굳이 내게 작별인사를 하러 온 것은 고맙고 기쁜 일이다.

결혼한 지 스무 해 만에 아내한테 치사(致詞)를 다 받아보았다. 내 말이라면 일단 거짓말로 치부하던 아내가 마침내 '혼불'을 보았다 한다. 꼬리 달린 불덩이가 그 집 사립문 앞에서 둥실거리더니 태연히 오밤중의 고샅을 빠져나가더라는 대목에선 한껏 격앙(激昂)되기까지 하였다. 더구나 혼불 본 지 사흘 만에 그 집에 초상이 나고 보니 아내한테 혼불은 '갈데없는 참말'이 되었다.

누구든지 죽기 3일 전에 그 사람 속에서 혼불이 나와 하늘로 날아간다고 했다. 연세 높은 어른들은 다들 그렇게 말했다. 때로는 30일 전이나 3년 전에 빠져나간다고도 한다. 나는 열네 살 한여름 밤에 바람처럼 머리 위를 지나 동녘 산등성이를 넘어 사라져가는 혼불을 본 적이 있다. 마당 밀짚 멍석에서 늦은 저녁을 드시던 아버지 어머니는 내 손이 가리키는 하늘을 쳐다보시더니 이내 덕칠이 할아버지를 걱정하셨다. 오늘내일해 쌓던 덕칠이 할아버지는 그 사흘 뒤 세상을 버리셨다.

혼이 나갔다거나 혼이 빠졌다는 말이 예사롭기는 일반이요, "영령들이여 고이 잠드소서" 명복을 빌며 혼령을 위로하는 의식(儀式)에도 거리낌이 없는 걸 보면 예부터 사람들은 부지불식간에 영혼(靈魂)의 존재를 가슴에 담고 살아왔던 듯하다.

혼불…. 자신의 마음과 정성을 다하고 심혼을 불태우면서 치열한 한평생을 살다 가는 사람들의 영혼은 육신을 떠날 때도 그토록 활활 타오르는 혼불이 되어 저 하늘 영계(靈界)로 올려지는 것이 아닐까. 이 밤에 하늘 끝으로 사라지는 별 하나가 마지막 빛나는 궤적을 그려낸다.

열두 폭 병풍에 기화(奇花)가 난만(爛漫)한들 벌 나비가 찾아들까. 꽃들은 애오라지 열매를 소망하기에 영혼을 아낌없이 불태워 바람에게 향연(香煙)을 맡길 따름이니 꿀벌이 어찌 10리 길을 마다하며 나비가 밤을 새워 그리워하지 않으랴. 꽃은 저마다 색다른 향기를 기껏 열흘에 소진(消盡)하지만 사람의 향기는 각자의 가슴 깊은 곳에 간직하고 있는 향로에서 끊임없이 피어오른다. 그 향기로운 연기는 이마의 굵은 주름

살과 그윽한 눈길에 맺혀 '큰 바위 얼굴'을 조각한다. 또 구름의 형상과 바람의 자취와 붓끝에 스며들어 불후의 명작을 빚어낸다.

 이러구러 나도 향을 피운다. 적어도 내가 피우고 있는 향은 싸구려는 아닐 게다. 나는 좋은 향 피우기를 원한다. 내 영혼의 향기는 사시(四時)를 일관하여 구름 위에 놓인 무지개다리였으면 좋겠다.

 죽으면 썩어질 삭신이건만 화장(火葬)하면 몸뚱이가 없어 부활을 못한다며 한사코 매장을 고집하는 사람들을 만난다. 미라의 환영에 사로잡혀 '사자(死者)의 서(書)'를 신주 삼은 소치련가. 안타깝고 짠한 노릇이다. 우리 육신은 영혼이 잠시 머무는 그릇이요 거푸집일 뿐이니 영혼이 떠나면 흙덩이나 나무토막에 불과하다. 부활이 못내 염려되어 시신을 고이 묻었다 해도 썩게 마련이니 오래지 않아 역시 흙이다.

 어떤 이들은 명당을 노래 부른다. 이 산천에는 크게 발복하는 천하명당이 얼마간 남아있을지도 모른다. 그러나 아서라. 죄는 지은 대로 가고 공은 닦은 대로 간다지 않았던가. 조상이 순천(順天)하여 유덕하고 그도 천생인 바에야 죽어서 어디에 묻힌들 그곳이 어찌 명당이 아니랴. 생전에 역천(逆天)하고 악행이 사무친 자가 자신의 뼈를 천하명당에 묻게 한들 그 영혼이 어찌 불구덩이에 던져지지 않겠는가.

 내 영혼은 끊임없는 방향(芳香)의 근원이라 세상에 왕등한 악취는 결단코 내가 아닌 저 더러운 귀신들의 배설물이라는 그릇된 확정(確定)은 어디에서 비롯되었을까. 내가 두 가지 잣대를 가지고 있는 탓이다. 나는 항상 '고무줄 자'로 나를 재고 남들만큼은 '강철 자'로 에누리 없이 재어왔다. 마음을 고쳐 이제 고무줄 자를 버릴 양이면 이웃을 판단하지 말고 강철 자로는 오직 나를 잴 일이다.

 접신하여 귀신을 부리는 여자가 무당이다. 무당은 귀신을 부려 사람들 병을 낫게 해주고 우여곡절과 길흉도 잘 맞힌다고 한다. '귀신 곡할 노릇'이라느니 "귀신같이 알아맞힌다"라는 말이 그럴싸하나 결론은 싱거울 정도로 명쾌하다. 박수건 무당이건 '귀신 들린 사람'이다.

  내 영혼을 하찮은 '귀(鬼)'에게 내맡길 수는 없지 않은가. 하나님을 믿는 자를 '신(神)'이라 하였으매.

  '혼불'이 뇌리를 스칠 때마다 나는 집게손가락 끝으로 눈구석을 지그시 눌러본다. 됐다, 혼불이다. 눈초리 위에 곧바로 '금환일식(金環日蝕)'이 떠오른다. 금환일식이 가만히 말을 건넨다. 세상은 비록 어두움에 잠겨 있으나 어둠은 빛을 이길 수 없다. 머지않아 어둠이 소멸되리니 이 금환을 보아라 한다.

제사와 고사

철도 들기 전부터 설날과 추석에는 큰집 식구들과 함께 어김없이 고조부모님과 증조부모님 성묘를 거쳐 북산의 공동묘지에 가서 큰어머니께 절을 올렸다. 초등학교 6학년 때의 추석날이었을 것이다. 큰어머니 산소에 성묘를 마치고 앞서 내려가시던 큰아버지와 아버지가 어느 뫼 옆에서 걸음을 멈추셨다. 부부로 보이는 두 사람과 내 또래의 아이들 둘이 성묘를 하고 있었다. 빛바랜 돗자리 위에 차려진 초라한 제물이 눈길을 잡았다. 거무튀튀한 보리개떡과 찐 옥수수와 삶은 고구마가 낡아빠진 사기대접들에 담겨 있고 보시기에는 막걸리가 반쯤 차 있었다. 그들 가족이 성묘를 마칠 때를 기다려 백부님이 먼저 말을 꺼내셨다.
"없이 살아도 이렇게 정성을 다하니 자네 씨는 반드시 복을 받고 살 걸세."
"맑은 술에 흰떡 한 접시 올려드리지 못하니 부모님 뵐 낯이 없습니다."
우리는 백부님의 지시에 따라 보따리를 풀어 시루떡과 사과와 배, 구운 생선과 전붙이를 그 가족에게 건네주었다. 그렇게 몇 년이 지나가는 동안 어느 결에 그들의 가난한 성묘 광경은 내 안에서 부끄러움으로 자리를 잡았다. 허다한 사람이 저마다 정성스럽게 마련해온 온갖 제물을 진설하여 성묘를 하고 나서 왁자하게 잔치판을 벌이고 가는 공동묘지의 어중에서 보리떡과 찐 옥수수와 삶은 고구마를 차려놓고 절을 올리던 꿋꿋한 보짱이 생각날 때마다 낯이 붉어졌다. 어느 해에 찐 옥수수의 산소가 사라졌다. 타관에서 성공하여 집안을 크게 일으켰다는 이야기가 들려왔다.

올해도 막내는 아버지 추모예배가 끝날 때쯤 올 것이다. 아니, 오지 않을지도 모르겠다. 술 한 잔 올려드리지 못하는 추모예배에 끼여 낯선 기도와 찬송을 겪고 있어야 하는 어색한 이방인의 서운함이 묻어오기는 한다. 막내는 전통 격식대로 제물을 차려놓고 잔을 올려야 제대로 된 제사라는 지조를 간직할 것이다. 제사 예법 때문에 혈육의 정이 엷어져가는 것만 같아 안타깝다.

저 먼 곳에 잠들어있는 부조의 영혼은 옛집에 올 수가 없다. 설령 조상의 혼령이 온다고 해도 육체가 없기에 한 모금의 술도 마실 수 없으니 잔을 올리고 저를 달그락거려 안주를 집어드려도 소용없는 노릇이다. 혼령이 메와 갱을 무슨 수로 먹을 수 있겠는가. 온갖 제수를 마련하여 제사를 올려도 정성만이 가상할 뿐 저승의 조상님께는 허사이다. 돌아가신 부모님께 효도하는 가장 좋은 길은 따로 있다. 나 자신의 행실을 바로 세우는 것도 부모 사후의 효도이겠으나 하늘의 도를 저승의 부모님께 전해달라는 기도야말로 최고의 효도이다. 물론 부조에 대한 제사가 전혀 쓸데없는 의식은 아니다. 제사를 통한 가족 구성원이나 형제자매 간의 회동은 서로의 정과 결속을 다지는 계기가 된다. 나아가 돌아가신 부조를 추억하는 가운데 우리의 전통 효 사상을 전승하는 역할을 하기도 한다. 많은 크리스천이 조상 봉사를 귀신에 절하는 것으로 오해하여 우상숭배라며 부모 제사에 참석하지도 않는가 하면 심지어 제사음식이라면 떡 한 조각도 입에 대지 않는다. 그러나 굳이 말을 하자면, 조상님에 대한 제사는 우리의 미풍양속이다. 여담이지만, 제삿날은 고인의 기일 즉 돌아가신 날이다. 그래야 '오늘이 네 제삿날'이라는 말도 성립된다. 어떤 사람들은 돌아가기 전날이 제삿날이라고 우긴다.

전날에 제수를 마련한 데서 비롯된 오해이다. 예전에는 돌아가시기 전날에 제수를 마련하여 자정이 지나서야 제사를 올렸다. 사실이 이런데, 돌아가시기 전날 저녁에 제사를 드리는 이들이 눈에 띈다. 기왕 모시는 제사라면 기일을 지킬 일이다.

　작은 섬의 뒤편 썰물 진 모래톱 여기저기서 돼지머리들이 실없이 웃고 있었다. 모래밭에 반쯤 묻힌 돼지의 입도 웃고 있었다. 돼지머리는 일찍이 도통하여 해탈의 경지에 이르렀는지도 모르겠다. 아무튼 용왕님께 바쳐진 신성한 제물일 터인데 접근하기 무섭게 악취가 눈을 쏜다. 잘난 사람일수록 번번이 돼지머리에 절을 한다. 시민의 대표와 사장과 기관단체장과 동아리 회장과 주인장으로 나서서 돼지머리에 공손히 예를 올리고 지갑을 열어 기꺼이 그 입에 고액지폐까지 물려드린다. 사람이 돼지머리에 절을 하는 까닭은, 속을 알 수 없는 사람보다는 돼지머리가 더 정직해 보이고 눈앞에 현신하지 않는 신보다 더 믿음직스럽기 때문인지도 모른다. 더구나 신에게 바친 제물은 돌려받을 길이 없지만 돼지 입에 물려준 고액권은 곧장 회수할 수 있다. 새 차를 사도 고사, 배를 무어도 고사, 건물을 지을 때나 새로 사업장을 열 때도 외양이 번듯한 돼지머리를 모셔온다. 플라스틱 돼지머리도 등장했다. 플라스틱 돼지머리가 내려주는 복은 아마 모조품일 것이다. 재앙은 멀리 가고 복락이 오기를 바라는 사람들은 웃고 있는 돼지머리를 숭배한다. 돼지머리 너머의 가랑이 찢어지는 욕망에 절을 한다.

　6천 년 전의 일이었다. 카인은 땅의 소산으로 하나님께 제사를 올렸고 그의 아우 아벨은 양을 잡아 제물로 드렸다. 이것이 경에 기록된 인류 최초의 제사이다. 자신의 의식주를 풍성하게 해달라고 드리는 제사가 있다. 욕심을 버리고 세상에 참사랑을 베푸는 자가 되게 해달라고 드리는 제사도 있다. 욕심을 부리면 다른 사람의 몫을 탐할 수밖에 없어 서로 미워하여 싸우게 되어 있다. 제사보다는 사랑하기를 원하시는 조물주의 뜻을 새겨야 한다. 내세관이 없는 유교는 죽은 자의 영혼을 논하지 않으니 제사는 본시 유교의 산물이 아니다. 조상의 신위를 모셔놓고 드리는 제사법은 한 시대 치세의 이념과 사람의 욕심을 효와 수복으로 미화한 변종이다.

성서에는 조상의 제사를 지내지 말라는 명령이 없다. 조상의 제사를 모시는 것이 우상숭배라는 이야기도 없다. 정성스럽게 제물을 차려놓고 그 앞에서 절하며 조상을 추모하는 마음은 선한 것이다. 다만 효(孝)를 이룰 수는 없다. 사람들은 부조의 유체를 좋은 자리에 모신다며 자신이 받을 복의 크기를 가늠한다. 조상의 제사를 모시어 효를 새긴다고 말하면서 선조의 혼령이 복을 가져다주기를 바라고 있다. 이제는 그런 제사를 고사(固辭)하고 조상의 영혼이 좋은 부활을 얻을 수 있도록 하늘에 기도할 때다. 짐승에게 복을 비는 고사(告祀)를 고사(枯死)시키고 절대자께 부복할 때이다.

석수장이가 사는 마을

 남촌 행 버스를 기다리는 오후 두 시.
 흰 두루마기가 잘 어울리는 노인이 다가와 남촌 가는 길을 물었다. 비석에 새길 글씨를 써주러 간다고 했다. 괴발개발 졸필로 한세월 주눅 들어 살아온 나는 귀가 솔깃해졌다. 하나, 자신은 명필 근처에도 가지 못한다며 노인은 한숨을 쉬었다. 명필 대접을 받으려면 벼루 예닐곱은 구멍 내고 모지라져 못 쓰게 된 붓 대여섯 독은 담아내야 한다고 했다. 내는 고작 벼루 서너 개 바닥내고 붓이래야 두어 동이 채웠을까나 하며 노인은 먼 산으로 시선을 옮겼다.
 흥국사는 대웅전을 새로 지었다. 그런데 편액(扁額)을 써주기로 한 고인이 종무소식이었다. 낙성식(落成式)이 내일모레라 주지 스님은 빈 편액을 달아놓은 채 좌불안석이었다. 정작 신필(神筆)이 따로 있었으니 사하촌(寺下村) 백정의 아들이었다. 그러나 '상것'한테 '대웅전'을 맡길 수는 없는 노릇이었다. 양반가를 비롯한 많은 시주들이 두고 볼 리 없었다. 어떻게든 수를 내야 했지만 묘안이 없었다. 흥국사는 백정한테 몰래 기별을 넣었다.
 떠꺼머리총각은 낭창거리는 왕대 사다리에 의지하여 붓을 들었다. 새소리도 멈추니 사방은 경건한 고요 속에 잠겼다. 그가 일을 마무리할 무렵 기어이 사달이 났다. 상것이 필묵을 챙겨 절에 갔다는 소리를 들은 사하촌 사람들이 떼거리로 몰려온 것이다. 스님들이 말릴 틈은 없었다. 그들은 누가 먼저랄 것도 없이 달려들어 긴 사다리를 밑동에서부터 잡아채버렸다. 건장한 젊은이가 20척 공중에서 쑥돌 바닥으로 내떨어지면 어찌 될지는 불문가지였다. 그러나 사다리가 빠져나가는 순간 그는 잡고 있던 붓을 들어 편액을 찍었다. 붓은 깊숙이 박혔다. 그는 그렇게 한 자루 붓대에 의지하여 허공에 있었다. 이 불가사의에 중인(衆人)은 오히려 놀라 부르짖었다.

90년대 초까지만 해도 글씨 잘 쓰는 사람이 칙사 대접을 받았다. 보고서건 현수막이건 손으로 쓰고 그리던 시절이었다. 글씨 이야기만 나오면 몸을 움츠렸던 내게 다행히 시대가 한 부조 했다. 갑자기 컴퓨터 세상이 온 것이다. 신바람으로 조급해진 나는 두 손가락으로 자판을 두들겨댔다. 소위 '독수리타법'이다. 이 독수리타법은 벼락치기에 익숙해 온 내 인생의 함축이다. 꽤나 긴 세월 속에 남겨진 허다한 내 발자국 어디에도 오래 참음으로 치열했던 흔적은 보이지 않는다. 꽃다운 소녀 김연아가 빙판 위에서 보여주는 몸짓에는 혼이 깃들어 있는 듯하다. 많은 스님들이 법당에 도열하여 한 시간이고 두 시간이고 난해한 불경을 한 점 흐트러짐 없이 독송(讀誦)한다. 다시 치열함과 오래 참음을 생각한다.

비록 고인에게 사사(師事)하지는 못했으나 문방사우를 가까이했던 선배님. 흥국사 대웅전 편액에 얽힌 비사를 들려주던 노 선배는 바닥난 벼루 두엇쯤 간직하고 있을까. 남촌 가는 길을 묻던 노인은 붓을 왼손에 옮겨 잡고 다시 몽학(蒙學)의 길을 걷고 있을지도 모르겠다. 인생역정에는 본시 종지부가 없었다는 사실을 기어코 알아냈을 터이다.

남촌 행 버스 정류장은 옛 모습을 잃었지만 여전히 그곳에 있다. 괴발개발이며 독수리타법을 어쩌랴. 내 이제 노인의 흰 두루마기 차림이라도 흉내 내어 새길을 묻는다. 사람의 속에 '영원(永遠)'을 새기는 석수장이가 살고 있다는 마을에 이르는 길을.

꽈배기의 변

그 거리에 찹쌀 꽈배기 가게가 문을 연 지도 두어 달이 지났나 보다. 나는 매일같이 꽈배기 가게 앞을 지나친다. 기이한 풍경이다. 가게 앞은 날마다 여남은 사람들이 줄을 서 있어 정지화면으로 착각할 지경이다.

거리를 달리며 거창한 행사를 알리는 육교의 현수막을 일별한다. 제목만 요란할 뿐 정작 중요한 일시와 장소는 눈에 들어오지 않는다. 저건 분명 해묵은 밀가루로 만든 꽈배기다. 무슨 교육을 하고 간담회를 한다는데 마치는 시간은 눈을 씻어도 보이지 않는다. 끝나는 시간이 오리무중이니 나의 다음 시간표에 '쯤'이라 적어 넣는 수밖에 없어 꽈배기 심사가 된다. 알파와 오메가, 시작이 있으면 끝이 있기 마련인데 이건 숫제 '용두무미(龍頭無尾)'이다. 수많은 이정표는 차량 소통만을 위해 서 있다. 'OO 3km'란다. 지도에도 없는 그곳은 대체 어느 동네 이름일까. 이정표마저 꽈배기를 틀고 나를 웃으며 먹물깨나 먹은 양반행세를 한다.

잘 빚어낸 꽈배기에는 질서가 있다. 뫼비우스의 띠가 되어 어떤 섭리를 말하고 싶어 한다. 꽈배기가 오른새끼인지 왼새끼인지 나는 아직 확인하지 못했다. 여남은 명이 줄을 서 있는 꽈배기 가게 앞을 지나칠 때면 나도 그 대열이 되어 꽈배기를 만나고 싶은 마음이 일기도 하지만 번번이 포기하게 된다. 정지화면이나 다름없는 줄의 움직임에 기가 꺾인 탓이다. 느림의 시간표에 익숙지 못한 습관 때문일 것이다. 삼십 대 초중반의 젊은이들과 함께 줄을 서기가 저어돼서 그런지도 모르겠다.

나는 징 채를 떠올리다가 거대한 꽈배기를 발견한다. 볏짚을 꽈배기 틀어 만든 채로 징을 치면 꽈배기처럼 휘돌아 울려 나간 소리가 뒤틀린 세상을 풀어낼 터이다. 동네 공원은 계절의 끝자락을 아쉬워하며 은목서 향기를 여운으로 날이 새고 저문다. 나무와 멀어지니 향기는 흩어지고 계절이 멀어지니 꽃도 스러졌다. 나는 그의 허무에 대하여 알고 싶었으나 하얀 꽃무리의 종말은 침묵을 지킬 따름이었다. 이내 나는 세상에는 나 자신의 허무함만이 있을 뿐이라는 걸 깨달았으나 꽈배기 가게가 철물점 옆에 문을 열게 된 이유는 찾지 못했다.

  유혹을 참지 못한 아내가 한참을 줄선 끝에 꽈배기를 안고 왔다. 살다가 별 희한한 꽈배기도 보았다. 이건 인절미나 절편의 자손이지 꼬인 데라곤 없었다. 그래도 이름값을 하느라고 기어이 사달을 냈다. 귀한 몸이라기에 연거푸 셋을 해치웠더니 배 속에서 본색을 드러내는 바람에 장이 꼬이고 만 것이다. 잊고 있었던 장 유착증이 재발하여 닷새 동안 병원 신세를 지게 되었다.

  꽈배기의 바탕은 등나무나 칡의 근성이다. 생명을 지닌 세상의 모든 꽈배기는 태중에서부터 지구의 공전을 소라의 유전자로 새겨 넣었음에 틀림없다. 그래서 사람들은 새끼줄에 고추와 숯덩이를 끼워 내걸고, 잘 꼬인 밧줄에 목을 매달며, 찹쌀 꽈배기의 최후를 위해 길게 줄을 선다. 배 속에 꽈배기를 욱여넣어 세파의 소용돌이에 꼬여버린 밸을 되돌려 보려고 안간힘을 쓴다.

  간밤의 별빛은 그다지 아름답지 않았다. 내가 사랑하는 이의 눈동자가 그곳에 없었던 탓이다. 아니다. 거기 사랑하는 사람 있었으나 내가 그의 눈동자를 쳐다볼 수 없었던 내력 때문이다. 갈 곳을 잃어버린 별빛은 하늘을 헤매어 어지러운 꽈배기를 만들고 있었다. 꽈배기의 끝,

세상이 끝나는 그곳엔 무엇이 기다리고 있을까. 뫼비우스의 띠는 홀연히 사라졌는데 동이 튼다는 전갈은 없었다.

2.
성경과 한자

단군신화의 논리학

비구름바람 거느리고/인간을 도우셨다는 우리 옛적
삼백 예순 남은 일이/하늘 뜻 그대로였다
삼천만 한결같이 지킬 언약 이루니/옛길에 새 걸음으로 발맞추리라

제헌절 노랫말을 떠올릴 때마다 나는 '문리터득(文理攄得)'이라는 네 글자에 신음했었다. 깨달음 없이 글을 쓸 수 없다는 나 자신의 올무에 걸려 남몰래 속을 앓아왔던 소치이다. 담원 정인보 선생은 환웅이 비구름바람을 거느리고 어떻게 인간을 도우셨는지 알아냈을까? 생명과 질병, 형벌과 곡식, 선악 등에 관한 360가지 법을 선포하여 인간 세상을 교화한 반만년의 언약을 이 겨레가 새 걸음으로 이룬다는 노랫말이 기이하다.

고조선 건국을 신화다 역사다 단정하기에 앞서 나는 그 안에 '깊은 뜻'이 따로 있을지도 모른다는 생각에 잠겼다. 일연 스님은 단군이 고조선을 세운 이야기가 '위서(魏書)'와 '고기(古記)'라는 역사서에 근거를 두고 있다는 점을 밝혀두었다. 전설이나 가담항설을 적은 것이 아니라고 명토를 박아놓은 셈이다. 그런데도 나는 저 소년 시절로부터 신화의 늪에 빠져 허우적거리고 있었다. 선사는 고조선의 건국역사를 '기이(紀異)'하다고 적었다. 그러나 선사는 신비스럽고 기이한 데서 나왔다 하여 어찌 괴이하다 하겠느냐 반문하고 있었다.

나는 삼국유사의 고조선 건국 배경을 먼저 생각해보기로 하였다. 천

제(天帝) '환인'은 하나님의 다른 이름이다. 성경은 하나님의 이름을 '여호와(야훼)'라고 기록하고 있으며 중국에서는 '상제(上帝)'라고 하였다. 모슬렘은 '알라'를 외친다. 천제의 아들 환웅은 사람이 아닌 신이었다. 그는 인간 세상을 다스려보고 싶었다. 그러므로 그가 천계에서 거느리고 온 풍백, 우사, 운사나 3천 무리도 당연히 신들이다. 하늘의 신들이 조직을 만들어 세상을 다스리려고 내려온 것이다. 신화이건 실화이건 논리만큼은 정연해야 하는데, 단군신화는 비논리의 전형으로만 여겨졌다.

  환웅이 태백산에 내려오기 전부터 인간들은 세상에 살고 있었다. 사람들은, 환웅이 비구름바람과 곡식을 가지고 내려왔으니 고조선 때에 이르러 농경사회가 시작되었음을 알 수 있다는 식으로 치부하고 만다. 하늘에서 비가 내리지 않으면 사람이고 초목이고 생명을 유지할 수 없다. 당시 사람들이 농사를 짓지 않았을지라도 구름은 바람결에 흘러가고 때에 따라 비도 내렸을 터이다. 인간 세상에 이미 비구름바람이 있는데 환웅이 굳이 비구름바람을 또 거느리고 내려간 까닭은 무엇일까? 삼국유사는 '홍익인간'이 다름 아닌 '인간교화'라고 기록하였다. 불현듯 나는 풍백, 우사, 운사와 삼천 무리가 사람답지 않은 사람들을 '사람다운 사람'으로 교화하는 데 필요한 존재였다는 깨달음에 전율한다. 360가지 일 가운데 '질병, 형벌, 선악'이 나타난 것으로 미루어 당시 세상은 하늘이 방치할 수 없는 심각한 상태였음을 짐작할 수 있다.

  예나 지금이나 사람을 교화하는 근본 방편은 참된 말이다. 성경은 내리는 비를 하나님의 교훈이며 말씀이라고 기록하고 있다. 그런데도 나는 오랫동안, 비를 고대하는 연한 풀이나 채소가 '사람'이라는 생각조차 하지 못한 채 헛되이 살아왔다. 비가 하나님의 교훈(말씀)이면 비를 머금은 구름은 무엇이며, 구름을 운행하여 세상에 골고루 비가 내리도록 돕는 바람은 무엇일까? 바람이 일어야 구름이 움직이며 구름에서 비가 내리는 것이 자연의 이치이니 그들은 같은 일을 하는 하나의 조직이다.

환웅이 태백산 신단수 아래에 신시를 베풀고 나라를 다스릴 적에 '인간'은 이미 세상에 살고 있었다. 곰과 호랑이가 반드시 사람이 되어야 할 절박한 상황은 아니었다. 환웅이 곰과 호랑이한테 내려준 '신령한 쑥과 마늘'이 과연 무엇이기에 그것을 먹으며 백일을 견디면 사람이 될 수 있다는 말인가? 짐승이 사람이 될 수도 있을까? 곰과 호랑이는 글자 그대로 맹수였을까?

우리는 '짐승'을 입에 올리며 살아왔다. 아무개는 짐승이지 사람이 아니다. 사람의 탈을 썼을 뿐이라고도 했다. 때로는 짐승만도 못하다는 극단적 표현도 서슴지 않았다. 성경은, 깨닫지 못한 자를 '멸망하는 짐승'이라 하였다. 국어사전은 짐승을 "매우 잔인하거나 야만적인 사람을 비유적으로 이르는 말"이라고 설명한다. 그렇다. '짐승'은 야만인이며 멸망당할 인생이며 잔인하고 우매한 인간이다.

세상의 깨닫지 못한 허다한 '인간 짐승' 가운데 간절한 마음으로 진정 사람이 되고 싶은 짐승들이 있었으니 바로 곰과 호랑이였다. 두 짐승이 받은 신령한 쑥과 마늘은 그들을 사람으로 탈바꿈시키는 하늘의 곡식 곧 환웅이 천제께 받아온 인간을 널리 이롭게 할 '신령한 말씀'이다. 그러나 누구나 말씀을 듣고 '사람'이 되는 건 아니리라. 선량하고 우직한 마음가짐으로 날마다 신령한 쑥과 마늘을 먹으며 토굴의 어둠을 견뎌내야 한다. 그런 사람을 가리켜 성경은 '좋은 땅'이라 기록하고 있다. 곰은 인내로 그 모든 시련을 이겨내고 마침내 '여자'가 되었다. 호랑이는 참아내지 못했으니 성경은 호랑이와 같은 부류를 '돌밭'과 '가시떨기'라 하였다.

　이제야 나는 천하에 사람이 넘치는데도 혼처가 없는 웅녀가 매일 신단수 아래서 아이를 갖게 해달라고 비손한 연유를 알았다. 신령한 쑥과 마늘을 먹고 견딘 곰은 하늘이 바라는 '사람'이 되었으니 이제는 인두겁을 쓴 '짐승'과는 혼인할 수 없었다. 그가 곰이었으면 어찌 혼인할 만한 '짐승'이 없었으랴. 환웅이 잠시 사람으로 변하여 웅녀로 수태케 하였으니 단군은 사람의 몸을 받은 신의 소생이다. 성경의 기이한 기록들은 앞뒤 가리지 않고 믿으면서 단군의 탄생은 그저 신화일 뿐이라는 생각이 나 자신을 깊은 우물 안에 가두어왔던 것이다.

　일연선사가 기록한 고조선 건국 이야기는 언뜻 모순투성이다. 그럼에도 나는 그 모순덩어리 속에서 기원전 2333년 조상의 메시지를 읽어내고 싶었다. 나는 고조선의 기원을 내 보잘것없는 지식과 지혜의 그릇에 도저히 담아낼 수 없었기에 조금도 믿지 않았었다. 그러면서도 조물주가 흙으로 사람을 만들었다는 이야기는 성경의 기록이기에 털끝만큼도 의심하지 않았다.

　이제 나는 경전에 기록되어 있다 하여 무턱대고 믿는 것이야말로 천지간에 부끄러운 일이라는 걸 깨달았다. 납득이 되지도 않는 비논리를 맹신하는 것은 자기 자신과 신을 속이는 '거짓 신앙'에 불과하다. 논리에 어긋나는 것이 진리일 수는 없다. 구도자가 비논리를 용납하면 마침내 끝없는 나락으로 떨어지게 되리라.

　여기 흑암 속에서 환골탈태를 꿈꾸며 신령한 쑥과 마늘을 받아먹는 한 마리 짐승이 있다.

성경과 한자

　홍수 때에 노아의 여덟[八] 식구[口]만이 방주[舟]에 올라 구원받은 데서 배를 뜻하는 '선(船)' 자가 유래되었다고 합니다. 구약시대에 소나 양 가운데 빼어난 것을 창으로 찔러 잡아 희생 제물로 하나님께 제사를 올린 연유로 '희생 희(犧 = 소 우(牛)+양 양(羊)+빼어날 수(秀)+창 과(戈))'라는 한자가 만들어졌다는 이야기가 흥미롭기는 하나 성경을 문자적으로만 해석한 발상이라고 할 수 있습니다. 이 밖에도 '義(의)'라는 한자는 나를 대신하여 양을 제물로 드리는 데에서 비롯되었고, 선악과를 따 먹고 망하게 된 것은 여자 때문이기에 '허망할 망(妄)' 자가 유래되었다고 합니다. 아담과 이브가 선악과를 따 먹고 자신들의 벗은 것을 깨닫게 된 사건에서 '벗을 나(裸)'가 생겼다는데, 벌거벗은 그들에게 하나님이 가죽옷을 지어 입히셨기에 '입을 피[被 = 옷 의(衣)+가죽 피(皮)]'가 성립되었다는 언급을 하는 사람은 없군요. 가죽옷의 참뜻이 무엇인지 궁금하기도 하지요?
　사람들은 《설문해자》니 성경 속 한자의 비밀이니 하면서 대단한 발견이나 한 듯 의기양양해하지만 대부분 수박 겉핥기 식 해설에 머물러 있는 듯합니다. 성경의 비밀을 모르는데 어찌 성경에 연관된 한자의 비밀을 제대로 알 수 있겠습니까.
　오늘날에는 예수님이 성경 속에 감추어졌던 비밀 곧 예언들을 성경의 노정대로 이루시고 있어 그 실상이 예수님의 사자를 통해 세상에 증거되고 있습니다. 내 한자 지식은 천자문에도 미치지 못할 만큼 얄팍

하나 계시 말씀을 듣고 비로소 깨닫게 된 몇 가지 한자가 있기에 감히 소개하려고 합니다. 혹자는 소소하게 여길지 모르겠으나 이는 계시 말씀을 바탕으로 필자가 자각한 소중한 지식이기에 저작권을 침해해서는 안 됩니다.

龍(용) = 龒(용의 옛 글자)

미켈란젤로가 그린 시스틴성당의 천장화에는 뱀이 아담과 이브에게 선악과를 따 먹으라고 유혹하는 장면이 등장하는데 놀랍게도 뱀의 상반신이 사람의 모습입니다. 미켈란젤로는 뱀의 하반신마저 사람의 형상으로 표현하고 싶었는지도 모르겠습니다. 오늘날 세상의 20억 크리스천 대다수가 창세기에 등장하는 뱀을 글자 그대로의 뱀이라고 믿고 있는데 16세기 사람 미켈란젤로는 그 뱀이 '어떤 사람'이라는 사실을 깨닫고 있었던 것일까요.

'용(龍)'이라는 한자를 가만히 들여다보면 삼세번이나 자기를 높이려고(上+己+三) 산봉우리에 서 있는(立+月) 존재라는 것을 알게 됩니다. 당신이 크리스천이라면 이쯤에서 어떤 성경 구절이 떠올라야 합니다.

> 너 아침의 아들 계명성이여 어찌 그리 하늘에서 떨어졌으며 너 열국을 엎은 자여 어찌 그리 땅에 찍혔는고 네가 네 마음에 이르기를 내가 하늘에 올라 하나님의 뭇별 위에 나의 보좌를 높이리라 내가 북극 집회의 산 위에 좌정하리라 가장 높은 구름에 올라 지극히 높은 자와 비기리라 하도다.

이 계명성이 흔히 말하는 루시엘이고 타락천사입니다. 하나님(示) 위에 용(龍)이 올라앉아 있는 龍(용)의 고어 '龑(용)'을 보고 있노라면 신약성경 데살로니가후서 2장이 생각납니다.

용은 하나님의 이름을 새긴 금박명함을 뿌려대며 성전에 앉아 자기를 하나님이라 사칭하는 존재입니다. 오늘날 크리스천들은 직분을 가릴 것 없이 금박명함에 속아 그들 자신이 거룩하신 하나님이라고 철석같이 믿고 있는 존재가 가짜 하나님인 용 곧 사단마귀인 줄은 꿈에도 모르고 있습니다.

> 저 불법의 사람 곧 멸망의 아들이 나타나기 전에는 이르지 아니하리니 저는 대적하는 자라 범사에 일컫는 하나님이나 숭배함을 받는 자 위에 뛰어나 자존하여 자기를 보여 하나님이라 하느니라.

龍(용)의 본래 글자 '龑(용)'의 '보일 示(시)'는 神(신) 곧 하나님을 뜻합니다. 示가 들어가는 祭(제사 제), 祀(제사 사), 祈(기도할 기), 禱(기도할 도), 祠(사당 사), 神(신 신), 祝(축복할 축), 福(복 복), 禍(재앙 화), 祿(복 록 록), 祐(도울 우), 祥(상서로울 상), 禁(금할 금) 등의 한자어를 보면 확연히 알게 될 것입니다. 기도와 제사는 본시 하나님께 드리는 것이며 축복과 재앙 또한 하나님의 권능입니다.

아담과 이브를 유혹한 뱀 이야기를 하다가 엉뚱한 용이냐고요? 그 뱀이 바로 용이고 사단마귀이기 때문입니다.

> 용을 잡으니 곧 옛 뱀이요 마귀요 사단이라.

그래서 용(龍)을 '별 이름(계명성)'이라 부르기도 합니다.

참고로, 한자 '월(月)'은 저 하늘의 달을 뜻하기도 하지만 '고기 육(肉)'이 변형된 '육달월'로 쓰이는 경우가 많습니다. 따라서 인체 장부를 나타내는 간(肝), 담(膽), 폐(肺), 장(腸), 비(脾), 위(胃), 신(腎) 등의 한자에는 어김없이 이 육달월이 등장합니다. 한편으로 지명에 등장하는 '월(月)'은 대부분 산봉우리를 의미하므로 월(月)이 들어 있는 지명만으로도 산봉우리가 가로막고 있거나 에워싸고 있는 지역이라는 것을 짐작할 수 있을 정도입니다. 가령, '월내(月內, 달안이)'는 산봉우리로 둘러싸여 있는 마을이고 '월하(月下)'는 산 아랫마을이라는 뜻을 지니고 있습니다. 여담이지만 나는 영암의 '월출산(月出山)'을 달이 떠오르는 산이라기보다는 곳곳에 봉우리가 솟아오른 산세에서 유래된 것으로 생각하고 있습니다. 그래야 그 산에 달이 떠오르는 광경을 보지도 못하는 동쪽이나 남쪽 기슭에 사는 사람들에게도 변함없이 '월출산'이겠지요.

啓示(계시)

열 계(啓)+보일 시(示)

앞에서 언급했다시피 '시(示)'는 하나님을 뜻하기도 합니다.

단순히 "열어서 보여준다"라고 번역하면 무엇을 열어서 보여준다는 것인지 바로 알 수 없지만 "하나님을 열어준다"라고 풀이하면 통쾌합니다. 신약성경 요한복음 1장을 보면, 하나님은 말씀이시니 말씀을 열어주는 것이 계시입니다. 그러므로 요한계시록의 '예수그리스도의 계시'는 예수께서 하나님 곧 하나님의 말씀을 열어주신다는 뜻입니다. 만약 하나님의 말씀이 닫혀 있지 않았다면 예수께서 친히 열어서 보여주실 필요가 없을 테지요. 요한계시록을 보면, 하나님의 오른손에 책이 있는데 일곱 인으로 봉해져 있다고 합니다. 하나님의 말씀이 봉해져 있다는 건 대체 무슨 말일까요? 봉해진 하나님의 책은 장래에 이루어질 예언의 말씀을 뜻합니다. 예언이 이루어지지 않았기 때문에 아무도 그 뜻을 알 수가 없습니다. 쉬운 예를 들자면, 우리가 잘 알고 있는 노스트라다무스의 예언은 그것이 이루어지기 전에는 무슨 말인지 전혀 아는 자가 없었지요. 어떤 일이 벌어지고 나서 그제야 그 예언을 깨닫게 되는 것과 같은 이치라고 하겠습니다. 그러므로 이루어지지도 않은 예언을 안다고 생각하는 건 착각이고 오해일 뿐입니다. 예수님은 오늘날의 우리 신앙인들에게 기도를 가르쳐주셨는데 그 가운데는 일용할 양식을 달라고 기도하라는 분부도 있습니다. 그런데 부연하시면서 먹을 것과 마실 것과 입을 것을 구하지 말라고 하셨습니다. 그런 것은 저 이방인들이나 구하는 것이니 너희는 먼저(오직) 하나님의 나라와 의를 구하라고 말씀하셨습니다. 대체 일용할 양식을 달라고 기도하라는 것입니까, 하지 말라는 것입니까? 이것이 성경입니다.

'계(啓)'는 지게문 호(戶)+두드릴 복(攵)+입 구(口)로 파자할 수 있어 "문을 두드리니 사람이 열어준다"라는 뜻입니다. 아무한테나 하나님(말씀)을 깨닫게 해주는 것이 아니라 (예수께서) 밖에서 문을 두드릴 때, 마음 문을 활짝 열어주는 사람에게 하나님의 생명 말씀 곧 계시 말씀을 깨닫게 해준다는 것입니다. 그렇게 마음 문을 열어 예수님(계시말씀)을 영접하는 사람 가운데서 나 자신도 발견되기를 기도합니다. 지게문은 대문 또는 현관문을 뜻합니다.

볼지어다 내가 문밖에 서서 두드리노니 누구든지 내 음성을 듣고 문을 열면 내가 그에게로 들어가 그와 더불어 먹고 그는 나와 더불어 먹으리라.

그러므로 '예수그리스도의 계시'인 묵시(예언)는 예수님에 의해 실상으로 나타나는데 밖에서 문을 두드리는 예수님의 음성을 듣고 자신의 마음 문을 활짝 열어야 그 열린 말씀이 내 안에 새겨지는 복을 받을 수 있습니다. 열린 그 말씀이야말로 천국의 비밀이기 때문입니다.

誾(평온할 은, 향기 은)

열어드린 마음 문을 통해서 말씀이 들어오니 말씀을 받아들인 문 안 즉 그 사람의 마음속은 평온해질 뿐 아니라 그 속에서는 사랑이신 하나님 말씀의 향기가 은은히 배어나는 것입니다. 음미할수록 뜻 깊은 글자입니다. 성경의 깨달음이 아니라면 누가 저 글자의 근본을 짐작이나 할 수 있겠어요.

聾(귀머거리 롱, 농)

용(龍) 자 아래에 귀 이(耳) 자가 있는 글자가 어찌하여 귀머거리를 뜻하는지 어느 자전이나 책자에도 설명되어 있지 않습니다. 용이 귀를 누르고 있다, 용이 누군가의 들을 귀를 점유해버렸다는 설정 자체가 아리송하기만 합니다. 동양에서는 용을 신성시하여 왔습니다. 12지지에도 전설상의 동물은 용이 유일하지요. 성경은 용을 사단마귀, 뱀으로 묘사하고 있습니다. 용은 한 번 잡은 공중권세를 세세토록 누리기 위해 끊임없이 거짓말로 사람을 미혹하는 존재입니다.

 하나님의 대적자요 훼방자인 용(사단마귀)이 달콤하고 교묘한 거짓말로 사람의 귀를 눌러 막아버렸으니 그 사람은 하나님의 진리 말씀을 들을 수 없는 귀머거리가 된 것입니다. 그러므로 聾(농)의 참뜻은 육체적 청각장애인이 아니라 사단마귀인 용의 진짜 같은 거짓말에 귀가 막혀버린 나머지 아무리 진리를 말해주어도 들을 귀가 없어 깨닫지 못하는 자입니다. 그야말로 빛이 어두움에 비치되 어두움이 깨닫지 못하는 상태입니다. 하나님의 성전을 차지하고 앉아 증거하는 용의 말은 모두가 거짓말인데 왜 신앙인들은 그 거짓말을 전혀 알아차리지 못하고 참말이라고 믿는 것일까요? 용은 자신의 말이 거짓말이 아니라고 속이기 위해 항상 성경 말씀을 가지고 그럴싸하게 말하기 때문에 사람들은 감쪽같이 속아 넘어가는 것입니다. 성전에 앉아 자기를 가리켜 하나님이라 하는 것입니다. 하나님의 책 성경을 펴놓고 하나님 행세를 하는 것이지요. 성경의 저자는 하나님이기 때문에 그것을 도용하는 사단마귀는 저자이신 하나님의 참뜻 즉 감춰진 비밀을 전혀 알지 못합니다. 그래서 성경에 쓰여 있는 글자만 보고 껍데기만 말할 수밖에 없습니다. 예수님의 피가 어떻게 사람의 죄를 사하며 어떻게 구원에 이르게 한다는 것인지 알지 못하므로 "주의 보혈은 능력이 있으니 주의 피를 믿으라"고 자신도 모르는 소리를 합니다. 얼핏 들으면 하나님 말씀이고 성경에 기록된 말씀 같지만 그걸로 그만입니다. 사단마귀가 조종하는 목자 밑에서 예배드리는 신앙인들은 속은 줄도 모른 채 아멘 하며 기도합니다. 하나님의 진리 말씀을 듣지 못하는 완전한 귀머거리들인데도 아니라고 착각하며 살아갑니다. 갑작스럽게 죽은 사람이 자신의 몸이 이미 죽어 영혼이 되었는데도 살아 있다고 착각하여 다른 영혼들을 보며 이야기도 나누는 신비한 능력을 지녔다고 착각하는 영화를 본 적이 있습니다.

들을 귀 있는 자는 들으라.

그러므로 내가 저희에게 비유로 말하기는 저희가 보아도 보지 못하며 들어도 듣지 못하며 깨닫지 못함이니라 이사야의 예언이 저희에게 이루었으니 일렀으되 너희가 듣기는 들어도 깨닫지 못할 것이요 보기는 보아도 알지 못하리라.

신앙 밖의 세상에서도 마찬가지입니다. 세뇌를 당했거나 자신이 절대적으로 추종하는 사람의 말은 거짓말일지라도 덮어놓고 무조건 옳다고 믿어 누군가가 진실을 이야기해줘도, 논리 정연하게 설득을 해도 벽 창호처럼 받아들이지 않으니 그런 사람은 귀머거리와 다름없지요. 차라리 벽을 보고 이야기하겠다는 속담도 있듯, 아마 최악의 귀머거리일 것입니다. 또 사람들은 자신이 듣고 싶은 말만 들으려고 하는 습성이 있습니다. 양약은 입에 쓰고 충언은 귀에 거슬리기 마련인지라 대다수의 사람들은 멸망으로 가는 넓은 문인 줄도 모른 채, 듣기에 좋은 말, 달콤한 말을 해주는 사람을 따르고 좋아합니다. 사람의 영혼을 살리는 양약은 입에 쓰고 충언은 귀에 거슬립니다. 구원으로 가는 문은 좁고 협착하여 찾는 이가 적습니다. 그저 '아멘' 한다고, 예배 잘 드리고 기도 잘 드린다고, 헌금 많이 한다고 구원받아 천국에 들어간다면 그런 천국이 무슨 가치가 있겠습니까. 하나님은 천국에 계시는 거룩한 분인데, 내가 거룩하니 너희도 거룩되게 하라고 이르셨는데, 하나님의 형상을 닮으라고 말씀하셨는데 지금이 어느 때인 줄도 모르는 철부지가, 그분의 뜻도 모르고 험난한 좁은 문으로 들어가지도 않는 자가, 도를 닦아 깨끗한 옷을 입지도 않는 자가 천국에 들어간다고 생각하는 건 먼저는 자기 자신을 속이는 일이고 하나님을 기만하는 짓입니다.

壟(무덤 롱)

사단마귀인 용이 지배하는 이 땅(세상)에는 사람의 영혼을 살리는 하나님의 진리 말씀은 없고 사람의 영을 죽이는 사단마귀의 거짓말만이 가득하여 그곳에 있는 사람들은 비록 육신이 살아 있어도 영혼이 죽은 자들이니 그곳이 예배당이건 집이건 어차피 무덤일 뿐입니다.

> 화 있을진저 외식하는 서기관과 바리새인들이여 회칠한 무덤 같으니 겉으로는 아름답게 보이나 그 안에는 죽은 사람의 뼈와 모든 더러운 것이 가득하도다.
>
> 너희는 평토장한 무덤 같아서 그 위를 밟는 사람이 알지 못하느니라.

참고)
뱀들아 독사의 새끼들아.
- 뱀, 독사의 새끼들 = (약 2천 년 전 예수님 시대의) 서기관과 바리새인들

오늘날은 어떤 사람들이 뱀이고 독사의 자식일까요? 사기꾼은 자신이 사기꾼인 줄을 알지만 사단마귀의 거짓말에 감쪽같이 속아 신앙하

는 사람들은 자신이 독사의 새끼라는 사실을 상상이나 할 수 있을까요? 많은 신앙인은 왜 사단마귀의 거짓말을 하나님의 진리 말씀이라고 굳게 믿게 된 것일까요? 그 이유는 너무나 단순합니다. 사단마귀가 조종하는 목자도 하나님 말씀인 성경책을 펴놓고 말하기 때문입니다. 그럴 리가 없다고요? 예수님이 성령에 이끌려 광야에 이르러 마귀에게 시험받을 적에도 마귀는 자신이 지어낸 말로 시험한 것이 아니라 하나님 말씀인 성경으로 예수님을 시험하며 유혹했지요.

'땅'은 세상 사람들인데 그 땅을 거짓말쟁이 죽음의 신 용(사단마귀)이 올라앉아서 조종하니 그 사람은 생명이 없는 죽은 자에 불과합니다. 그렇게 영이 죽은 자가 있는 곳이 '무덤'입니다. '땅'이 왜 신앙세계의 사람들이냐고 묻는 사람은 성경을 상고해야 합니다.

> 온 땅이 이상히 여겨 짐승을 따르고
> 땅이여 두려워 말고 기뻐하며 즐거워할지어다.
> 온 땅이여 하나님께 즐거운 소리를 발할지어다.
> 땅이여 들으라 내가 이 백성에게 재앙을 내리리니
> 하늘이여 들으라 땅이여 귀를 기울이라.

宗(마루 종)

으뜸, 마루.
산의 가장 높은 등성이가 산마루입니다. 지붕의 가장 높은 곳에 길게 걸치는 보를 마룻대라고 합니다. 집을 짓다가 마룻대를 올리는 일을 '상량'이라고 하지요. '종(宗)'은 집 안에 하나님을 모신 상태를 나타내는 한자입니다. '보일 시(示)'는 하나님을 뜻합니다. 집 안에 생명이신 하나님(진리 말씀 = 로고스)을 모셨으니 그야말로 천상천하에 최고의 경지입니다(宀+示). 그보다 더 크고 귀중한 것은 없습니다. 하나님은 우리 안에 함께하시기를 원하십니다. 하나님이 오시어 거하실 집은 다름 아닌 거룩해진 나(성도)의 마음속입니다. 하나님은 죄인과 함께하시지 않습니다. '종교(宗敎)'란 생명이며 진리이신 하나님을 내 안에 모셔 들이도록 하는 최고의 가르침입니다. 그 가르침을 따르면 어느 결에 순결하고 거룩해진 그 사람에게 하나님이 오셔서 함께하십니다. 하나님이 계신 곳이 하늘나라 곧 천국일진대 하나님이 함께하시는 그 사람은 무엇입니까.

너희는 하나님의 밭이요 집이니라.

秋(가을 추)

벼 화(禾)+불 화(火)

벼는 한자문화권에서 곡식(알곡)의 대명사라고 할 수 있지요.

불과 벼(곡식)를 나란히 배치한 글자가 가을이라니, 성경을 깨닫기 전에는 전혀 이해하지 못한 글자였습니다. 가을은 오행(五行)의 서방 금(金)이며 숙살(肅殺) 곧 심판의 계절입니다. '숙살지기(肅殺之氣)'란 초목을 말려 죽이는 쌀쌀하고 매서운 가을 기운이니 신앙 세계에서는 '심판의 말씀'에 해당합니다. 송나라의 문장 구양수는 그의 '추성부'에서 숙살지기의 가을을 '하늘의 형관(刑官)'이라 했지요. 형을 집행하는 관리라는 뜻입니다. 한편, 숙살지기는 곡식을 여물게 합니다. 익은 곡식을 거둔 후 알곡과 쭉정이를 선별하여 알곡은 곳간에 들이고 쭉정이는 불살라버리듯 성경에서 말하는 '추수'란 알곡과 가라지(독밀)를 나누는 것 곧 의인과 악인을 가르는 심판입니다.

추수 때에 내가 추숫군들에게 말하기를 가라지는 먼저 거두어 불사르게 단으로 묶고 곡식은 모아 내 곳간에 넣으라 하리라.

獄(옥 옥)

개사슴 록(犭)+말씀 언(言)+개 견(犬)

제가 성경 말씀을 깨닫기 전에는 옥(獄)이라는 글자를 보고 개들 가운데에 왜 말씀 언(言)이 있어야 하는지 도무지 알지 못했습니다. 아니, 별로 이상하다고 생각해본 적이 없었다고 해야 정확합니다. 세상의 옥은 죄인을 가두어두는 곳인데 신앙 세계에서는 지옥을 뜻합니다. 옥(獄)이라는 글자를 살펴보면 개 짖는 소리만 요란합니다. 개들이 짖는 곳이 옥이라니 선뜻 이해가 되지 않았습니다. 그 어디서도 하나님의 진리말씀은 들을 수 없고 사단마귀의 족속인 짐승들의 소리 즉 사람의 영혼을 죽이는 거짓말(비진리)이 난무하는 세상이 바로 옥입니다. 하나님의 진리말씀으로 생명을 얻어야 할 신앙인이 사단마귀의 거짓말 속에서 살아간다는 건 지옥과 같은 고통이지만 대다수 신앙인은 자신만큼은 진리 가운데서 신앙 한다고 굳게 믿고 있습니다. 지옥 가운데서 살아가면서도 지옥에 있는 줄을 모릅니다. 성경은 하나님의 말씀을 깨닫지 못한 목자를 개라고 말합니다. 또 개는 자신이 토했던 것을 되돌아가 다시 주워 먹는 족속이니 택함을 받았다가 등을 돌린 자입니다. 개가 된 게지요. 우리 주변에서도 '개 같은 작자', '개××', 심지어 '개만도 못한 놈'이라는 말이 들리지 않습니까. 깨닫지 못한 자는 영혼이 구원받기는커녕 어떤 지극정성도 소용없이 결국엔 지옥에 떨어지게 됩니다. 왜 깨닫지 못하는 걸까요? 한 번도 하나님의 진리 말씀을 경험해보지 못했기에 자신이 있는 곳, 곧 자신이 몸담고 있는 예배당에서 듣는 설교가 실상은 개 짖는 소리 곧 짐승의 말인 비진리인 줄은 꿈에도 모르기 때문입니다. 그러니 그곳이 지옥인 줄을 어찌 알겠습니까.

啞(벙어리 아)

입이 심하게 비뚤어져 말을 못하니 벙어리입니다. '버금 아(亞)'는 '비뚤어지다', '굽다'라는 뜻도 있습니다. 한편, 아(亞)는 격암유록 궁을가의 '궁궁을을' 즉 십자가입니다. 궁(弓) 자가 마주보고, 을(乙) 자가 얽히면 둘 다 십자가 형상이 되는 이치입니다. 그런데 십자가 형상의 아(亞)가 왜 '비뚤어지다, 굽다'라는 뜻을 나타내는 글자일까요? 우리는 예수님이 십자가를 지셨기 때문에 '십자가' 하면 언뜻 성스러운 이미지를 떠올리지만 실상 십자가는 중죄인을 못 박아 죽이는 처형도구였습니다. 흉측하고 저주스러운 물건이지요. 그렇다면 예수님처럼 죄 없는 분을 십자가에 못 박고 싶은 마음은 어떤 마음일까요? 바른 마음이 아니라 비뚤어진 마음이지요. 그런 마음처럼 입이 비뚤어졌다면 그 입으로 어떻게 바른말을 할 수 있겠습니까? 그러므로 벙어리란 단순히 말을 못하는 자가 아니라 바른말 즉 진리를 말하지 못하는 자를 가리킵니다. 성경은 몰각한 목자를 벙어리 개라고 하는바, 몰각한 목자가 실제로 말을 못한다는 뜻이 아니라 말씀을 깨닫지 못했기 때문에 예언이 이루어진 실상 곧 계시 말씀을 전혀 증거하지 못한다는 의미이지요.

惡(악할 악, 미워할 오)

십자가의 마음 즉 죄 없는 주님을 십자가에 못 박고 싶은 마음, 미움으로 가득한 비뚤어진 마음, 바르지 못하고 굽은 마음은 악한 마음입니다.

> 운아삽(雲亞翣): 운삽과 아삽
> 운삽: 발인 때, 영구(靈柩) 앞뒤에 세우는, 구름무늬를 그린 부채 모양의 널빤지(최근에는 구름 모양이 아니라 '구름 운(雲)' 자를 판지에 쓰고 있으나 거의 사라진 풍습)
> 아삽(불삽): 발인 때에, 상여의 앞뒤에 세우고 가는 제구. '亞' 자 형상을 그린 널조각에 긴 자루가 달려 있다(최근엔 아삽도 운삽처럼 판지로 만드는데 이 또한 사라져가는 풍습).

아(亞)는 격암유록 궁을가의 '궁궁을을' 즉 십자가입니다. 궁(弓) 자가 마주보고, 을(乙) 자가 얽히면 둘 다 십자가 형상이 된다는 이치입니다. 장지에 이르러 하관할 때에 운삽과 아삽을 관 상하부(시신의 머리 쪽과 다리 쪽)에 놓고 성토를 하는데 그 이유를 아는 사람이 없습니다.

운(구름)은 천사(성령)이요, 아(亞)는 십자가이니 십자가의 공로로 죄 사함 받고 천사의 인도로 천국에 이르기를 기원하는 의식입니다. 사람들은 장례의식이나 제사가 유교에서 비롯되었다고 생각하지만 실상 유교는 유물론에 가까워서 인간의 사후세계를 논하지 않습니다. 기록상 최초의 제사는 가인과 아벨이 하나님께 드린 제사입니다.

仙(신선 선)

사람 인(人)+뫼 산(山) = 산에 사는 사람
산에 있는(사는) 사람이 신선이다?
신선의 국어사전 풀이를 보면, "도(道)를 닦아서 현실의 인간 세계를 떠나 자연과 벗하며 산다는 상상의 사람이며 세속적인 상식에 구애되지 않고, 고통이나 질병도 없으며 죽지 않는 존재"입니다. 성경 속에서 산은 교회이며 성도입니다.

老(늙을 로, 노)와 孝(효도 효)

'효(孝)' 자를 이해하기 위해서는 먼저 '늙은이 로(老)' 자를 알아야 한다.
성경에서는 육체는 살아있으되 영이 죽은 자를 흙(땅)이라 하였으니 죽은 자가 있는 곳 곧 무덤을 가리킵니다.

로(老) = 노(耂)+비(匕)

노(耂)는 흙(무덤)을 밀어 올리는 모양
匕는 숟가락을 뜻하기도 함
직역하면 '숟가락으로 무덤을 밀어 올리다'.

겨우 숟가락이나 드는 힘으로 무덤 문을 밀어 올리면 무덤이 열리겠어요? 그런 무기력한 상태인즉 늙었다는 의미의 글자가 됩니다. 단순히 육체의 노쇠를 말하는 것이 아닙니다. 정작 무덤 문을 열고 나오는 자는 따로 있으니 무슨 연유일까요?

내 백성아 거기서 나와 그의 죄에 참예하지 말고 그의 받을 재앙들을 받지 말라.

'거기'란 귀신의 처소이니 지옥 곧 무덤 속입니다. 하나님의 음성을 듣고 지옥 무덤 속에서 나오는 것이 바로 '효(孝)'입니다. 세상에서의 효 또한 이와 같아서 부모님을 물질적으로 호의호식시켜 드리는 것이 참된 효가 아니고 부모님의 말씀에 순종하여 그 마음을 기쁘게 해드리는 것이 참된 효입니다. 혹자는 이 '효(孝)' 자를 노인을 지게에 지고 가는 자식의 모습을 나타내는 글자라고 말합니다.

好(좋을 호)

여자와 아들이 함께하니 좋다?
여자와 자식이 서로 사랑한다면 물론 좋은 일이긴 합니다. 그러나 이 글자는 성경으로 풀어야 명확히 알 수 있습니다. 구약성경에는 메시아

(예수님)의 탄생에 대한 하나님의 예언이 기록되어 있습니다.

> 패역한 딸아 네가 어느 때까지 방황하겠느냐 여호와가 새 일을 세상에 창조하였나니 곧 여자가 남자를 안으리라.

好(호)라는 글자는 본래 어미 母(모)와 아들 子(자)가 합하여진 㚵(호)였다고 합니다. 어머니가 아들을 안은 모습이지요. 그런데 어머니가 아들을 안는 것이 왜 새 일이라는 말인지 아리송하기만 합니다. 이 예언은 동정녀 마리아가 예수님을 낳아 안음으로써 이루어졌습니다. 인류 역사상 처녀가 아이를 낳은 적은 없었습니다. 그런데 마리아는 성령으로 잉태하여 죄가 없는 예수님을 낳았지요. 그 자체가 새로운 일이기도 하지만 하나님이 이렇게 하신 데에는 슬픈 사연이 있습니다. 하나님은 동방의 에덴에 동산을 창설하시고 남자와 여자(아담과 하와)를 지어 그곳에 살게 하셨습니다. 그러나 그들이 뱀의 유혹에 넘어가 하나님이 금하신 선악과를 따 먹음으로써 하나님께 죄를 짓게 되었고 결국 낙원에서 쫓겨나는 신세가 되었는데 이후 아담의 혈통으로 난 인류는 불가피하게 죄의 유전자를 받았으니 곧 원죄입니다. 하나님은 뜻하신 역사를 이루시기 위해 노아에게 오셨으나 노아의 자손도 하나님과의 언약을 저버렸습니다. 모세 때도 선민 이스라엘은 하나님과의 언약을 저버렸으니 솔로몬이 다른 신들에게 절함으로써 하나님을 배신하였던 것입니다. 이처럼 시대마다 하나님의 선민이 언약을 저버린 까닭은 아담으로부터 유전된 원죄의 한계를 벗어나지 못했기 때문이었습니다. 이에 하나님은 죄인 아담의 유전자로 나지 않은 '죄 없는 사람' 곧 예수의 탄생을 계획하셨으며 이를 선지자들을 통해 예언하셨고 마침내 처녀 마리아가 성령으로 잉태케 하시어 임마누엘(예수님)을 이 땅에 보내주셨습니다. 그대로 두면 멸망할 수밖에 없는 인간의 죄 문제를 해결해주시기 위해서였습니다. 이것이 바로 '새 일'입니다. 예수님이 이 땅에 오셔서 인류의 죄 문제를 해결하고 마침내는 사람들을 죄에서 해방하고 구원을 이루시니 처녀 마리아가 아들을 안은 일이야말로 인류에게 더없이 좋은 일입니다.

福(복 복)

示(하나님 기)+一(한 일) = 口(입 구)+田(밭 전)

'하나님이 한 사람에게 세상(밭)을 주심'

이것이 복의 진정한 의미입니다. 전능하시고 사랑이 많으신 하나님께서 어찌 한 사람에게만 복을 내려주신다는 것일까요? 하나님께서 주시려는 복은 세상의 물질이 아닙니다. 요한계시록 에서는 사단마귀와 싸워 이기는 자에게 영생과 세상심판권과 치리권을 주신다고 기록되어 있습니다. 그렇다면 우리는 하나님으로부터 아무런 복도 받을 수 없다는 말일까요?

결론부터 말하면, 그렇지 않습니다. 그 이긴 자와 함께한 사람들은 누구든지 복을 받아 누리게 됩니다. 그들도 모두 이긴 자가 되기 때문입니다. 그러므로 '복(福)'의 진정한 의미는 하나님께서 한 사람을 통하여 하나님을 믿는 모든 사람에게 복을 주신다는 것입니다.

밭은 세상이요.

신앙 세계에서 밭은 교회 또는 성도의 마음속을 뜻합니다.

聖(성스러울 성)

풀이 1) '믿음은 들음에서 나고' 즉, 귀(이 耳)로 듣고 사람이 마음으로 믿어 의에 이르고 입(구 口)으로 시인하여 구원에 이르느니라.

그 말씀대로 귀로 들어 믿고 입으로 시인하여 구원에 이르는 것이니 그리하면 자연히 믿음으로 구원이 잉태되는 것이니 결국 거룩해지는 이치이다. 임(壬)은 본래 '임신하다'는 뜻을 지닌 한자어이며 12지의 자(子)와 통하는 하늘 기운입니다.

풀이 2) 죄악으로 가득한 세상의 말에 더럽혀진 귀와, 독설과 비방과 미움과 저주로 더럽혀진 입을 저 북방의 맑은 물로 씻으니 이는 곧 세례의식이라 티 없이 깨끗한 영혼으로 거듭나게 되니 어찌 성스럽지 않으리오.

임(壬)은 水의 본향으로서 북방의 대해와 같이 큰물이라는 뜻도 가지고 있습니다.

食(밥 식)

사람 인(人)+좋을 량(良)
사람이 먹어야 할 좋은 것(어진 것)이 밥이다?
　사람은 육체와 영혼으로 구성된 존재이니 먹어야 할 밥도 두 가지입니다. 육체의 양식과 마음의 양식이 그것입니다. 밥을 먹지 않으면 육신은 배고픔을 느끼지만 마음은 굶주려도 쉽사리 배고픔을 알아채지 못합니다. 배고픔을 모른다 해서 주림이 해결된 것은 아닙니다. 굶다보면 마음이 피폐해져서 결국 죽게 될 테지요. 그렇다면 사람의 마음이 먹어야 할 어진(좋은) 음식은 과연 무엇일까요? 육체의 양식은 입으로 먹지만 마음의 양식은 눈으로 보고 귀로 들어먹게 되지요.

奸(간사할 간)

女(여자 여)+干(방패 간: '범하다, 간섭하다'라는 뜻으로도 쓰임)
간사하다, 간음하다.

> 여자(女子)가 그 나무를 본즉 먹음직도 하고 보암직도 하고 지혜롭게 할 만큼 탐스럽기도 한 나무인지라 여자가 그 실과를 따 먹고 자기와 함께한 남편에게도 주매 그도 먹은지라.

따 먹는다는 말은 간음한다는 말과 같습니다.

糞(똥 분)

米(쌀 미)+異(다를 이)
쌀(곡식)이 다른 것으로 변한 것 즉 입으로 밥을 먹었는데 변하여 뒤로 다른 것이 나오니 똥이라는 풀이가 일반적인데, 성경적으로 해석하면 전혀 다른 의미가 됩니다.

> 땅을 파서 돌을 제하고 극상품 포도나무를 심었었도다 그중에 망대를 세웠고 그 안에 술틀을 팠었도다 좋은 포도 맺기를 바랐더니 들포도를 맺혔도다.

神(신)

하나님은(하나님 기(示))은 약속하신 때에 반드시 납시는(납 신(申)) 분이다.

信(믿을 신)

사람이 말씀에 의지하는 것이 곧 믿음이다.

때죽나무 아래서

※ 등단작품

골짜기에 자리 잡은 자그마한 저수지 옆 언덕배기에서 국수나무가 흐드러지게 꽃을 피우고 토끼풀, 찔레나무, 산딸기나무, 마삭줄, 아까시나무도 덩달아 5월의 한가운데에 하얀 향기를 아로새긴다. 제법 세찬 바람에 저수지 방죽 위 토끼풀밭에선 꿀 냄새가 자지러진다. 그윽한 속삭임에 이끌려 얼굴이 닿을 만큼 바짝 다가가면 어느 결에 숨을 죽이는 마삭줄꽃 무리는 한낱 필부필부처럼 소박하건만 그 부드러운 유혹에 취하지 않을 재간은 없다. 큰 무리를 지어 일제히 피어난 찔레꽃 향기는 현기증이 날 정도로 강렬하다. 뇌수(腦髓)를 정화해주는 듯한 찔레꽃 향기에 사로잡혀버린 나는 장미꽃을 더는 안중에 두지 않는다. 아까시나무는 거동이 불편하여 동구 밖에도 나가지 못하는 이웃을 위해 기꺼이 우체부가 되어 여름의 서곡을 배달해준다. 한 주일을 기다려 찾아가보니 5월은 막바지에 이르렀고 때죽나무에도 가지마다 흰 꽃이 가지런하다. 땅을 내려다보며 피어난 때죽나무 꽃은 처녀 시절 아내의 흰 목덜미에 살포시 내려앉은 부끄럼이다. 5월을 '신록의 계절'이라 명토를 박은들 딱히 할 말은 없지만 그 행간에선 끊임없이 흰 꽃들의 노래가 들려온다. 한 떨기 낯익은 5월이 되어버린 내 목소리도 그 속에 녹아들어 정겨워진다.

모처럼 만나는 반가운 얼굴들인데 더러는 이름이 선뜻 떠오르지 않는다. 산천을 게을리하여 벗님들과 자주 만나지 못한 탓이다. 내 딴에는 벗님네들 이름깨나 안다고 은근히 자부하고 있건만 아예 처음부터 이름을 모르는 이들도 부지기수이다 보니 숲속이나 길섶에서 홀로이 열없던 적이 한두 번이 아니다. 오늘도 도리 없이 욕심이 앞서 초피나무인지 산초나무인지 헷갈리는 가지를 조금 자르고, 아까시나무와 싸리를 닮은 풀을 뜯어 챙긴다. 책을 뒤지고 인터넷을 훑어 초피나무에 이름표를 달고 '땅비싸리'와 '좀싸리'를 몇 번이고 되뇐다. 그러나 그들과 사귀어보지도 않은 채 억지로 이름만 외우고 있으니 기억에서 사라지는 건 단지 시간문제일 뿐이다. 이번에는 다행히 그들의 이름을 잊어버리기 전에 재회의 인연이 생겼다. 나는 그들의 얼굴을 번갈아 어루만지며 기쁨을 감추지 못한다.

덩굴식물들은 대개 질기다. 그런데 나무도 아니고 풀도 아닌 '사위질빵'은 믿을 수 없을 만큼 허망하게 끊어지거나 꺾어지기 일쑤다. '사위질빵'은 어느 장모의 사위 사랑에서 비롯한 이름이라고 한다. 사위의 짐을 가볍게 해주려고 그 넝쿨로 지게 밀삐를 만들어준 데서 유래된 이름이라 한다. 내 어머니는 '소멍넝쿨'이라고 하였다. 그러고 보니 마디를 지을 때마다 절도 있게 둔각을 이룬 모습하며 덩굴의 옅은 갈색이 소의 멍에를 연상케 한다. '쇠무릎(우슬초)' 줄기야말로 영락없는 황소의 앞무릎이다. 밤중에 활짝 피어나니 '달맞이꽃'이요, 꿩이 즐겨 먹는다 하여 '꿩의밥'이라던가. 상사화 잎은 볼품없이 시들어가고 8월에는 망각의 저편에서 예고 없이 꽃대가 불쑥 솟아올라 연분홍 '상사화'를 피워 떠나간 임을 그리워하리라.

온갖 풀과 나무는 천만년을 이 땅에 살아 내 할아버지 할머니와 할아버지 할머니 선대 조상님의 사연과 심정을 그대로 이름 받았을 터이다. 하여 그들의 이름을 알고 그들과 이야기를 나누는 건 조상님의 피땀과 눈물, 사랑과 원망, 해학과 여유, 기다림과 그리움 등등 오욕칠정(五慾七情)이 아로새겨진 이 땅의 살아 있는 역사를 몸으로 따라 배우는 또 다른 '뿌리 찾기'이리라. 그들과 내가 스스럼없는 대화를 나누는 벗이 될 때, 비로소 나도 자연인이 되고 이 산천의 일부, 참다운 주인 가운데 하나가 되는 거라고 생각해본다. 그들은 이 땅의 터줏대감이니 내가 감히 함자(銜字)를 여쭐 수는 없다. 더구나 이름을 대라고 윽박지르는 짓은 상상도 할 수 없는 패역(悖逆)이니 족보를 살피고 앞사람을 통해 배우고 익혀서 가슴에 새길 따름이다. 사람과 사람이 서로 어깨를 부딪고 얼굴을 마주하며 살아가는 세상의 친교는 통성명으로 싹이 트고 '이름 부르기'로 성장하다가 사랑으로 결실하는 과정이라 여긴다. 말 못하는 풀과 나무도 그와 별반 다르지 않을 터라 산과 들, 길섶과 냇가에서 조상님들과 함께 누천년을 숨 쉬며 생명을 나누어 온 그들의 이름을 알아내어 만날 때마다 일일이 정다운 이름을 부르는 순간에 벌써 대화가 시작되었으니 그곳에서 사랑이 자라 어찌 탐스러운 열매를 맺지 않으랴. 때로 그러한 상념에 잠길 때마다 나는 공연히 흐뭇해진다.

'질경이'에선 끈질긴 생명력이 전해져 오고 '씀바귀'라는 이름만 들어도 쓴맛을 떠올리게 된다. 비록 한 번도 만나지 못했다 해도 '우산나물'과 '삿갓나물'이 어떻게 생겼을지 어림짐작은 할 수가 있다. 촌아이였던 나는 나무하면서 참꽃을 따 먹었으며 동생한테 줄 삘기를 뽑아 모으고 그해에 자라 물이 오른 참솔 우듬지를 잘라내어 송기를 해먹기도 하였다. 찔레나무 졸가리와 배추장다리, 산딸기와 머루, 괴불과 개암과 청미래덩굴 열매, 칡과 잔대와 하수오 뿌리, 천문동과 돼지감자 따위는 철철이 안성맞춤 먹을거리였다. 나는 그 속에서 절로 자연의 변화를 배우고 나무와 풀들의 체취에 젖어들었으나 세월이 가도 겨우 고만고만한 나무와 풀의 이름을 알 뿐이었다. 그토록 얕은 지식을 자랑으로 내세워도 무리 없이 통할 만큼 현실은 안타깝다. 어린 시절부터 "달래, 냉이, 씀바귀나물 캐오자"라는 노래를 즐겨 불렀건만 막상 씀바귀가 어떻게 생겼는지 만나본 이가 별로 없다.

잠시 흰소리를 하느라 게으름을 피운 사이 비워둔 텃밭에 지칭개와 뽀리뱅이가 한자리 차지했고 환삼덩굴도 기회를 엿보고 있다. 알다가도 모를 것이 잡초다. 잠시라도 한눈을 팔면 사뭇 기세가 무서워진다. 나는 텃밭을 점령한 죄를 물어 '못된 잡초들'을 모조리 뽑아 다시 살아나지 못하도록 뿌리에 붙은 흙을 매매 털어내어 땡볕에 내던진다. 그래도 나중에 쓸모가 있을 듯한 익모초 몇 그루는 남겨두었다.

기왓개미 만들어서

※ 등단작품

　큰 수술을 받고 병상에서 신음하고 있을 적에, 다정한 사람들이 무시로 찾아와 속히 회복되기를 소원하고는 마치 미리 입을 맞추기라도 한 듯 똑같은 화두를 던져주고 갔다.
　"이제는 마음을 비우고 살아라."
　나는 그 주문을 받을 때마다 짐짓 공감하는 체하면서도 속으로는 식상하기도 하거니와 참 싱거운 소리라 치부하였다.
　세상을 탄하거나 좀처럼 어두운 낯빛을 거두지 못하는 지인들을 위로한답시고 소주 두어 병 나눠 마시면서 내가 읊었던 풍월이요, 때로 그 소주 맛이 너무 써서 몸서리가 쳐질 때 이녁한테 주절대던 넋두리인 탓이다. 마음 비우기쯤이야 여반장이다. 누구나 가슴속에 제 나름의 마음 그릇 하나씩 지니고 있을 터이니 단지 한번 뒤엎으면 그만이겠다.
　수술은 온전히 성공했지만 워낙 앞날이 켕기는 질병인지라 불길한 상념들이 두려움으로 스멀거렸다. 겨우 지명(知命)에 접어든 내겐 오래 살아야 할 핑계가 참 많기도 하였다. 나는 운두가 높아 꽤 웅숭깊은 주발로 만들어진 마음 그릇을 뒤집어, 무엇보다 먼저 오래 살 수 없을지도 모른다는 막연한 무섬증을 내보내리라 작정하였다. 그러나 한참을 기다려도 '무섬증'은 그림자조차 보이지 않았다. 안달이 나서 그릇을 마구 뒤흔들어보기도 하고 급기야 손을 집어넣어 '무섬증'의 멱살을 움켜잡으려 했으나 뜻을 이루지 못했다. 놈은 틀림없이 내 마음 그릇을 지배하고 있는데 어느 구석에 몸을 숨기고 있는지 도무지 찾을 수가 없었다. 이러구러 반년을 무던히 애썼으나 마음은 도무지 비워지지 않았다. 점점 초조하여 안절부절못하는 날들이 늘어갔다. 나는 10년, 20년의 미래를 그려보다가 제풀에 낙담하여 슬퍼하기도 하고 별안간 난데없는 통증이 몰려오기라도 하면 더럭 겁이 나서 몸을 떨었다.

시름에 잠겨 바닷가 벤치에서 눈 내리는 하늘에 나를 묻힌다. 여러 시간이 흐르건만 바람은 여전히 잠자고 함박눈도 바다도 끝내 말이 없다. 나는 가끔 두툼한 오리털 파카에 쌓이는 눈을 털어내며 바다에 쏟아지는 눈의 자취를 뒤쫓는다. 함박눈은 허공에 가득하여 온 바다를 뒤덮을 기세이나 바닷물에 닿자마자 허망하게 녹아버릴 뿐이다. 바다는 일언반구도 없다. 눈발이 그치자 더욱 푸르러진 바다는 가벼이 일렁일 뿐 여전히 시치미를 떼고 있다. 저 바다에 하늘 가득 함박눈이 내리던 광경은 환상일 뿐이었다. 이 섬과 섬을 지키는 작은 집의 지붕과 나루터의 잔교와 어선과 방파제에 쌓인 흰 눈만이 바다에도 눈이 내렸다고 이야기한다. 그러나 그 많은 눈은 형체만을 바꾸어 저 바다에 그대로 존재하는 거라는 실체적 진실을 떨쳐버릴 수 없어 나는 괴로웠다.

얼어붙은 몸을 녹이려고 작은 집에 들어섰다. 허물없는 친구네 집이다. 해묵은 구닥다리 장작 난로에 어울리지 않는 새 연통이 눈에 들어온다. 가끔 바닷가에 밀려오는 척척한 나무때기를 주워 때서 연통에 그을음이 하도 자주 끼는 바람에 며칠 전에 새 연통으로 갈았다 한다.

"그을음 탓에 새 걸로 바꿨다고?"

나는 공연히 고함을 질렀다. 친구는 적이나 놀란 표정이다. 헤아릴 수 없이 수많은 생각과 몸짓의 편린들이 끊임없이 내 마음 그릇에 들어왔었는데 왜 조금도 남아 있지 않았는지 별안간 깨닫는 순간이었다. 걱정과 두려움은 단지 이 장작난로의 연통에 낀 그을음일 뿐이라는 데 생각이 다다르니 숨소리마저 평온해짐을 느낀다. 그렇구나, 치우친 관념이 세월을 겪으면서 마음 그릇에 동록과 더러운 얼룩을 지어 별 쓸모없는 애착과 질 낮은 습관으로 굳어졌을 뿐인데 그것이 내 마음의 본색이라 믿고 살아왔구나.

가만히 돌아보니 30년을 하루도 거르지 않고 줄기차게 피워 온 담배가 어림잡아 일만 갑이 넘는다. 걸핏하면 대취하여 횡설수설하며 인사불성이 된 날들은 또 얼마인지 그저 남세스러울 따름이다. 운동은 멀리하고 기름진 고기와 인스턴트식품을 즐겨 먹었다. 허구한 날 새로 한 시가 넘어야 잠을 청하니 늦잠은 당연지사였다. 휴일에 절을 찾아가거나 예배당과 성당에 나가는 사람들이 어리석어 보일 뿐이었다. 내 폐부에는 오랫동안 소제를 하지 않은 난로의 연통 속처럼 시커먼 그을음이 덕지덕지 들러붙어 있고, 내 심장은 쓸데없는 자만과 악심과 온갖 탐욕으로 더럽혀졌으나 나는 유유히 태평가를 흥얼거리며 몸과 마음이 덩달아 썩어가는 위기를 눈치채지 못하고 있었다.

나는 오래된 기와 조각을 돌절구에 넣고 몽돌로 갈아 고운 기왓개미를 만든다. 부엌문 앞에 멍석을 펴고 추진 짚북데기에 그 기왓개미를 묻혀 동록으로 온통 푸르뎅뎅해진 주발을 닦는다. 이마에 땀방울이 솟고 잔등이 젖어들도록 힘을 써서 닦으니 조금씩 금빛 본색이 드러난다. 온갖 탐욕과 게으름과 의심과 질시, 열등감과 교만과 불신과 낙망이 차례차례 지워지고 맨 나중에 죽음에 대한 두려움이 벗겨져 나간다. 반심을 써서는 해가 저물어도 동록을 말끔히 벗겨낼 수 없을 듯하다. 짚북데기가 검푸르게 변하고 거지반 해져서야 주발은 비로소 찬란한 금빛으로 반짝거린다.

  나는 이제 마음 그릇을 채우리라. 다만 이 귀한 그릇에 다시금 분노와 증오와 절망의 덩어리가 담기게 할 수는 없는 노릇이다. 더구나 온갖 탐욕과 구린내 나는 술수(術數)가 담겨서는 말이 아니다. 내 마음 그릇에는 용서와 배려를 담고 용기와 사랑을 담겠다. 내 마음 그릇에선 푸른 솔 내음이 끊임없이 배어 나오기를 소망한다. 나는 더는 억지로 허황한 웃음을 지어내지 않으리라. 명예와 높은 지위를 마다할 사람이 없다고들 하나 내 눈에는 정직과 겸손이 더 커 보인다. 나는 거짓을 말하거나 믿음을 저버린 사람과 마주치더라도 그를 미워하는 마음이 생기지 않기를 원한다. 나는 '그곳'을 향해 끊임없이 걸음을 옮겨가건만 어디가 그곳인지 알지 못한다. 그러기에 걸음을 떼어놓을 때마다 스쳐가는 마을 풍경과 사람들의 얼굴을 하나하나 일삼아 기억하겠다. 소중히 간직해야겠다. 나는 그러한 추억의 조각들을 모아 백지 위에 모자이크를 만들겠다. 그러나 그 또한 부질없는 욕심인지 모르겠다. 아니 허황한 욕심이겠다. 그러니 도리가 없다. 그저 날마다 어둠이 오기 전에 스스로 더럽힌 옷을 벗어들고 냇가에 나가 빨래를 해야겠다. 날마다 마음 그릇을 꺼내 추진 짚북데기에 기왓개미 듬뿍 묻혀 닦고 또 닦아야겠다.

비파의 주인

먼산바라기

언제부턴가 텃밭 탱자나무 울타리의 허리춤에 낡은 축구공이 걸려 있었다. 대체 누가 그랬는지 모르지만 날카로운 가시투성이 울타리 속에다 축구공을 쑤셔 넣은 재주가 신묘해 보였다. 여름 내내 탱자나무 울을 뒤덮으며 위세를 떨치던 사위질빵 넝쿨이 드디어 헝클어진 몰골을 드러냈다. 아침에 틈을 내어 텃밭을 잠식한 넝쿨들을 잡아채어 낫으로 쳐내는데 문득 귓전을 스치는 으스스한 소리에 소름이 확 끼쳤다. 낫을 팽개친 채 잡초가 무성한 감나무밭으로 냅다 뛰었다. 운동화 두 짝은 종적이 없고 울타리 주위에는 성난 말벌 떼가 어지러이 날았다. 녀석들의 흥분이 가라앉기를 기다려 다가가 보니 축구공 아래쪽에 있는 작은 구멍으로 말벌들이 끊임없이 드나들고 있었다. 저 축구공을 내가 건드린 성싶었다. 여름내 무심히 보아왔던 축구공은 '노봉방'이라는 말벌집이었다.

평화

뒤꼍 장독대 바닥의 틈바귀에서 명아주며 강아지풀이 넌출지더니 며느리밑씻개까지 가세하여 가관이었다. 숫돌에 매매 갈아 서슬 퍼런 낫을 휘두르며 잡초정벌에 떨쳐나섰다. 장독대 옆 공터에 굵직굵직한 검정 개미들이 어디선가 수없이 나타나더니 갈팡질팡 삽시간에 소란스러워졌다. 나는 일손을 멈추고 개미떼의 수상한 움직임을 지켜보기 시작했다. 그때였다. 먼저 등장한 굵은 개미들보다 몇 배나 많은 자잘한 개미들이 난데없이 쏟아져 나오더니 굵은 개미떼와 전투를 벌였다. 그들은 굵은 개미들보다 몸피가 훨씬 작았으나 미리 작전 구상을 해두었다는 듯 일제히 인해전술을 전개하였다. 굵은 개미 한 마리에 서너 마리씩 달려들어 다리와 더듬이와 허리를 물고 늘어지는 것이었다. '아비규환'은 이를 가리키는 말이었다. 그것은 전투라기보다는 일방적 살육전이었다. 처절한 대학살은 한 시간이 지나기도 전에 막을 내렸다. 작은 개미떼가 사라진 현장에는 하나 없이 허리가 잘려 두 동강 난 굵은 개미떼의 주검만이 참담한 침묵을 지키고 있었다.

지혜

꼴을 베다가 방석바위에 퍼질러 앉아 이따금 불어오는 산들바람에 땀을 들이고 있었다. 바위 아래쪽 너덜겅에서 까치독사(살모사) 한 마리가 돌 틈 사이를 이리 끼어들었다가 저리 붉거리며 야단법석을 떨고 있었다. 살모사는 그 해괴한 몸짓을 반복하면서 그야말로 이판사판이었다. 자세히 보니 10cm쯤 되는 붉은 지네가 살모사의 뺨으로부터 몸통에 찰싹 붙어 있었다. 나는 침을 삼키며 그렇게 얼마를 지켜보았다. 어느 결에 살모사는 모습을 감추었다. 나는 뒷일을 알지 못한다. 살모사는 기운차 보였으니 너덜겅을 이용하여 필시 지네를 물리쳤으리라.

극한상황

눈앞에 다도해가 펼쳐지는 남녘의 겨울은 얼음 구경하기도 쉽지 않았다. 한겨울 농수로의 웅덩이에는 거울처럼 맑은 물이 고여 있었다. 농수로에 나란한 농로를 따라 한가로이 걷고 있던 사온(四溫)의 어느 날은 바람 한 점 없는데, 먼발치의 웅덩이에 잔잔한 파문이 일고 있었다. 발소리를 죽이며 웅덩이에 접근했다. 들쥐였다. 들쥐 한 마리가 한 길 웅덩이에 잠수를 하여 돌무더기 사이를 수색하고 있었다. 가끔 한 번씩 물 밖에 머리를 내밀고 주위를 살피며 숨을 쉬다가 다시 잠수하여 돌 틈을 일일이 더듬어나갔다. 눈먼 붕어 사냥에나 어울리는 솜씨였다. 며칠이 지난 뒤에 친구 가운데 하나가 그 장면을 보았다며 때늦은 신바람을 냈다. 그제야 다른 친구들도 내 말을 수긍하는 눈치였다. 수달 같은 들쥐라니. 나는 입때껏 들쥐가 물질을 한다는 이야기를 들어보지 못했다.

소유권

우람한 비파나무 두 그루에서 해를 걸러가며 황금빛 비파 200kg을 거두었다. 각다귀 같은 직박구리한테 앗기지 않았다면 넉넉히 500kg씩은 수확했을 것이다. 나는 비파꽃이 피어나는 한겨울부터 비파나무를 둘러보며 비파의 풍흉을 점치곤 했다. 녀석들도 나처럼 둘러보았다. 비파 열매가 본격적으로 굵어지는 4월부터는 녀석들의 순찰이 눈에 띄게 잦아졌다. 나도 더욱 자주 비파나무를 맴돌면서 6월의 수확을 가늠하였다. 봄 가뭄이 두 달이나 계속되었다. 나는 수도꼭지에 기다란 호스를 연결하여 비파나무 꼭대기까지 물을 뿜어 올리기 위해 안간힘을 다했다. 어디서 귀신처럼 두 녀석이 나타나 호스에서 분출되는 물줄기를 맞으면서 번갈아 목욕을 즐기는 것이었다. 내가 일부러 호스 방향을 바꾸면 녀석들도 물줄기를 쫓아 날개를 퍼덕이며 목욕을 멈추지 않았다. 나는 별안간 미움이 솟구쳐 호스를 내던지고 돌멩이를 집어 들었다. 녀석들은 조롱 섞인 울음을 끌며 유유히 사라졌다. 비파가 익어가자 가족으로 보이는 직박구리 여섯 마리가 시도 때도 없이 출몰하여 비파를 마구잡이로 해치우기 시작했다. 참나무 말벌이 꿀벌 물어 죽이듯 잘 익은 비파를 딱 한 번 쪼아 먹으면 그만이었다. 날마다 나무 밑은 녀석들이 한 번씩 쪼아 떨어뜨린 비파가 땅을 덮었다. 돌멩이를 던지고 장대를 휘둘러도 녀석들은 선뜻 물러서지 않았다. 되레 길고 날카로운 고함을 질러대는가 하면 나무 주위를 저공으로 비행하며 내게 눈을 부라렸다. 네가 뭔데 우리를 쫓아내려는 것이냐며 따져 묻고 있었다.

곤달걀을 버리다

아내와 함께 4백 리 길을 한걸음에 달려갔다.

2009년 5월 27일 오후 3시, 김해시 진영읍 본산리 봉하마을로 가는 신작로는 한 줄기 강이었다. 사람들은 침묵의 강이 되어 흘러갔다가 초라하고 작은 시골마을을 휘돌아 나오면서 역시 말이 없었다. 허공을 바라보는 사람, 혹은 발등에 시선을 떨어뜨리는 사람, 눈물짓는 사람들…. 노무현 전 대통령의 '생전'을 만나려는 무모한 행렬은 그렇게 강물처럼 흘러들어가고 끊임없이 흘러나오고 있었다. 흘러가는 강물과 흘러오는 강물은 서로 알은체도, 한사코 알려고도 하지 않았건만 이 강에서 하나가 된 듯하였다. 계절은 초하인데 가신 임의 밀짚모자 오리농법 무논에 한 발짝도 들여놓지 못한 자의 시련인 듯 뜨거운 태양이 내 얼굴에 불비를 쏟아붓고 있었다. 저 깊은 곳에 은밀한 양심으로 간직해온 마지막 자존심이 일시에 무너져버린 나는 5월의 끝자락을 붙잡고 아무런 대책도 없이 울었다.

2003년 2월 25일 11시. 국회의사당 앞뜰에서 베풀어지는 제16대 대통령 취임식에 초대를 받은 나와 아내는 밤을 도와 새벽 4시 서울역에 도착했었다. 서울의 이른 봄은 잿빛 하늘을 이고서 스산한 아침 한기에 부르르 떨고 있었다.

"반칙과 특권을 용납지 않겠습니다. 기회주의자가 득세하는 일이 없도록 하겠습니다. 원칙을 바로 세우며, 정당하게 사는 사람이 성공하는 사회를 만들겠습니다."

2002년 가을, 공직사회 개혁의 깃발을 흔들며 공무원 노동운동의 선봉에 선 이들이 불쑥 손을 내밀었다. 그들의 손을 잡아 동지가 된 내 가슴속에서 대한민국 제16대 대통령의 의연한 일성은 뜨거운 다짐으로 용솟음쳤다. 대미 쇠고기 협상, 전시 작전권 환수, 독도 문제 등 해묵은 현안에 대처하는 그의 의연함과 당당함에서 나는 오랜 동면을 깨뜨리고 벌떡 일어나는 민족정기를 보았다.

그해에 나는 종묘공원에서 명동성당까지 수많은 동지와 함께 보무도 당당하게 행진하였다. 남중하는 태양의 힘을 빌려 드디어 내 그림자를 밟으며 득의에 찬 두 주먹을 불끈 쥐었다. 그러나 해를 거듭할수록 낯선 겨울바람이 세차게 몰아쳤다. 내 속살을 저미는 모진 바람은 뜻밖에도 '믿었던 그곳'에서 불어오고 있었다. 나는 절망과 분노에 휩싸여 나라님을 원망하였다. 선봉에 섰던 많은 동지들이 신체의 자유를 잃었고 자리를 빼앗기고 한데로 쫓겨났다. 몇몇 동지는 낙엽이 되어 먼 길을 떠났다. 동료들이 승진심사를 받을 때에 내 이름은 징계위원회에서 호명되었다. 그 시절에 나는 '바보 노무현'에 대한 존경을 거둬들일 뻔하였다. 나는 그가 '사람 사는 세상'을 외치고 있을 적에 눈치챘어야 했다. 시대의 이단아들이 부르짖어온 '대동세상'을 전유물로 삼을 수밖에 없었던 나라님의 고독을 감지했어야 했다. 힘꼴이나 쓰는 장정은 허다했으나 기꺼이 그의 병사가 된 사람은 많지 않았다. 사람들은 텔레비전 앞이나 술집에서만 투사가 되었다.

"지켜주지 못해 죄송합니다."

그들은 대체 무엇을 지켜주지 못했기에 저토록 비통에 잠겼을까.

나는 애당초 그의 순결이나 도덕성을 흠모하지는 않았다. 보릿고개 그 숨 가쁜 가풀막의 굽이굽이에 넉넉히 새겨진 소탈한 미소, 꺼벙하고 어눌한 시골 사람의 묵은 체증을 뚫어줄 만한 꿋꿋한 보짱을 사랑하였다. 그는 빙하를 관통하고 싶은 마그마였다. 그러나 넓고도 깊은 만년 빙하 한가운데서 기진한 마그마는 절명하여 바위가 되고 말았다. 마그마의 열기를 얻어 내 속에서 타올랐던 불길도 응어리가 되었다. 일시에 뜨거운 용암을 분출했던 피 끓는 젊음의 아우성은 어느 결에 잠들어버렸다. 나는 아픔을 악물며 가슴에 맺힌 응어리를 꺼내들었다. 응어리는 그의 바위를 내리쳐야 할 '달걀'이었다. 달걀로 바위를 단죄할 무모한 기회는 몇 번이고 찾아왔었지만 나는 번번이 달걀만 만지작거릴 뿐이었다. 나는 절대온도를 녹이지 못한 채 숨을 거둔 마그마의 주검 너머로 어둡고 깊은 골짜기를 보았다.

공무원 노동운동이 막다른 골목에 내몰리고 있을 즈음 서울 사는 맏이가 제러미 리프킨의 '노동의 종말'을 책상에 올려놓고 갔다.

얄팍하고 뽀얀 조약돌을 주워 한껏 물수제비를 떠보았다. 조약돌은 다섯 번 짤막한 물수제비를 뜨더니 얕은 냇바닥에 맥없이 가라앉았다. 파문이 채 가시기도 전에 조약돌이 물속에서 나를 보며 씨익 웃고 있었다. 리프킨의 근심 어린 미소였다.

나는 달걀을 꺼내 햇살에 비춰보고 코를 대보았다.

"사랑은 미완성 그리다 마는 그림. 그래도 우리는 아름답게 그려야 해."

언제까지 사랑을 아름답게 그려야 하는 '우리'는 누구일까. 나는 웅얼거리며 이미 곯아버린 달걀을 봉하마을 어귀 언덕배기에 내던졌다. 내 고수레는 '우공이산'이었다.

흐르는 세월 속에 어느덧 2017년 5월도 저물어가고 있는데 그 시절 '노동의 종말'을 보내주었던 맏이가 이번에는 영화티켓을 전송했다. '노무현입니다'였다. 그의 얼굴만 보아도, 그의 목소리만 들어도 왜 눈물이 흐르는 것인지 손수건을 준비하지 못한 나는 두 손으로 연신 눈물을 훔쳐냈다.

　세상이 바뀐 지 겨우 보름인데 바보 노무현이 주인공으로 등장하는 다큐멘터리 영화도 보게 되었다. 8년 전, 봉하 마을 언덕배기에 남몰래 곤달걀을 버렸던 나도 용기를 내어보기로 한다.

봄의 전원에서

　방석식물들은 두꺼운 외투를 꺼내 입고 겨울을 났었지요. 대책도 없이 우왕좌왕하던 쇠별꽃이 무 뽑아 먹다가 들킨 놈마냥 머쓱해져서 코를 빠뜨리고 있었는데 벌써 호시절을 만났네요. 내일이 4월입니다.
　봄비는 늦은 오후가 되어서도 그칠 줄을 모릅니다. 어제까지 웅크리고 있던 로제트 식물들이 생기를 머금고 콧노래를 부릅니다. 텃밭에서 가장 먼저 지칭개를 만났지요. 이맘때쯤 나물로 먹을 수 있다지만 나는 아직 지칭개 나물 맛을 모릅니다. 언제나 곧게 자라는 이 녀석은 누구보다 뛰어난 체력을 뽐냅니다. 양지바른 길섶에서 뽀리뱅이가 주위를 조심스레 훔쳐봅니다. 민들레도 아니고 고들빼기도 아닌 것이 달력을 넘겨놓고 벌과 나비를 유혹하려고 모창을 연습합니다.
　로제트 식물(방석식물) 중에 개망초를 빠뜨려서는 안 됩니다. 귀화식물이지만 이름과 달리 길섶과 언덕배기에 무리를 지어 5월을 순백으로 수놓는 꽃입니다. 녀석의 생존본능은 틀림없이 무한한 야생의 에너지에서 비롯되었을 것입니다. 개망초가 번성하면 풍년이 온다 하여 남도에서는 '풍년대'라고도 합니다.
　작년에 씨를 뿌려 가꾸려고 했던 달맞이꽃도 둘째가라면 서러워할 방석식물입니다. 땅바닥에 납작 엎드려 매서운 추위를 꿋꿋하게 견뎌내는 인고의 표본입니다. 입성은 허술해도 놀랄 만큼 뿌리가 굵고 튼튼합니다. 여름 내내 달맞이꽃 씨를 다섯 말이나 모아 기름을 짰던 기억이 생생합니다. 달맞이꽃의 씨앗은 매우 잘아서 아마 너덧 개를 합쳐야 참깨 한 알쯤 될 겁니다. 봄나물의 대명사 냉이는 벌써 하얀 꽃봉오리를 냈습니다.

　물이 많이 불어난 개울가의 병꽃나무에도 봄의 입맞춤은 어김이 없습니다. 가지마다 초록의 망울이 통통 불어 금방이라도 터질 것만 같습니다. 요즘엔 개량종이 많지만 야생의 병꽃은 수수하고 격의가 없는 내 친구입니다. 개울의 흐름을 따라 눈길을 돌려보니 철을 만난 마삭줄이 탱자나무 한 그루를 덮었습니다. 벌써 흰 꽃의 향연 5월이 기다려집니다. 마삭줄꽃의 은은한 향기로 이곳의 5월은 더욱 풍요로워질 것입니다. 양지바른 곳의 매실나무들은 개화가 절정에 이르렀는데 바람받이에서는 이제 막 피어나고 있습니다. 그러고 보니 광양의 매실 축제에 한 번도 가지 못했습니다. 요즘엔 해남 땅끝에서도 매화 축제가 열린다고 합니다. 찔레나무도 아기자기한 푸른 잎으로 단장을 마쳤습니다. 노래꾼 장사익의 '찔레꽃'이 애절합니다. 보릿고개가 길기만 하던 어린 시절에는 어머니가 다듬어주신 찔레나무 순을 맛있게 먹었습니다. 그 봄에 곧게 자란 찔레나무 순을 꺾어 가시를 떼어내고 녹색 껍질을 벗겨낸 속살을 먹었습니다. 소년을 지나 청년이 되어서도 풋풋하면서도 달짝지근한 찔레나무 새순을 따 먹곤 했습니다.

　어제까지 보이지 않던 진달래꽃은 봄비의 마력입니다. 며칠 전에 봄의 전령 쑥을 캐왔더니 아내가 쑥국을 끓여주더군요. 봄의 미각은 쑥이 으뜸인 듯합니다. 사실 누구보다 먼저 봄을 알린 이는 오리나무였습니다. 오리나무는 저 연둣빛 봄소식을 이미 2월부터 전하고 있었습니다. 이즈음 꿀벌들은 오리나무 화분을 모으기에 여념이 없습니다. 농장 근처에서 꿀벌 삼백 통을 치는 안 사장 때문에 팔자에 없는 '날마다 세차'를 합니다. 꿀벌들이 차에다 빼곡히 배설을 해대는 탓입니다. 안개는 협곡에 자욱하고 비는 그치지 않습니다.

곰보배추(배암차즈기)는 몸에 좋다 하여 사람들이 더러 재배하고 있는데, 나는 야생과 재배식물의 약효가 열 배 정도는 차이가 날 것이라 믿고 있습니다. 기침에 잘 듣는다는 곰보배추를 대하니 문득 동료의 다정한 얼굴이 떠오릅니다. 참죽나무에도 봄은 찾아왔습니다. 습지에서 자라는 고마리가 무리 지어 싹을 냈습니다. 여름에 잎과 줄기를 짓찧어 웅덩이나 개울물에 풀면 그 매운맛에 물고기들이 기절을 하지요.

참, 봄동을 잊을 뻔했습니다. 혹한을 이겨낸 상으로 탐스러운 꽃대를 올리고 있네요. 수많은 야생초와 여러 가지 작물은 혹한의 시련을 견뎌내야 꽃을 피우고 열매를 맺습니다. 사람도 그처럼 연단을 거쳐야 좋은 열매를 거두겠지요. 뱀딸기와 광대나물과 소리쟁이, 별꽃도 기어이 나와 눈을 맞춥니다. 모과나무에도 새잎이 피어오르고 모란은 고사리보다 더 탐스러운 손길로 봄바람을 어루만집니다. 상사화는 멀쑥하게 머리를 내밀었고 해묵은 국화에도 햇살이 따사롭습니다.

3월 31일, 남도 여수의 전원입니다.

가을을 타다

두 석산은 백두대간의 진부령 고갯마루 좌우 협곡에 버티고 있었다. 그곳의 석재는 경도가 유별나서 일꾼들의 인내를 시험하였다. 석질이 워낙 단단했기 때문에 레이저 쇄석기가 동원되었다. 잘게 부서진 골재는 운하를 빌려 산맥 아래의 저류지로 보내졌다. 비좁은 운하는 모진 쇄석에 시달리며 신음하였다. 그는 오늘도 석산이 하루속히 폐광되기를 기도하며 비뇨기과 병동을 벗어나고 있었다.

그는 대학병원 정문 옆 포장마차에서 붕어빵을 샀다. 주인이 손짓해 준 '찐빵의자'에 걸터앉아 천천히 붕어빵을 먹으며 오가는 사람들을 바라보았다. 사람들은 밝게 빛나는 얼굴을 보여주지 않았으나 거리의 풍경은 평화로울 만큼 고즈넉해 보였다. 붕어빵 세 개의 조촐한 포만감에 밀려오는 졸음이 행복하였다. 가을은 여러 장의 벚나무 잎사귀에 황갈색의 시를 적어 우체통을 찾고 있었다. 그가 벚나무 잎사귀에서 가을이 시작되고 있음을 알아낸 것은 순전히 붕어빵 덕분이었다. 또 얼마의 시간이 흘러가면 가을은 연인들의 사랑을 그리움으로 물들이고 슬픔에 잠긴 사람들에게 더욱 짙은 고독을 안겨줄 것이다. 갈잎은 속절없이 져버리면 그뿐인데 어찌 그토록 고운 자태로 이별을 고하려는 것일까. 사람은 한세상 살다가 떠나면 그뿐인데 마지막 한 잎에서 차마 눈길을 거두지 못하는 것일까.

가끔 들르던 작은 식당은 잠겨있었다. 고희의 주인아주머니는 세상을 가두어두고 오수를 즐기고 있는 것일까. 세상은 열쇠를 노리고 비밀번호를 야수며 자유를 갈망하고 있을 것이다. 그는 쉽사리 다른 식당을 포기하고 서둘러 차표를 끊어 비밀번호를 알고 있는 집으로 달려간다. 한낮의 졸음 속으로 업구렁이 한 마리가 느릿느릿 기어든다.

감나무밭 귀퉁이의 장 씨네 산소가 눈에 밟혔다. 아픈 몸을 추슬러 예초기를 챙기는 마음이 여느 해보다 헛헛했다. 우거진 잡초와 넌출을 헤치며 가까스로 길을 뚫고 쑥대를 쳐내는데 난데없는 유혈목이가 묏등에서 미끄러져 상석 밑으로 사라진다. 벌초를 끝내고 엎드려 들여다보니 똬리를 튼 늙은 유혈목이가 정색을 하며 노려본다. 그는 이 뱀을 장문(張門)의 업이라 여기며 별다른 생각에 빠져들었다. 높다란 편백나무에서 까마귀 두 마리가 번갈아 울고 있었다. 편견은 여전하여 찜찜한 여운이 가시지 않았다.

새[鳥]는 그 입에 두 가지 언어를 담고 있으나 까마귀[烏]는 한 가지 말밖에 할 줄 모른다. 새들은 노래하고 울기도 하나 까마귀는 노래라며 떼를 쓰지만 그 누구도 노래로 쳐주지를 않는다. 까마귀는 속이 타고 깃털마저 타버렸다. 그는 까마귀 울음 속에서 가자지구 어린이들의 겁에 질린 얼굴과 검은 대륙 아기들의 처연한 눈빛을 떠올렸다. 슬픔에 잠긴 사람들은 새들의 노래도 울음이라 고집한다. 그는 노래고 울음소리고 다 잊어버리자 일렀다.

바둑을 잘 두려면 수많은 정석을 익히고 외워야 하지만 고수가 되려면 암기했던 정석을 잊어야 한다. 잊으면 행마가 '수필'처럼 자유로울까. 바둑의 고수는 상대방의 의중을 간파하고 유리한 고지를 차지하려 고심한다. 그러면서도 기리(棋理)에 어긋나는 수를 두지 않는다. 독자에게 수를 읽혀 '속을 빼앗긴' 작품은 차가 식기도 전에 버림받을 것이다. 수필이 진솔한 자기고백이라지만 세상에 널려 있는 식상한 이야기에 솔깃해할 독자는 없을 터이다. 독자의 심금을 울려주거나 의표를 깊숙이 찔러야 한다. 말인즉 그렇다는 것일 뿐, 그는 먼지 앉은 바둑판을 꺼내놓고 애꿎은 바둑알만 만지작거리고 있었다. 자칫 보리바둑 실력이 탄로 나기라도 하면 큰일이었다.

둥글게 살아가면 탈이 날 리 없지. 천지가 둥글고 바다도 둥근데 모난 돌로 정 맞을 일이 아니다. 무던히도 정에 쪼이던 한때는 그에게 다시는 오지 않을 터이다. 그러나 곡선의 세계는 타협의 손짓이며 화친을 모색하는 자기보호의 본능이다. 곡선은 미인계로 상대의 눈을 어지럽히며 생기를 찾아 동서사방을 헤맨다. 강자는 평화를 입에다 달고 정복의 날을 헤아리며 화친에 응해준다. 둥근 하늘은 저 멀리 둥근 바다, 둥근 땅과 교접하여 꿈꾸는 자들에게 끝없는 수평선과 지평선을 보여준다.

8과 6, 그는 러닝에서 설상복까지 윗옷 여덟에, 속옷에서 동내의, 트레이닝, 전투복, 깔깔이, 건빵바지까지 아랫도리를 여섯이나 껴입었다. 어디 그뿐이랴. 두툼한 양말과 방한모에 벙어리장갑까지, 북극곰이 울고 갈 만한 중무장을 갖추었다. 영하 20도를 넘나드는 야전에서 그가 착용했던 최대한의 방한장비였다. 생리현상은 참아내는 게 상책이지만 혹한에는 방광도 속수무책인지라 복잡한 수속을 피할 수가 없었다. 그는 고드름이 떨어져 부서지는 소리에 흠칫 놀라며 부르르 떨었다. 8과 6, 방한모와 벙어리장갑이 지키려고 했던 것은 그의 체온이었다.

양파를 벗긴다. 벗기고 벗겨서 속옷마저 벗겼는데 아무것도 없다. 대체 양파는 무엇을 지켜내려고 그토록 많은 옷을 껴입고 있었던 것일까. 양파가 간직하고 있던 것은 사람의 체온과 같아서 옷을 모두 벗기는 순간 흩어져버린 걸까. 그는 가을을 기다려 양파를 통째로 밭에 심었다. 이듬해 늦은 봄에 양파는 잎들 사이에서 꽃대를 올리더니 공처럼 둥근 꽃봉오리를 선보였다. 그것은 벗기고 벗겨도 보이지 않았던 양파의 위대한 우주였다. 그날 후로 그는 보아도 보지 못하는 자신의 눈을 믿지 않았다.

 어느 결에 가을은 스러져가고 사람들이 떠난 자리에는 그의 빈 가슴만이 망연한데 무슨 미련이 남아 저물어가는 들녘은 그를 놓아주지 않는 것일까. 이제 그는 떠나야 한다. 버지니아 울프의 호주머니에서 돌들을 석방하기 위하여 우즈강의 깊은 절망 속으로 들어가야만 한다. 시몽, 너는 아느냐. 마지막 한 잎이 떨어지면 거리의 청소부는 감사 기도를 드린다는 것을.

바구니 장수

추적추적 비가 내리는 늦은 봄날의 공일. 시골 학생의 일요일은 일하는 날이었다. 그래 여느 집 초등학생이고 중고생이고 공일을 싫어했다.

그날따라 아침부터 비가 와주니 나는 아버지 면전에서 속으로 좋아라 하며 큰비가 묻어오기를 고대하고 있었다. 꼴망태를 슬그머니 내려놓는데, 아버지가 짐짓 먼산바라기를 하시며

"게으른 놈 잠자기 좋고, 부지런한 놈 일하기 좋을 만하게 내리는구나."

나는 도리 없이 꼴망태를 다시 메고 사립문을 나섰다. 보릿고개에 찾아온 밭사돈이 여러 날 지나도록 돌아갈 기미가 없는 터에 마침 비가 내리는지라, 사돈어른 잘 가시라고 가랑비가 온다고 했더니 더 있으라고 이슬비가 내린다며 밭사돈이 능갈을 쳤다던가. 그날 추적추적 내리던 비가 내 눈엔 분명 '잠비'였는데 아버지 한마디에 '일비'로 바뀐 것이다.

전깃줄이 울어대는 겨울날, 둑길을 따라 노거수 방풍림이 병풍처럼 에워싼 마을에 바구니 장수가 빈집을 사들었다. 된바람은 한시도 방풍림을 떠나지 않고 바구니 장수는 발목에 쇠를 채웠다. 파도 소리인 듯, 산짐승의 울부짖음인 듯 바람 소리는 폐부를 파고들었다. 가볍고 부피가 큰 바구니며 광주리들을 지고 저 바람 속으로 섣불리 장사에 나섰다간 큰 낭패를 당할 게 뻔해 보였다. 바구니 장수는 그렇게 온 겨울을 허송하였다.

몸을 푼 지 열흘도 지나지 않은 며느리가 훌훌 털고 일어나 가을걷이를 도와주니 과수댁은 신바람에 사는 맛이 들었다. 그런데 날이 갈수

록 아이 젖 먹이러 집에 간 며느리의 발길이 더뎌지더니 댓새 지나고는, 갔다 하면 함흥차사였다. 시어미가 복장 터졌다. 부지깽이도 데려다가 일을 시킬 판국에 뭐 하는 짓이냐고 나무라니, "아기가 칭얼대며 잠을 자지 않으니 어쩌겠어요?" 하며 시치미를 뗀다. 고작 대엿새 거들어주고는 핑계가 좋아 애 재웠다 한다. 이웃집 할멈이 혼자 가리를 치고 있던 여수댁을 불렀다.

"그깟 나락 뭇이 대순가, 귀한 손자 탈이라도 나면 어쩌려고?"

여수댁 부지런한 건 근동이 다 안다. 내가 밭에 나가는 9시면 여수댁은 벌써 한나절 일을 해놓고 잰걸음으로 돌아온다. 나는 해가 지기도 전에 호미를 내던지는데 여수댁은 발부리가 보이지 않을 때쯤에야 허리를 편다. 그러나 창피하다는 생각은 잠시일 뿐 나는 게으른 습성에 아첨하며 스스로 평안했다.

나는 늘 잠비를 기다리며 살아왔다. 곳간에 쌓아둔 바구니를 어림하며 바람 소리를 탓하느라 변변한 장사 한 번 못 하고 살아왔다. 나는 틈만 나면 일하지 않을 구실 만들기에 급급하였다. 나는 게으름이 죄라고 생각해 본 적이 없었다. 일하지 못한 그럴싸한 이유를 궁리하기에 바빴던 내 일상은 그날이 그날이고 오늘이 어제 같은 무기력으로 제자리만 맴돌고 있었다. 이제는 근력이 예전만 못하다며 머뭇거리고, 걸핏하면 온 삭신이 쑤신다며 드러눕고 일이 손에 잡히지 않는다며 주저앉았다. 대체 나의 게으름은 어디에서 온 것일까? 내게는 생기가 넘치는 푸른 꿈이 없고 새로 시작할 용기가 없었던 거다. 끈기와 인내는 오래전에 고갈된 듯하고 뜨거운 사랑도 없으니 책임감이나 사명감도 없다. 일은 눈곱만이나 해놓고 밥숟갈은 큰놈을 추켜들었다.

내 어린 시절에는 간혹 이상한 떠돌이가 마을 어귀에 나타나곤 했다.

행색은 거지와 다르지 않았으나 아는 것도 많고 한문도 잘 썼다. 무어라 쉼 없이 웅얼거렸는데 지금 와서 생각해보니 한시나 사서삼경을 읊조리고 있었던 게 아닌가 싶다. 막대기로 땅에다 한자를 죽죽 써놓고는 알아들을 수 없는 말을 건네며 빙긋이 웃기도 했다. 아이들이 아무리 놀려대도 유유자적이었다. 어머니한테 여쭸더니 '성배'인가 보다 하셨다. 성배는 공부를 너무 많이 해서 미친 사람이라고 하셨다. 밥만 많이 먹고 노동도, 운동도 하지 않으면 비만증에 걸리듯 성배도 넘치도록 쌓은 지식을 베풀지 못해 두뇌에 과부하가 걸려 돌아버렸는지 모르겠다. 일을 하지 않을 거면 먹지를 말고, 풀어낼 지식이 아니라면 쌓지 않는 편이 낫지 않을까. 적당히 먹고 부지런히 움직이는 것이 비만 해결의 왕도이듯 '뒷글'을 배워 말로 풀어야 머릿속이 개운해지리라.

  가난하거나 몸이 부실한 것이 죄는 아닐 터이다. 그러나 게을러서 가난해지고 나태한 습관 때문에 건강이 나빠졌다면 죄가 아닐 수 없다. 나의 게으름은 직심(直心)이 부족한 데서 비롯되었다고 생각한다. 요행을 바라며 번갯불에 콩 구워 먹기로 살아온 지난날들이 몸을 일으키며 심기일전을 주문한다. 바구니를 지고 바람 속으로 걸어가 보라고 한다.

꿀벌 이야기

　300군의 1,500만 대군을 거느리고 아카시아 꽃향기를 찾아 Y 사장이 이 골짜기를 떠난 지도 두 달이 지났다. 소서가 당도하니 이미 한여름의 위세가 등등하다.
　내가 이 골짜기에 농장을 일구던 때부터 그를 알게 되었으니 벌써 8년째다. 그는 멀리 강원도에서 해마다 1월 하순쯤 꿀벌과 함께 이 골짜기를 찾아든다. 석 달 동안 따뜻한 남녘에서 벌들의 세력을 키워 아카시아와 밤 꿀 채취에 대비하는 것이다. 이 시기에 벌들은 화분을 먹는다. 주변에 풍부한 오리나무와 사스레피나무의 꽃가루도 애벌레에겐 좋은 양식이다. 1군에 3만 마리 안팎이었던 개체수를 5~6만 마리로 증식하여 밀원이 풍부한 대구의 칠곡과 경북 상주, 강원도 원주를 거쳐 휴전선 근처에서 마지막 밀원을 만나는 집시의 유랑생활을 이어간다.
　농업인대학에서 또 다른 양봉가 J 사장을 알게 되었다. 옷깃이나 밀짚모자에 붙어 집에까지 따라온 꿀벌 한 마리조차 애지중지하여 다음 날 제 가족에게 데려다준다는 그의 이야기를 듣다보니, 주인이 죽으면 일제히 머리에 흰 띠를 두르고 조문을 한다는 토종벌의 일화가 참인 듯 새롭다.
　한창 일을 하는 계절에 꿀벌의 수명은 고작 한두 달이고 길어야 석 달을 넘기지 못하니 이 골짜기를 떠난 대군 가운데 단 한 마리도 다시는 이 땅을 보지 못할 것이다. 그러나 그 후손들의 유전자에는 부조의 자취가 각인될 터이니 어느 봄이건 이 골짜기가 그리 낯설지는 않을 것이다. 그들은 조상한테서 비바람이 휘몰아치던 늦은 봄날, 벌집들이 물에 잠기지 않도록 물꼬를 내고 바람에 날아간 지붕을 찾아 하나하나 덮어준 어느 농부의 이야기를 들었을 것이다.

초등학교 5학년 때쯤의 여름방학이었다. 뒷집의 넓은 마당가에는 위뜸 K 선생 댁 꿀벌 세 통이 놓여있었다. 나는 매일같이 벌통 가까이 다가가 수많은 꿀벌이 '좁은 문'을 통해 쉼 없이 드나드는 광경을 구경하느라 시간 가는 줄을 몰랐다. 양쪽 뒷다리에 한껏 매달아오는 꽃가루 경단은 아무리 보아도 신기했다. 그날도 점심을 먹자마자 뒷집 마당으로 달려갔다. 하늘엔 하얀 뭉게구름이 한가로운데 꿀벌들은 여전히 바빠 보였다. 그때였다. 난데없이 커다란 왕벌 두 마리가 날아오는가 싶더니 다짜고짜 꿀벌들을 공격하기 시작했다. 꿀벌들은 삽시간에 한 덩어리가 되어 문을 에워싸며 어른 엄지손가락만 한 왕벌들을 막고 있었다. 그러나 왕벌들은 아랑곳없이 꿀벌들을 마구 물어 죽였다. 꿀벌들은 함께 문을 지키던 동료들이 차례차례 말벌에게 물려 눈앞에서 살육당하는 참상을 지켜보면서도 결코 도망치지 않았다. 자신들도 저처럼 두 동강이 나고야 말리라는 두려움을 견디며 집을 지키는 이상한 용기 앞에 나는 숨도 쉬지 못하고 화석이 되어버렸다. 두 마리의 말벌은 꿀벌의 인해전술이 가소롭다는 듯 살육을 멈추지 않았다. 순식간에 벌집 앞은 꿀벌들의 주검이 낭자하였다. 큰일이었다. 나는 퍼뜩 정신을 차리곤 검정고무신을 벗어 양손에 움켜쥔 채 K 선생 댁을 향해 신작로를 내달았다. 말벌들은 K 선생 댁 사람이 휘두른 대빗자루에 끝장이 났다. 초가을 어느 날이었던가, 우리 집에서는 K 선생이 벌인 벌꿀 잔치로 떠들썩하였다.

소가 거꾸러지면 'TV'가 된다는 우스갯소리가 아니다. '꿀벌'이 한숨도 자지 않고 죽도록 일한 보람이 바로 '벌꿀'이다. 문득 안도현 시인의 〈너에게 묻는다〉가 떠오른다. 살신성인의 연탄불은 그만두고 나 자신에게나마 뜨거웠던 적은 있었던가. 꿀벌이 '벌꿀' 되도록 사력을 다한 적은 있었던가. 해가 탄다. 대지는 용광로처럼 끓어오르고 내 여름날의 도화지엔 꿀벌에게 쏘여 한껏 부어오른 왼쪽 눈퉁이가 아프게 그려져 있다. 태양은 저리도 치열하게 여름날의 역사를 기록하고 있는데 나는 무슨 열기로 아직도 장강 같은 인생의 풍성한 여름날을 가꾸며 사랑을 노래할 수 있을까.

　사위어가는 질화로의 불씨를 되살려야 한다. 다시 희망을 그리며 호연지기를 일으켜야 한다. 가버린 날들의 향수에 젖어 척척해진 옷을 벗어 던지고 인생의 뒤안길에서 나와 내일을 이야기할 때이다. 별안간, 별을 쳐보고 싶은 마음이 돌개바람을 일으킨다. 벌써 Y 사장이 보고 싶다. 이 골짜기를 떠난 꿀벌들의 후예가 기다려진다.

내 마음의 돌탑에는

 까치발을 해보고 가지를 당겨보아도 손이 닿지 않는 홍시를 포기했다. 앵두가 흐드러지게 익어가던 봄부터 보리수며 무화과, 참외와 수박, 심지어 덜 익은 대추에까지 손을 뻗쳤던 까치와 직박구리 떼의 소행을 생각하면 미움이 앞섰지만 사다리 가져오기가 귀찮아진 게으름이 이겼다. 어쨌거나 남겨두니 흐뭇했다.
 일터에서 만난 사람이 시골에 집을 지었다며 집들이를 했다. 마을에 당도하니 저만큼 산기슭에 산뜻한 전원주택이 한눈에 들어왔다. 차를 몰고 그 집에 가려면 마을 안길로 접어들어야 했다. 나는 낯모르는 마을에 들어섰다가 길이 좁아, 오도 가도 못하는 낭패를 당한 적이 여러 번 있었기에 일행에게 회관 앞에 차를 세워두고 걸어가자고 했다. 그러나 우리의 기사님은 승용차도 못 다니는 길이 어디 있겠느냐며 진격을 감행했다. 어렵사리 두어 골목을 꺾어 들었으나 거기까지였다. 길이 좁은 것도 문제였지만 모퉁이마다 불쑥불쑥 튀어나온 담장이 애물이었다. 마을 안길을 넓힐 적에 담장을 조금만 들여쌓았더라면 웬만한 화물차도 다닐 수 있을 것 같았다.
 고찰로 가는 길가의 산자락에 어른 몇 높이의 돌탑이 장관을 이루었다. 다들 좋은 생각을 품고 푸른 소망 한 움큼씩 꺼내어 정성스럽게 쌓아올렸을 터이다. 이제껏 버티고 있는 게 신기할 정도로 위태로워 보이는 것도 있었다. 어림잡아 100기가 넘는 돌탑은 울멍줄멍 만상인데 꼭대기마다 한결같이 뾰족한 돌로 마무리되어 있었다. 나는 돌탑의 기슭에 발을 들이려다 이내 그만두었다. 돌 하나 더 얹어놓을 돌탑도 보이지 않았고 새로 밑돌 삼을 만한 돌덩이도 눈에 띄지 않아서였다. 비손했던 사람들이 고수레로 던져놓은 마음 조각들을 뒤적이는 유령들의 환영이 어른거렸다.

청미래덩굴 잎사귀로 물을 떠 마시고는 샘을 소제하는 산 사람의 마음이 해맑은 샘물 되어 흐른다. 집 앞의 눈을 치우고 미끄러운 골목길에 연탄재를 뿌리는 이가 생불이다. 누가 길을 물을 때에 성의를 다하여 알려주려는 마음 씀씀이가 거리를 밝혀준다. 다리를 저는 친구와 보조를 맞춰 천천히 걸어가는 작은 배려는 돈 드는 일도 아니고 별다른 인내가 필요한 일도 아니다. 어린이 놀이터에서 산산조각이 난 병 쪼가리를 일삼아 줍고 있는 노인의 마음이 측은지심이요 인의 덕이니 그것이 곧 사랑이다. 목마른 나그네에게 물을 떠주는 마음은 배려이다. 거기 버들잎 서너 장 띄우는 작은 손길은 사랑이다.

예수님은, "내가 주리고 목마르고 나그네 되었을 때에 먹을 것을 주고 물을 주고 영접하였으며 병들었을 때 돌아보았고 옥에 갇혔을 때에 찾아봐준 너희 의인들아, 창세로부터 예비된 나라를 상속받으라"고 하셨다. 그러나 막상 그들은 어느 누구도 예수님을 돌보거나 대접한 적이 없었기에 의아하여 반문하였다. 이에 예수님은 내 형제 중에 지극히 작은 자에게 한 것이 내게 한 것이라고 말씀하셨다. 그러므로 내가 오늘 누군가를 만났고 그를 배려하여 작은 선을 베풀었다면 나는 하나님을 만난 것이요 하나님께 의를 행한 것이다.

21세기의 인내와 수양은 오늘도 운전석을 시험에 빠뜨린다. 곁지기의 레퍼토리는 한결같다.

"근데, 왜 내가 그 욕을 들어야 하냐고요?"

조수석의 선제 응원이 늘 아쉬운 계절이지만 내 입을 봉하는 게 장롱면허 아내에 대한 배려이긴 하겠다.

푸드뱅크에 기증되는 빵과 식료품은 상한 데도 없고 유효기간도 말짱한데 괜히 손가락을 쿡쿡 찔러대며 "버리느니 던져준 거 아니야?" 하는 사람들이 있다. 세상에는 먹고 마시는 것에도, 입는 것에도 귀천은 있다. 그것을 인정할 때 비록 소소한 배려일지라도 감사함으로 받게 된다. 어찌 빈자가 부자를 배려하며 지체장애인이 사대육신 멀쩡한 사람을 배려하랴. 그런데 최저임금에 허덕이는 사람더러 고용주를 배려하라 윽박지른다. 마른걸레도 죽어라 쥐어짜면 물기가 배어 나온다지만 이 밤에도 소경은 조용히 등불을 밝힌다.

대접이랄 게 뭐 있나, 우리가 늘 먹던 밥상에 숟가락 하나 더 얹었을 뿐인걸. 소원이 있습니까? 여기 제가 쌓아올린 돌탑 위에 돌 하나 얹으십시오.

내 마음속의 돌탑에는 그렇게 누가 돌 하나 더 얹을 수 있도록 참아내어 언제나 이만큼 비워두련다. 그러나 나는 사람들이 돌탑 곁에 놓여 있는 둥글납작한 돌과 미완성의 탑을 의심하며 쉽사리 다가오지 않을 것임을 예감한다. 평생을 약빠르게 살아왔으면서도 꽤나 속고 살아온 양 뒷걸음을 치며.

9월이 오면

9월이 오는 소리를 찾으려고 했다.

낯익은 들녘에 나가 해그림자를 따라다니고 산마루에 올라 정처 없이 귀를 기울여보았다. 가까스로 병상을 벗어나 이듬해의 8월이 저물어가는 길목에서 나의 '희망 찾기'는 그렇게 시작되었었다. 그러나 날마다 태양의 중심을 향하여 치열하게 하늘의 정기를 갈망하는 인고의 8월은 한동안 그 무슨 기별을 넣을 만한 여유가 없었다. 짙은 녹음 속에 불의의 음모가 도사리고 있을지도 모를 후미진 숲길을 유유자적할 수가 없었다.

산들바람이 그지없던 어느 날 오후에 갈꽃들이 농수로를 좇아 계절을 손짓하고 있었다. 농부의 땀방울로 여물어가는 벼 이삭들이 서로를 다짐하는 소리를 들은 것도 그 무렵이었다. 바람은 끝내 말을 건네지 않았다. 그 가을에 나는 들녘에 나가본 후에야 바람한테는 제 소리가 없다는 것을 알아차렸다. 바람은 농부의 밀짚모자 채양에 다가오더니 말없이 들판을 가로질러 어느덧 산등성이에 모습을 드러낼 뿐이었다. 춤과 노래로 바람의 마음을 전하는 이들이 따로 있었던 것이다. 느닷없이 쏟아지는 소낙비도 소리를 내지 않았다. 너럭바위와 함석지붕이 울고 호수와 숲이 호응하였으나 신명을 다하는 순간까지도 빗줄기는 말을 하지 않았다.

바람과 빗줄기가 말없이 여울지고 있을 때 9월이 오는 소리는 타오르는 태양의 연단과 마지막 태풍을 온몸으로 견뎌낸 생명들이 신의 축복을 간구하는 기도 소리였을까. 나는 왜 9월을 기다리며 벗들의 노래를 들으려 했던가. 그 노래는 내 인생에 대한 후회와 연민이 교차하던 정지화면이자 새로운 꿈의 제단이었다. 나는 그렇게 해를 거듭하며 희망이 솟아나는 노래를 찾아 8월의 산천을 헤매다 지친 몸을 이끌고 그리움이 쌓이는 섬진강을 찾아가 아무도 없는 백사장에 발자국을 새겨 넣었었다. 그러나 멈춘 듯 흘러가는 침묵의 강은 드넓은 모래밭을 따라 점점이 놓여 있는 내 발자국보다 더 슬퍼 보였다. 강을 따라 길게 누운 산맥에 평화가 깃들고 어둠을 헤치며 밤하늘에 아득한 전설이 피어나면 한줄기 맑은 소리는 어김없이 들려왔다. 그 소리는 광야를 헤매는 자의 고독을 사무치게 하였다. 나는 오래 살아야 하는 이유를 찾아내어저 참을 수 없는 외로움에 맞서리라 하였다. 그때 강이 나를 보았다.

"그대는 태풍이 휩쓸고 간 땅에 부서지던 달빛을 기억하라."

9월은 숙살지기를 경고하며 서천에서 오고 있었다. 조금만 더 남국의 햇볕을 주시어 마지막 과일들을 익게 해달라는 마리아 릴케의 기도가 숨을 거두게 될 추수의 계절이 오고 있는 것이다. 그러나 나의 9월은 거룩한 천사로 더불어 서기 어린 생명의 찬가를 부르며 하늘 가운데서 내려온다. 해마다 찾아오는 9월은 내 영혼을 아늑하고 순결한 섬진강의 백사장에 초대한다. 나는 드디어 들리지 않는 듯 들려오는 9월의 향방을 찾은 것이다. 9월의 노래는 풍성한 결실의 계절이 온 것을 축복하며 미리 부르는 노래였다. 미리 부르는 그 노래는 해마다 길 떠날 채비를 서두르는 9월이 다시 오겠노라 언약하는 즐거운 작별의 인사였다.

9월이 오면 불볕더위가 숨을 고르며 돌아앉을 터이나 풀잎에 이슬 맺히고야 제비가 떠나가는 하늘가에 기러기 소식 들려오리라. 그때에 우레 그치고 땅 위에 부는 고슬고슬한 바람도 홀가분하리라. 9월이 오면 내 눈에는 더욱 생기가 넘친다. 나는 한 달간의 성대한 잔치를 마련하여 기꺼이 달려온 벗들과 춤추고 노래한다. 바람의 묵시를 깨우고 비의 소리를 찾아 나의 창조주께 올려드리기 위하여 벗들의 품에 안긴다.

다시 듣는 영원한 계절, 내 인생의 9월을 위하여.

3.
재수 없는 음악회

돌의 마음

친구의 가오리연이 전깃줄에 걸렸다.
우리는 연을 맞혀 떨어뜨리려고 돌멩이를 던져 올렸다.
팔이 아프도록 돌멩이를 던졌지만 우리는 연을 맞히지 못했다.
내가 던진 돌멩이가 친구의 머리에 떨어졌다.
머리가 찢어져 피가 났다. 낭패 만났다.
나는 앞뒤 가리지 않고 집으로 달려와 이불을 뒤집어썼다.
얼마 후에 친구 어머니가 나를 찾는 소리가 들려왔다.
어머니가 죄인 되는 소리도 들렸다.
나는 이불 속에 숨기만 하면 되는 줄 알았다.

바위는 늘 그곳에 있고 불가항력이다.
아무리 커도 어찌해보는 상대는 돌이다.
몇이서도 어림없는 돌은 바윗돌이고 두엇이 해볼 만하면 돌덩이다.
한 손에 들어오면 비로소 돌멩이다.

냇가에 나가 납작한 조약돌로 물수제비를 떴다.
조약돌은 제비가 되어 아홉 번이나 물을 차고 내닫더니 침몰했다.
물수제비뜨기는 인생이다.
경각간에 종착역이다.
아홉 번 물수제비를 떴으니 그리 허무한 건 아니다.

저것 잘만하면 스무 번 서른 번도 뜨겠다.
종착역 아득해지겠다.

아무리 던져도 연을 맞히지 못한 돌멩이는 좌절한다.
마구잡이로 던져 올린 돌멩이는 헛심이다.
오른손잡이가 왼손으로 던진 돌멩이는 무기력이다.
몽돌은 바지런만 떨고 일은 절구통이 다 했다.
페미니즘의 시대착오라니, 지금은 모계사회.
맷돌은 일찍이 여성상위를 예언했다.

공깃돌을 멀리 던지려는 시도는 계산착오이다.
살기를 넣어 던진 돌멩이가 직박구리 꽁지를 스친 것은 희망이다.
그러나 이젠 던질 돌멩이가 없는 현실이 암담하다.
돌멩이가 널려 있어도 오십견 때문에 포기하고 만다.
자잘한 돌멩이 다섯 개를 한꺼번에 던지는 건 분노이다.

직박구리가 앉은 나무 밑에 장독대가 있어 망설인다.
장독대를 만류해도 던지고야 마는 막무가내도 있다.
직박구리를 노리고 돌을 던졌는데 나뭇가지에 맞았다.
직박구리는 주자를 놓고 나무에서 보퉁이가 떨어졌다.
선녀가 감추어둔 날개옷이다.

장난으로 던져진 돌은 무죄를 주장했다.
무심코 던진 돌은 동쪽으로 날아가 측은지심을 깨뜨렸다.

낙석은 자린고비의 민낯이다.
손바닥으로 하늘을 가리는 낙석막이 울타리가 처량하다.
구르는 돌은 평화를 미워한다.
허공을 가르는 돌은 성악설의 근본이다.
돌은 생긴 대로 산다.
분노의 파도에 보도블록은 돌멩이가 되었다.
돌은 아무라도 던질 수 있다.
돌은 아무라도 던질 수 없다.

쪼아내고 다듬은 돌은 죄 많은 불후이다.
박힌 돌이 몽니를 부리다가 쇠메를 맞았다.
서벅돌은 허황한 탐욕이다.
굴러온 돌이 텃세를 심판한다.
돌탑은 바벨탑의 항복문서이다.
너덜은 군왕을 지탱하는 백성의 맨살이다.
숫돌의 살신성인에 물방울 애처롭다.
봉돌의 결벽증은 시대의 불치병이다.

가장 던지기 아쉬운 돌은 고개 숙인 기사의 바둑돌이겠다.
참조기 대가리를 아작거리다가 돌을 깨물었다.
마른멸치 속에서 돌을 찾으며 하늘 이치가 궁금하다.
돌이 들어 있지 않은 내 머리는 호박돌일까.
귓속 돌의 잦은 반란에 내 친구는 종종 지구의 자전을 실감한다.
나는 불시에 요관을 에는 결석에 초풍한다.

수석의 문체는 압축파일이다.
돌이 물의 어머니라는 말을 믿기로 한다.

고임돌은 자유를 갈망하며 기회를 엿본다.
받침돌은 누명을 팔자라며 체념한다.
뒤채움돌은 무명용사들의 침묵이다.
깬돌은 허울 좋은 자기혁신을 나무라지도 않는다.
가시나무 등짝을 찍은 짱돌은 변명하지 않았다.

던져버리면 아니 되는 돌멩이는 보석이다.
지고의 보석을 품어 간직할 때이다.
나이 들수록 루비가 어울리겠다.
돌도 갈면 보석이 될 수 있다.
그대여, 푸석돌은 갈지 마라.

라디오의 추억여행

　전자제품의 원조는 라디오가 아닐까 싶다. 나는 진공관 라디오라는 괴물을 처음 만났던 소년 시절의 기억을 간직하고 있다. 난생처음, 크고 작은 여러 개의 유리관이 세워진 이상한 기기에서 들려오는 라디오 소리를 만났던 것이다.

　초등학교 어느 학년 때였을까. 갑자기 온 동네가 소란스러워졌다. 집집이 '스피커'를 다는 공사가 벌어진 것이다. 앞에 방구멍이 뚫린 나무상자 모양의 스피커는 라디오 유선방송 수신기이다. 나는 큰방 문설주 위 중방에 자리 잡은 스피커 앞을 떠날 줄 몰랐다. 나는 스피커를 통해 박종화 원작의 '임진왜란'에 등장하는 소서행장이니 가등청정이니 하는 왜장들의 이름도 알게 되었다. 나는 아직도 반세기 전의 아침마다 상쾌하게 울려 퍼지던 '창문을 열면'의 주제가를 외우고 있다. 마을 앞 전봉산에 올라 꼴을 베고 풋나무를 해도 스피커 소리는 낭랑하게 들려왔다. 온 동네 스피커가 합세한 덕분이었다. 스피커에서는 잃어버린 소를 찾는다거나 뉘 집에 제삿술 먹으러 오라는 '지방방송'도 나왔다. 우리 할머니가 스피커 통에 대고 소원을 빌었다는 일화를 떠올리면 지금도 웃음이 나온다. '스피커'는 나를 라디오의 세계로 안내하는 길잡이였다. 그 시절에 라디오는 온 동네에 두 집밖에 없는 귀물이었다.

　먹구름이 몰려오자, 다들 보릿단을 묶어 모아 낟가리를 만들고 이엉을 씌우느라 법석인데 비가 오지 않을 거라는 일기예보를 철석같이 믿었던 박 선은 밭에 퍼널어둔 보리에 고스란히 비를 맞혔다. 박 선은 라디오가 거짓말을 했다며 그 귀한 물건을 댓돌에 올려놓고 빨랫방망이로 지딱거려버렸다.

　내가 최초로 가지게 된 라디오는 요즘의 핸드폰보다는 훨씬 크고 두꺼운 은색의 트랜지스터 라디오였다. 그 라디오는 형이 건네준 것인데 언제부턴가 가족들 사이에서 '내 것'으로 묵인되었다. 건전지는 제 덩치보다 큰 배터리였다. 라디오의 가느다란 전선 두 가닥을 배터리 선에 달린 똑딱단추에 연결하고 검정고무줄로 라디오와 배터리를 친친 감아 한 몸을 만들었다. 라디오를 틀지 않을 땐 어김없이 배터리 선을 분리했다. 그래야 배터리를 더 오래 쓸 수 있다는 형의 당부 때문이었다.

　걸쭉한 5분 드라마 '김삿갓 북한방랑기'가 끝나고 정오를 알리는 시보가 길게 울리면 어김없이 10리 밖 지서에서 사이렌 소리가 화답하였다. 아침 햇살에 움츠러드는 산 그림자와 태양의 위치로 시간을 가늠하던 농촌 마을에서 라디오는 소중한 시계가 되어주었다. 나는 월요일 저녁마다 이광재 아나운서의 카랑카랑한 목소리로 진행되는 '백만인의 퀴즈' 마니아였다. 중학교 1학년 때쯤이었던 것 같다. 라디오 앞에 모인 부모님과 형제들은 곧잘 정답을 맞히는 나를 응원해주며 환호했다.

　오밤중에 이리저리 채널을 돌리다보면 대북방송과 대남방송, 일본방송이 정적을 깨뜨리곤 했다. 대남방송의 끝없이 이어지는 숫자는 난수표로 남파간첩한테 보내는 지령이라는 이야기를 듣곤 웬 간첩이 저리도 많을까 하며 '나라걱정'을 하던 시절이었다.

　휴대용 라디오는 진종일 들녘에서 땀 흘리는 농부의 믿음직한 벗이 되어주었다. 그런 라디오는 논이나 밭 자리에서도 잡음 없이 소리가 잘 나오는 방향이 따로 있었다. 트랜지스터 라디오는 고장이 잦아 걸핏하면 전파사 신세를 지곤 했는데 나는 수리 기간이 이틀만 걸려도 안달

복달했다. 그토록 소중했던 라디오가 어느 결에 천덕꾸러기가 되어 책상 서랍에 던져지고 말았다. 숫돌에 서슬 퍼렇게 낫을 갈아 손으로 거두던 벼와 보리를 콤바인이 수확하면서부터였다. 이앙기가 손 모내기를 끝장내고 제초제가 김매기의 노고를 덜어주게 되자, 새참도 사라지고 들에서 라디오를 들을 일이 없어져버린 것이다. 설상가상, 텔레비전이 라디오 시대의 종말을 선언했다. 어쩌다가 생각이 나서 먼지 앉은 라디오를 꺼내 채널을 맞춰 봐도 배터리가 방전된 탓에 모깃소리도 나지 않았다. 애지중지하던 그 라디오가 언제 어떻게 사라졌는지 도무지 생각나지 않는다. 불치병에 걸려 버림받았는지도 모르겠다.

 요즈음 나는 하루 2시간쯤 라디오를 듣는다. 운전대를 잡으면 습관처럼 라디오를 켠다. 뉴스와 일기예보를 듣고 가끔 핸드폰을 꺼내 퀴즈에 응모하기도 한다. 그동안 백 원의 통신료를 꽤나 지불했건만 당첨돼 본 적은 없다.

 눈이 수고하지 않아도 좋은 라디오는 듣는 자세를 따지지 않으니 '자유' 그 자체이다. 아득한 시절의 트랜지스터 라디오는 간곳이 없지만 추억은 내 가슴 깊은 곳에서 아름다움을 더한다. 지금 나는 아담한 라디오를 벗 삼아 무료함을 달랜다. 한숨도 자지 않는 농장의 라디오를 들으며 꿀맛 같은 오수를 즐긴다.

재수 없는 음악회

　번화가의 카페에서 이야기가 있는 작은 음악회가 열렸어요. 썩 내키지는 않았지만 초청한 지인의 낯을 생각하며 집을 나섰지요. 근데 주위를 두 바퀴 돌아도 소형차 하나 비집고 들어갈 자리도 없었어요. 더 먼 데까지 나가 돌다 보니 드디어 어둑한 언덕 아래 숨어 있는 빈자리를 발견했어요. 이미 주차되어 있는 차량들 때문에 후진으로 들어가는데, 별안간 우지끈하는 소리가 귀청을 때렸어요. '받았구나!' 세상에, 우중충한 콘크리트 구조물이 웅크리고 있었던 거예요. 범퍼가 짓이겨지고 찢겨버렸더군요. 오, 재수에 옴 붙은 밤이네요. 그나마 차가 아닌 콘크리트 구조물이라서 다행이다 싶다가 수리비에 생각이 미치자 역시 재수 없는 밤이었어요.

　삭은 걸음으로 카페에 들어갔지요. 청춘 남녀가 잔잔한 바이올린 연주에 맞춰 듀엣으로 노래하고 있었어요. 문득 그 옆 벽에 걸린 글귀가 눈길을 사로잡았어요.

　"그대의 친구가 누구인지 말해보라. 그러면 그대가 어떤 사람인지 알아맞혀볼 테니."

　빈 의자에 앉으며 생각해보았어요. 친구? 누구의 이름을 말해야 할지 잠시 고민했어요. 느닷없이 초등학교 시절 도덕책에 나오는 데이몬의 이야기가 떠오르는 거였어요. 처형될 날이 얼마 남지 않은 친구가 마지막으로 고향의 어머니를 뵙고 올 수 있도록 대신 옥에 갇힌 데이몬이라는 청년의 이야기였어요. 만약 친구가 약속한 시일까지 돌아오지 않으면 꼼짝없이 사형을 당할 수밖에 없는 상황이었지요. 드디어 운명의 날이 왔는데 약속 시간이 임박해도 친구의 모습이 보이지 않자, 사람들은 형장으로 끌려가는 데이몬을 조롱하기까지 했어요. 그러나 데이몬은 친구를 원망하지 않았지요. 위기일발의 순간, 아득히 외쳐 부르는 소리가 들려오며 사람 그림자가 보이기 시작했어요. 친구는 몇 번이나 죽을 고비를 넘기며 간신히 돌아온 거였어요. 왕은 그들의 우정에 감복하여 형을 취소하고 오히려 상을 내렸지요.

　내게는 그런 친구가 없을 것 같아요. 살아오는 동안 나는 친구를 위해 감당키 어려운 멍에를 대신 져준 적이 없거든요. 망할 음악회 같으니. 악기나 연주하고 노래나 부를 것이지 쓸데없는 이야기는 왜 하느냐 말이에요. 나는 나를 부끄럽게 하지 않을만한 친구들을 헤아려 보았어요. 여러 친구의 이름이 간택되었어요. 가만 돌아보니 그들은 한결같이 좋은 사람들이에요. 그들의 이름을 말하면 나는 부끄러움을 면할 거예요. 그들도 똑같은 질문을 받으면 나를 친구라고 말할까요? 말하지 않을 것 같아요. 아니, 말하지 않는 편이 낫겠어요.

　5억 원과 꿈을 바꾸시겠습니까? 학생들은 모두 5억 원보다는 꿈을 갖겠다고 대답했지요. 그런데 학생들의 아버지들에게 같은 질문을 했더니 대답이 달라졌어요. 꿈을 포기하고 그 돈을 갖겠다고 말이죠. 자녀들의 행복을 위해서라면 자신의 꿈도 내던지는, 아버지들의 마음이지요. 어느 고교에서 인터뷰한 내용이라고 하더군요. 인터뷰를 통하지 않고 사랑하는 아들딸한테 바로 말해주었다면 '아버지'라는 이름은 좀 더 멋있는 낱말이 되었을 거예요.

　통기타 삼인방은 '세시봉' 분위기를 연출하려고 애쓰는 모습이 역력하네요. 7080 음악의 하모니카 연주가 나의 그리운 시절을 열어주었어요. 이야기가 있는 노래로는 7080이 제격이죠. 다과와 과일과 떡이 마련된 조촐하고도 따뜻한 자리였어요. 이럴 줄 알았더라면 배부른 저녁을 먹고 왔겠어요. 모르는 사람들이건만 낯설게 느껴지지 않는 이 감정은 음악의 힘일까요. 친구와 가족의 소중함을 일깨우는 이야기의 마력일까요.

찬바람 매운 거리를 지나 골목에 신음하고 있는 차를 대하자, 숨을 죽이고 있었던 형이하학이 꿈틀거렸어요. 역시 운 나쁜 밤이었어요. 내일은 단골 카센터에 가서 그럴듯한 변명을 늘어놓아야겠네요. 그곳 믹스커피 맛은 변함없이 별로예요. 5억 원과 꿈이요? 내 선택은 단순해요. 5억 아니라 50억 보따리를 안겨준대도 꿈을 포기하지 않아요. 내 꿈은 아주 커서 돈으로는 살 수가 없거든요. 찢어진 범퍼는 잊기로 했어요. 좋은 밤이네요.

워낭과 청려장

　여름내 봐두었던 명아주로 어머니께 지팡이 하나 만들어드렸다. 키도 꼭 맞고 과연 가볍기도 하다며 어머니는 참 좋아라 하셨다. 한참을 지나 아버지 기일이라 집에 들렀더니 청려장(靑藜杖)은 간데없고 낯선 나무 지팡이가 마루 끝에 기대어 멀뚱거린다.
　"접때 드린 건 어쩌고요?"
　"자석한테는 지팡이를 받는 거이 아니라 해쌌대…."
　끝내 가망이 없어 한 달 만에 구급차에 실려 퇴원하신 아버지는 이 자식이 완치되어 돌아오기만을 기다리고 계셨다. 나는 또 다른 병원에서 큰 수술을 받고 아버지보다 한 주일 후에 병원 문을 걸어 나왔다.
　"아버지."
　곱게 빗어 넘겨진 은발에 수심이 깃들어있던 얼굴에 안심하는 빛이 스쳐갔다. 입이 마르고 숨결이 자꾸 잦아든다. 이웃집 아주머니가 숟가락 물로 연신 입을 적셔준다. 나는 견딜 수 없어 자리를 뜬다. 작은방 바람벽에 기대어 눈을 감았다. 섬광이 머릿속을 관통한다. 앗, 나는 튀어 오르는 용수철이 되어 큰방으로 몸을 돌이킨다. 지금 아버지가 운명하셨다. 아무런 생각도 일어나지 않았다. 아버지는 유언을 하지 않으셨다. 그러나 나는 아버지의 유언을 알고 있다.
　아버지는 근동에서 알아주는 상쇠이자 숙수(熟手)였다. 사람들은 아버지가 빠진 매구 판은 신명이 나지 않는다고 했다. 마을 대소사에 큰 상을 차리는 일은 아버지가 도맡아 하셨다. 또 문어조(文魚條)의 달인인지라 근동 혼인 잔칫집의 초례상(醮禮床)에 올려진 기품 넘치는 봉황(鳳凰)은 다 아버지 작품이었다. 나는 아버지가 문어오림을 하실 때면 문어발 한 조각이라도 남기를 기다리며 잠을 쫓곤 하였다. 나는 기껏 배코칼을 갈았을 뿐 아버지의 솜씨를 한 가지도 물려받지 못했다. 아버지 기일이면 좋아하시던 술 한 잔 올려드리지 못하는 추모예배가 더욱 숙연해진다.

"얘야, 밤은 깎는 게 아니고 치는 거란다."

아버지는 갈 데 없는 시골 농부였지만 겨울철에는 이틀이 멀다하고 달구지꾼이 되어 바위처럼 듬직한 부사리와 함께 꼭두새벽 삼십 리 길을 나섰다. 달구지는 60년대 시골에서는 없어서는 안 될 '짐차'였다. 일백마흔다섯 근(87kg) 쌀가마는 열두엇이 한계였고 볏짚은 천 뭇까지도 실을 수 있었는데 시간이 많이 걸리므로 안날 달구지에 미리 짐을 짜놓아야 했다.

아버지를 마중 나가는 밤이면 사립문 밖에서부터 금세 귀신이 뒤를 밟았다. 별들은 너무나도 멀리 있어 깜깜한 천지를 안타까워할 뿐이었다. 별들의 불가사의(不可思議)는 오히려 내 발길을 어지럽히고 눈에 익은 몇몇 성좌만이 세상의 먼 길을 보여주고 있었다. 등불은 발부리에서만 서성이니 사위에서 선뜩선뜩 두려움이 넘보았다. 칠흑의 밤은 숲속 시커먼 소나무를 걸음 걸리고 바위에게 영혼을 부어주어 나를 무섬증에 빠뜨렸다. 한쪽 손으로 어머니의 치맛자락을 부여잡아도 내 발소리는 귀신으로 변절하여 끊임없이 꼭뒤를 노렸다. 산속 후미진 가풀막 몇 굽이를 돌아 오르며 숨이 차도 나는 고개 한 번 들지 못했다. 등불을 잡은 시린 손끝을 견디며 이제나저제나 워낭소리가 들려오기만을 비손하였다.

어둠을 가르는 것은 수많은 별빛도 아니고 등불도 아니고 우리 부사리의 워낭소리였다. 들린 듯 끊어지며 애를 태우며 점점 가까워지는 그 맑은 워낭소리는 어둑시니를 여지없이 물리치고 온갖 귀신의 미행을 단죄하고 바위와 나무들마저 잠재웠다. 아버지를 부르며 우둘투둘한 자갈길을 내달리면 등불도 나를 따라 춤을 추었다. 아버지는 으레 부사리한테 짚신을 신기고 두 켤레 여덟 짝을 따로 마련하여 길을 나섰으며 빈 달구지도 타는 법이 없으셨다. 그래도 내겐 철부지의 보람이 있었으니 마중을 멀리 나갈수록 더 오래 달구지를 타고 올 수 있어 좋았다.

아버지를 마중 나가는 밤마다 들었던 그 맑고 규칙적인 워낭소리는 내 마음 깊은 곳에 고스란히 남아 있다. 나는 이순(耳順)을 바라고서야 소리도 빛이 된다는 사실을 깨달았다. 그랬다, 소리의 빛 바로 '광음(光音)'이었다. 저 색계(色界)의 광음천(光音天) 사람들은 생각만 하여도 그 입에서 맑고 깨끗한 빛이 나가 의사를 소통했다고 한다. 성경은 사람의 영혼을 살려내는 하나님의 말씀을 생명의 빛이라고 기록하고 있다. 나는 옛 시절의 아득한 워낭소리를 빛이라 일깨워주신 절대자 앞에 부복한다.

어머니는 만 간데 삭신을 한줌이나 되는 알약으로 추슬러 이러구러 거동을 하시니 내겐 핑계거리가 맞춤이다. 조석 문안은새로에 안부전화조차 가뭄에 콩 나듯 하니 한 동리에 살아도 구만 리 지척이다. 올해에도 튼실한 명아주 두 그루를 뿌리째 뽑아 간수해두었다. 지팡이를 만들어 사촌한테라도 부탁하여 넌지시 드려볼 속셈이다. 그러나 나는 이내 깨달았다. 청려장이 제아무리 좋다한들 '자식 지팡이'에 댈까. 나는 보잘것없는 청려장으로 어머니를 고려장(高麗葬) 하였다. 이제는 내가 청려장이 되어 가슴 속 워낭을 꺼내 시간 맞춰 흔들면서 길을 나설 일이다. 추억을 머리에 이고 늙으신 어머니 치맛자락 다시금 부여잡고. 워낭소리가 들려온다. 청려장에 움이 튼다. 새로운 봄이 왔다.

실상과 환상

한 칸 폭에 대여섯 걸음 작은 웅덩이 가에 노랑꽃창포 가족이 살고 있었다. 나는 그들의 무심한 40년 지기였다. 노랑꽃창포는 초여름의 문턱에서 좁고 무성한 잎사귀 사이로 길쭉한 꽃대를 올려 듬성듬성 노란 꽃 한 번 피우면 그뿐 더는 사람들의 눈길을 끌 만한 매력이 없어 보였다. 그래선지 내 고장 사람들은 '개난초'라 불렀다.

논배미가 밭으로 바뀌면서 창포 가족한테 변고가 생겼다. 쓸모가 없어진 웅덩이가 메워지고 창포 무리는 뿌리째 뽑혀 돌무더기에 널브러져 죽어가고 있었다. 언덕 아래 후미진 진창에 있는 것들은 이미 목숨을 잃었다. 뽑아내기가 까다로워 제초제를 뿌린 듯했다. 나는 한낮의 참상에 넋을 놓았다. 겨우 숨이 붙어 있는 세 뿌리를 추슬러 남새밭 가에 심었다. 두 해가 지나니 창포 삼 남매는 몰라보게 번성하였다.

더운 날 해거름에 물을 주고 있자니 그들이 말을 건넸다. 그들은 내 은혜를 잊을 수 없다고 입을 모았다. 그들은 나와 마주칠 때마다 내 눈을 들여다본다고 했다. 긴 칼처럼 머리를 쳐들어 거칠고 볼품없는 그들의 모습이 오늘도 내 눈동자에서 사람의 얼굴로 반짝이고 있음을 확인했다고 한다. 나는 노랑꽃창포 가족의 이야기를 듣고 눈물을 참지 못했다. 그 눈물은 기쁨과 자랑이 넘치는 득의의 눈물이었다. 그렇다. 나는 그들에게 생명의 은인이고 사랑의 화신이었다.

제비 부부는 방문 앞 도리 안쪽에 집을 지었다. 여러 날 걸려 집을 짓는 동안에 걸핏하면 마루에 질척한 논흙을 떨어뜨려 아내를 귀찮게 했다. 그들은 새끼를 여섯 마리나 깠다. 나는 매일 아침 제비집을 지켜보며 제비 부부의 안부를 확인했다. 부부가 거의 동시에 먹이를 물어오는 걸 보고서야 눈을 뗐다. 제비들은 골목길 바닥에 스칠 듯 아슬아슬한 저공비행을 일삼는다. 저러다가 차에 치이기라도 하면 큰일이었다. 볏논에 나가 농약 맞은 벌레를 잡아먹고 일이 나면 노랑부리 여섯은 속절없이 굶어죽으리라 걱정했다. 먹이를 받아먹은 새끼들이 돌아앉아 배설을 하면 부부는 재빨리 받아 물고 바깥으로 날아가지만 마룻바닥에 떨어뜨리기 일쑤였다. 나는 적당한 골판지를 챙겨 제비집에 받쳐주었다.

유난히 소란한 아침이었다. 제비 부부가 번갈아 들락거리면서 새끼들을 충동질한다. 어서 밖으로 나와 날아보라 채근하고 있음이 틀림없었다. 새끼들은 망설이다가 차례로 두 마리씩 짝을 맞춰 집을 나섰다. 며칠 전 내가 처마 앞에 쳐놓은 줄에 잠시 앉았다가 창공으로 솟아 높다란 전깃줄에 안착하는가 했더니 홀연히 어디로 떠나버렸다.

한 보름 만에 제비 부부가 들렀다. 그럼 그렇지, 우리는 작별인사쯤은 나누어야 했다. 그들이 먼저 입을 열었다. 우리는 아침마다 당신의 낯빛을 살피다가 이내 마음을 놓았다. 우리의 안부를 염려해주는 아침마다 우리는 당신의 눈동자에서 눈부처를 보았다. 당신은 우리를 한 가족으로 안아주었다. 아, 제비 부부는 살뜰한 내 마음을 알고 있었구나. 그들의 고백을 들은 나는 자랑에 차서 공연히 파란 하늘을 휘둘러보았다.

해가 바뀔 적마다 나는 우리 집 닭 두 마리가 세 살이다, 네 살이다, 다섯 살이다 자랑을 했다. 사람들은 참 대단도 하다며 감탄했다. 올해로 여섯 살이라 내 자랑엔 더욱 기세가 올랐다. 비록 암탉은 두 달 전에 죽었지만 나는 여섯 살짜리 장닭(수탉)을 애지중지 먹여 살리고 있다는 사실만으로도 행복했다. 노랑꽃창포도 그랬고 제비도 그랬듯 늙은 수탉도 내 눈에서 제 모습의 '사람 눈부처'를 보았으리라. 내가 저한테 얼마나 마음을 써주었는지 넉넉히 느끼고 있으리라 치부했다.

　몇 날을 비틀거리던 수탉이 오른짝 눈을 감아버렸다. 외눈박이가 되니 더욱 짠했지만 나는 수탉을 다그쳤다. 눈을 떠라. 10년은 살아야 하지 않으냐. 별안간 수탉이 말을 꺼냈다. 우리는 당신의 눈에서 눈부처를 보아 왔다. 그 눈부처는 죽은 암탉과 내 모습의 '사람'이었다. 우리 나이 여섯은 노인에 비할 수 있을 터이니 당신을 만난 우리는 행운아였다. 암탉도 당신을 고마워했었다. 나는 감격에 겨웠으나 늙은 수탉은 두 번 다시 오른짝 눈을 뜨지 않았다. 모이를 먹으려고 하지도 않고 맨바닥에 엎드려져 고개를 떨어뜨리고 지내는 날이 늘었다. 그는 서서히 죽어가고 있었다. 마침내 수탉은 임종을 맞았다. 나는 그저 속수무책 그의 곁에 묵묵히 서 있었다. 수탉이 힘겹게 고개를 들었다.

　우리는 몇 해 전에 당신이 어떤 사람과 나누는 이야기를 들었다. 당신은 말했었다. 단지 모가지를 비틀 기회를 놓치는 바람에 어쩔 수 없이 지금껏 저 닭들을 살려둔 거라고. 우리는 경악했다. 뜬눈으로 밤을 새운 우리는 어렵사리 마음을 다잡았다. 어떻든 우리 목숨이 붙어 있는 건 당신 덕택이라 여겼다. 그러다가 우리는 우연히 당신의 눈에서 눈부처를 발견하곤 또 한 번 놀랐다. 당신은 더는 모가지 비틀 기회를 놓친 사람이 아니었다. 우리는 당신의 눈에 어리는 눈부처를 받아들였다. 암탉이 죽은 뒤에 나는 당신의 눈부처를 물끄러미 들여다보았다. 문득 나는 눈부처 뒤편에서 그것을 보았다. 오른손이 한 일을 왼손한테 알리고 싶어 설레발치는 당신의 마음을 본 것이다. 그때부터 나는 한쪽 눈이라도 감아 당신의 눈을 보지 않으리라 작정했다.

고마운 당신, 나는 당신의 눈에 그저 수탉이기를 바란다. 내 눈에 비친 당신도 한 마리 수탉이기를 바란다.

짜장면 냄새를 그리다

해마다 느티나무 잎사귀들이 가을바람을 닮아갈 때쯤이면 시립도서관은 '독서 감상화 그리기 대회'를 연다. 어린이들은 도서관이 두 달 전에 정해준 책을 읽고 드디어 오늘 도서관의 널따란 뜰에 모여들어 그림을 그린다. 각양각색 깔판과 옷차림이 가을을 앞지른다. 아이들은 엄마 아빠가 지켜보는 가운데 점점 동화의 세계로 빠져드는 듯하다. 무엇을 그리기로 벌써 별러두었는지 받아든 하얀 도화지 위에서 미술 연필은 망설임이 없다.

조금 한적한 곳 다복솔 곁 너럭바위에 걸터앉은 사내아이는 먼 하늘만 바라보고 있었다. 거문도의 바닷물처럼 해맑은 가을하늘에는 소년의 빈 도화지를 채워줄 만한 구름 한 조각 없었다. 이따금 가벼운 바람이 느티나무의 갈잎을 재촉하고 있었다.

"저 바람이 보이니?"

소년은 언뜻 이채를 띠는가 싶더니 대답을 하지 않았다. 자장면 좋아하니? 나 자신도 생각지 못한 말을 꺼냈는데 소년은 고개를 끄덕인다. 그럼 그 맛있는 자장면 냄새를 그려보면 어떨까? 소년은 나를 한참이나 물끄러미 쳐다보다가 연필을 고쳐 잡았다. 나는 그 소년이 무엇을 그렸는지 알지 못한다.

초등학교 6학년 때 열일곱 살 형이 자장면을 사주었다. 나는 난생처음 맛보는 자장면에 빠져 숨도 쉬지 않고 세 그릇을 비웠다. 내일모레가 이순이지만 나는 아직껏 그보다 더 맛있는 자장면을 먹어보지 못했다. 세월이 무게를 더해갈수록 형이 사주었던 자장면의 추억은 더욱 뚜렷해져갔다. 그러나 나는 이날 이때까지 형에게 자장면을 대접한 기억이 없다.

　형은 신기루에 취해 엘도라도를 찾아 사해를 편력하더니 끝내 종적마저 감추어버렸다. 형의 종무소식을 원망 어린 기다림으로 참아내던 형수님은 호적을 정리하고 말았다.

　소년은 드디어 그림을 완성했을까. 지금쯤 고교생이 되었겠다. 나는 내내 자장면 냄새를 그려내지 못했다. 소년 시절의 그 자장면 냄새는 오직 내 가슴속에 아로새겨져있을 따름이었다. 이순의 문턱에 서 있는 내게 형제란 무엇인가. 가을하늘 가를 서성이는 원초적 그리움을 품어 안은 채 세월의 강을 거슬러 날아가는 기러기일 뿐인가. 화창한 봄날의 꿈을 좇아 만면에 웃음을 띠며 스스럼없이 서로 뺨을 비벼보는 개나리꽃인가. 나는 문득 구름 한 조각 없는 가을하늘을 바라보던 소년을 떠올렸다. 그러다가 내 안에는 형이 함께 거슬러 오를 세월의 강이 말라붙어버렸음을 깨달았다. 아아, 나는 개나리가 꽃을 피울 만한 화창한 봄날도 가꾸지 못했음을 깨달았다.

　형은 매사 '맏이'라는 특권을 내세웠다. 자치기를 할 때도 작은 자 쳐낸 거리를 스무 자라 불렀다가 막상 다섯 자가 모자라도 기어이 스무 자를 쟀다. 끝말잇기도 그랬다. 형이 '친구'라고 말했는데 내가 '구름'으로 받아쳤다간 더는 이어나갈 수도 없는 '름' 자를 냈다는 이유로 야단을 맞아야 했다. 소경놀이를 할 적에는 먼저 가위바위보를 하지만 언제나 내가 소경이 되고 형은 내 등에 업혀 길라잡이가 되었다. 그러나 오늘은 구태여 형이 열세 살 소년의 고집을 내세울 일이 없었다. 내가 선뜻 말이 되어 형을 채근한다. 형을 등에 업으니 형은 두 손으로 내 눈을 가리며 집으로 가자한다. 나는 눈 먼 말이 되어 형의 인도를 받는다.

 어디만큼 왔는가?/당당 멀었다.
 어디만큼 왔는가?/당당 멀었다.
 왼짝으로 돌아라,/ 조금만 더 돌아라.
 무엇이 보인가?/팽나무가 보인다.
 무엇이 보인가?/영수네 집 울타리다.
 무엇이 보인가?/우리 집이 보인다.
 아이쿠, 무겁다 쉬었다 가세./얼추 다 왔다. 서른 걸음 남았다.
 어디만큼 왔는가?/어디만큼 왔다.
 어디만큼 왔는가?/다 왔다, 다 왔다. 우리 집이다.

 나는 노을의 언덕에 올라 바위처럼 저물어가고 있다. 하늘은 하루의 끝자락을 볼모삼아 태양의 선혈을 마시고 나서 안식하기를 고집하였다. 태양은 자신의 심장에서 피를 뿜어내 잿빛구름을 씻어 장엄한 에필로그를 연출하고 있었다. 어느덧 내 마음속 그리움도 석양에 붉게 타올라 노을이 되었다. 나는 옛 시절의 반점에 짜장면 곱빼기 두 그릇을 주문하였다. 그러나 기다려도 형은 오지 않았다.
 조금씩 사라져가는 하늘에 나는 가만히 독백을 띄워 보냈다.
 '형님, 짜장면 다 불겠소.'
 어눌한 내 독백은 자취도 없는데 저기 막 어둠이 내려앉고 있는 희뿌연 서산의 고갯길을 형이 넘어오고 있었다.

인간과 전자인간

　인간의 성역으로 알려져 있던 바둑에서 알파고가 세계 최강 이세돌을 격파한 충격이 가시기도 전에 괴물 '알파제로'가 출현했다. 알파고는 고수들의 기보(棋譜)를 익혀 최선의 수를 추출해내지만, 알파제로는 바둑의 규정만 알려주면 스스로 최상의 수를 창조한다. 알파제로는 내로라하는 바둑고수들에게 단 한 판도 허락하지 않았을뿐더러 알파고에게도 초라한 성적표를 안겨주었다.
　해가 바뀌기 무섭게 인공지능[AI]은 인간의 일자리를 공략한다. 블루칼라는 물론이고 화이트칼라마저 거리로 쫓겨나고 있다. 사람이 핸들을 잡지 않아도 자동차가 굴러가고 로봇이 알아서 청소를 한다. 제레미 리프킨의 '실리콘칼라'의 영역마저 AI에 잠식당하고 있다. 대량실업의 회오리바람이 닥쳐오고 있다. 꿈에 젖어 '도로시의 오두막집'이나 그리고 있을 때가 아니다.
　불안에 떨던 사람들은 위안거리를 찾아냈다. 문학이나 미술, 음악 등 예술 분야만큼은 인공지능도 언감생심일 거라고 믿은 것이다. 그러나 인공지능은 신문기사를 작성하는가 싶더니 소설을 쓰고 그림을 그리기 시작했다. 작년 11월, 뉴욕의 크리스티 경매장에서는 인공지능이 그린 가상인물 '에드몽 벨라미'의 초상화가 무려 5억 원에 낙찰되었다. 《햇살은 유리창을 잃고》는 인공지능의 시 가운데 139편을 선정하여 출간한 시집이다. 인공지능은 이미 작곡에도 손길을 뻗쳤다. 사람의 감정을 읽고 그에 맞게 행동하는 '인간성 지능'까지 개발되었다. 영화 〈터미네

이터〉의 '스카이 넷'처럼 언젠가는 인공지능이 인간에 반역하여 인류를 멸망으로 내모는 악령으로 변질될지도 모른다.

한데, 인공지능은 인간과 똑같은 감성을 가지고 소설을 쓰고 그림을 그렸을까? 감정은 오감을 통한 감성인식과 감정생성의 과정을 거쳐 표현된다. 비록 인공지능이 인간의 감정을 적나라하게 표현한다 할지라도 그것은 어디까지나 학습이나 논리적 사고로 표출된 결과일 뿐이다. 인간 자신조차 감정의 정체를 잘 알지 못하기 때문에 다양한 감정을 갖거나 이를 표현할 수 있는 로봇을 개발하기까지는 긴 시간이 필요할 것이다. 인간의 감정은 참으로 복잡 미묘하여 예측을 불허한다. 슬플 때엔 눈물을 흘리거나 우는 것이 상식이지만 어떤 사람은 멍하니 하늘만 쳐다보는가 하면 오히려 큰 소리로 웃기도 한다. 인간은 너무 기뻐도 운다.

인공지능을 출산한 인간의 두뇌는 아이러니하게도 인공지능에게 백기를 들고 있다. 과연 인간만의 영역은 무엇인가? 이제 인간에게 남은 것은 오직 '가슴'밖에 없다. 인간의 가슴속에서는 희로애락이 숨 쉬고 꿈과 낭만이 피어난다. 알파제로가 제아무리 신출귀몰한 수를 두어도 관전자들은 흥미를 잃는다. 그곳에서는 '수담'이라는 휴머니즘이 없고 대국자들의 한숨과 고뇌, 상대가 항서를 쓸 때를 가늠하는 회심의 미소도 없기 때문이다.

인공지능 로봇은 인간의 소유물이다. 노예는 자신의 주인에게 충성을 다하나 보수를 받지 못한다. 노동의 대가는 온전히 주인 몫이다. 백수건달이 되어버린 인간은 어디서 지갑을 챙겨야 할까. 일자리 잠식의 주범이 인공지능 로봇인 만큼 로봇이 인간의 일자리를 얼마나 대체했는지를 따져 세금을 매기고 거두어 실직자들의 지갑을 채워주어야 한다. 실직자들은 인공지능이 넘보지 못하는 일거리를 찾아야 한다.

안드로이드는 터미네이터와 같은 완전한 기계인간이고 '로보캅'은 사이보그이다. 사이보그는 생명체인 뇌에 신체의 일부 또는 전부를 기계로 연결한 인간이다. 2008년에는 쥐의 뇌세포를 이용한 사이보그가 탄생했는데, 우리는 인공지능보다 사이보그에 더 큰 관심을 기울여야 하지 않을까. 신체 기능이 한계에 이르러 죽음을 눈앞에 두고 있는 사람의 뇌와 기계로 이루어진 신체를 온전히 결합할 수만 있다면 그보다 이상적인 수명연장 방법은 없을 것이다. 그러나 뇌에 문제가 생겼을 땐 해결책이 없어 보인다.

집에 도착해서야 농장에 핸드폰을 놓고 왔다는 걸 알았다. 헐레벌떡 달려가 보니 핸드폰이 다소곳이 벤치에 앉아 있다. 그리던 임을 본 듯, 백년지기를 만난 듯 와락 반가움이 밀려온다. 머지않아 인류는 로봇과 어울려 생각하며 공부하고 로봇의 도움을 받으면서 살아가는 '나노 월드'를 맞게 될 것이다. 비록 인공지능 로봇이지만 그와 함께한 사람이 걱정하고 사랑해준다면 어찌 그에게 생명이 없다고 하겠는가. 2018년 1월, 유럽연합 의회는 인공지능을 '전자인간'으로 인정하는 '로봇 시민법'을 발표했다. 인간과 '전자인간'의 행복한 공존을 위하여, 사이보그 너머 불로장생의 인생을 위하여 축배를 들자.

청춘의 패션

나는 한문은 고사하고 기초한자 교육조차 받지 못했다. 고교 졸업을 앞두고서야 한문 교과서가 등장한 것이다. 야학의 어깨너머로 한글을 깨우치셨다는 아버지는 내가 한자에 까막눈이라는 사실을 어떻게 아셨는지 "땔나무꾼도 아는 '개글'은 배워 어데 쓸 것이냐"고 아예 노래를 부르셨다. 아버지의 노래는 고교 1년생의 가슴속에 불을 붙였다. 나는 방학 때마다 한자에 매달렸다. 자전을 펼쳐 상용한자라고 생각되는 글자를 표시하여 보았더니 무려 3천 자가 넘었다. 그때부터 무작정이었다. 여름, 겨울방학에는 오직 한자와 씨름하였다. 가나다순으로 스무 번씩 쓰며 새겨나갔다. 어제 '가(집(家) 값(價) 옳을(可) 더할(加) 거짓(假) 노래(歌) 거리(街) 겨를(暇) 아름다울(佳) 시렁(架) 절(迦) 심을(稼))'를 익혔다면 오늘은 어제 습득한 글자를 복습하고 새로운 글자를 공부하였다. 날이 갈수록 밤은 깊어지고 발이 느려졌지만 왕도는 없었다. 2학년 겨울방학이 끝날 무렵 마지막 글자 '물을 힐(詰)'까지 4천여 한자를 떼고 호미를 씻었다. 그러나 정작 그 시절의 나는 미쳤기에 미쳤다는 깨달음은 얻지 못했다. 그때 깨달았더라면 하버드나 옥스퍼드에 도전했을 법도 하다.

늦은 나이에 전역을 하고 한숨 돌리자마자 서른 살이 코앞에 닥쳤다. 처자식을 먹여 살려야 할 판국이라 여기저기 쓸 만한 취직자리를 알아보니 말이 쉬워 집 한 채였다. 오직 실력으로 뚫을 곳 가운데 선뜻 공무원 세계가 눈에 들어왔다. 1월 중순에 시험 시행계획이 발표되었다.

유치원에 다니는 두 아들과 놀아주면서 외우고 외양간을 청소하면서 외우고, 밥상머리와 화장실에도 써 붙여 외우고 하니 시험일까지의 두어 달 남짓에 과목당 세 권의 책을 뗐다. 교실 한 칸에 40명씩이 시험을 치렀는데 얼핏 셈을 해보니 두 칸에서 1등을 해도 합격할 수 없는 상황이었다. 돌이켜보면 비록 짧은 기간이었지만 내 인생에서의 치열한 도전이었는데 그때에도 역시 나는 미쳐야 미친다는 깨달음을 얻지 못했다.

가뜩이나 상사가 병원 신세를 지고 있는 와중에 갑자기 여러 업무가 한꺼번에 밀어닥쳤다. 당시에는 야근을 하며 서류를 작성하려면 타자수의 도움을 받아야 했다. 거의 모든 남자 직원이 타자를 칠 줄 몰랐던 것이다. 우리 부서의 타자수는 야근이라면 손사래부터 치는 기혼여성인지라 밥을 사고 거마비를 쥐어준대도 싫은 내색을 감추려들지 않았다. 내가 야근을 하는 참엔 타자수의 얼굴에 미소가 가득했다. 독수리 타법이나마 타자를 하는 유일한 남자 직원이었기 때문이다. 여직원은 손수 무거운 타자기를 내 책상 위에 옮겨놓으며 수고하라는 인사를 잊지 않았다. 그날따라 일거리가 산더미였다. 시간이 밤을 재촉하고 있었는지 여명이 밝아오는지 나는 알지 못하고 있었다. 문득, 출입문을 여는 소리가 들리는가 싶더니 동료의 낯익은 목소리가 들려왔다. 세상에, 아침 8시라니. 급한 일이 있어서 좀 일찍 나왔노라며 인사를 건네고 나니 갑자기 시장기가 엄습했다.

비록 크게 자랑할 만한 수확은 없었으나 그 시절의 열정이 그리워진다. 그 열정으로 인생의 고비를 불태웠더라면 오늘 내 삶의 모습은 훨씬 더 풍성하고 떳떳해졌을 터이다. 삶의 여정 곳곳에 남아 있던 잉걸마저 어느덧 퇴락하여 어쩌다 파르르 끓일 양이면 연약한 나물이나 데

쳐질 뿐 통감자가 익을 리 없었다. 해가 가고 무심한 세월이 흘러도 통감자는 익지 않았다. 비등점에도 빙점에도 이르지 못하는 뜨뜻미지근한 물에 그칠 뿐이었다. 나는 단 한 번도 중력을 돌파하지 못한 로켓이었다.

책방에서 우연히 마광수 시집을 만났었다. 제목이 생각나지는 않지만, 자신과 이혼한 아내를 밤마다 절정에 이르게 해주는 어느 남자에 대한 연민을 노래한 시였다. 당신이 내 아내를 즐겁게 해줄 수 있는 건 그동안 내가 냄비의 온도를 웬만큼은 올려놓은 덕분이라며, 얼마 지나지 않아 내가 애써 올려놓았던 온도가 소진되면 당신도 나처럼 불행한 남자가 되고 말 거라는 내용이었던 듯하다. 일백 도에 미치지 못하는 온기로는 결코 물을 끓일 수 없었던 것이다.

열심히 배우고 일하며 사랑하고 싶다. 비등점을 돌파하여 통감자를 삶아내고 빙점을 견디어 능히 영혼의 부패를 막아내고 싶다. 사람의 발길이 어지러운 등산로에 휩쓸려서는 산삼의 그림자도 발견할 수 없을 터이다. 천년 동안 누구도 가지 않았던 힘들고 위험한 길을 가는 자만이 천년 묵은 동삼을 만나게 되리라. 나는 '도야(陶冶)'의 벗이 되어 좁고 험한 길 헤치며 임계점을 넘어서고 싶다. 그러므로 나는 친구에게 잘 익은 통감자를 대접하게 되는 날까지 새로운 청춘의 패션(passion)이다. 내 인생의 절정은 눈보라 휘몰아치는 에베레스트 정상에서, 불길이 솟구치는 용광로 저편에서 다시금 '불광불급(不狂不及)'을 손짓하고 있다.

개미와 멍석

　하늘에 구멍이라도 뚫린 듯 끝도 없이 쏟아졌다. 앞산 곳곳에서 사태가 나고 방천이며 논둑이 속절없이 터져나갔다. 불현듯 붉은 개미 떼의 대이동이 떠올랐다. 녀석들은 어제 낮에 건천(乾川)의 바위틈을 빠져나갔다. 개미떼의 행렬은 그 폭이 장뼘을 넘어 어림잡아 백열 종대였다. 흐트러짐 없는 대열이 100m에 달하는 대군을 이루고 있었다. 좌우 가장자리의 너덧 줄이 행군대열을 거슬러오는 장면은 볼수록 신기했다. 끊임없이 선두의 정보를 전달하는 전령이거나 대열을 유지하는 감독들인 듯하였다. 나는 개미 떼가 대이동을 감행하는 까닭을 도무지 짐작할 수 없었는데 산천이 떠내려가는 큰비를 겪고서야 무릎을 쳤다. 분명, 개미군단은 재앙을 예감하고 대이동을 감행한 것이었다. 그러나 나는 미물의 예지에 탄복했을 뿐 눈앞에 다가온 위험은 감지하지 못했었다.

　날이 새자, 웃비가 그치고 이장님의 목소리가 온 동네에 급했다. 그 시절엔 확성기가 없어 이장님이 다리품을 팔아 뜸을 돌며 손나발을 하고서 목청을 높였다. 아랫마을 저수지가 넘어나니 멍석으로 둑을 덮어야 한다고 했다. "호당 한 분씩"이 반복되었다. 아버지는 헛간 시렁에서 낡은 멍석 한 닢을 꺼냈다. 나는 소년의 호기심에 아버지를 따라나섰다. 아버지가 걸음을 멈추며 몇 번이고 야단을 치셨지만 나는 아버지 지게에 바짝 달라붙었다. 군에서 가장 큰 저수지라고는 하나 우리 동네에서 한참 아래쪽에 자리 잡고 있어서 우리 동네 전답에는 그림의 떡이었다.

아버지의 불호령에 내 발길은 저수지 둑 옆의 샛길에서 멈춰지고 말았다. 수문통에서 뿜어져 나오는 누런 물기둥이 거의 수평으로 허공을 꿰뚫다가 폭포처럼 떨어지고 있었다. 쏟아져 내리는 물소리에 귀가 먹먹해졌다. 저수지 건넛마을과 아랫마을 사람들이 둑 위 여기저기에 멍석을 펴놓고 삼삼오오 그 위에 서 있었다. 물은 이미 둑을 넘고 있었고 더러 뗏장이 파인 곳이 눈에 띄었다. 우리 동네 사람들도 지고 간 멍석들을 서둘러 둑 위에 펴고 떠내려가지 않도록 군데군데 돌덩이로 눌러두고 멍석 위에 섰다. 멍석으로 덮지 못한 곳에도 사람들이 서있었다. 저수지 둑 위에는 백여 명의 흰옷 입은 사람들 이 서 있었다. 그때 사람들은 다들 모시옷, 무명옷으로 여름을 났었다. 난생처음 보는 이상한 광경이었지만 그곳에는 누구나 침묵을 지켜야 하는 숙연함이 함께하고 있었다. 그때 아버지는 무슨 생각을 하고 있었을까. 물은 사람들의 발목을 훑으며 세차게 흘러가고 있었다. 사람들은 서로 근심 어린 얼굴을 마주보다가 하늘을 쳐다보다가 둑 아래 마을을 바라보다가 하면서 통 말이 없었다. 다행히도 비는 더 내리지 않았다. 둑을 넘던 물이 점심때에 쑥 잦아들었다. 어제 보았던 붉은 개미떼의 행렬이 어른거렸다.

어느 여름에는 큰물이 져서 읍내 머리맡의 저수지가 위태로웠다. 무넘기의 콘크리트 옹벽에 접한 둑 일부가 허물어져 내린 것이다. 자칫 둑이 터지기라도 하면 읍내에 난리가 날 판국이었다. 예비군과 민방위대가 소집되고 공무원들도 현장으로 달려갔다. 나는 무너진 둑의 토사가 휩쓸려나간 자리에서 몇몇 동료와 함께 돌을 받아 쌓고 있었다. 발밑에선 무넘기를 유린하며 쏟아지는 물이 으르렁거리며 소쿠라져 소용돌이치고 있었다. 그 아래 냇가에 떠밀린 돌덩이는 길게 줄지어 선 사람들의 손을 거쳐 쉴 새 없이 우리한테 건네졌다. 돌을 받아 쌓으면서 허물어진 둑을 덮어놓은 시퍼런 포장을 들춰보는 순간 불길한 예감에 소름이 끼쳤다. 여기저기서 가느다란 물줄기가 흘러나오고 있었다. 나는 돌 쌓는 일을 그만두고 슬그머니 릴레이 대열에 합류했다. 경각간에 탈이 났다. 또다시 흙더미가 무너져 내린 것이다. 돌을 받아 쌓던 사람들이 한꺼번에 흙더미에 밀려나 무넘기 아래 소용돌이로 떨어졌다. 넷은 소용돌이에 휩쓸려 맴을 돌며 가물거리다가 구조되었다. 한 사람은 한참 떠내려가다 구사일생하였다. 입고 있던 비옷이 물살에 부풀어 올라 큰 도움이 되었다고 한다. 세월이 흘러 그날의 내 불길한 예감은 자랑거리를 넘어 '선견지명'으로 굳어졌다. 붉은 개미 떼의 예지에 비할 바는 아니었지만 말이다.

"물에 빠진 사람을 구하려고 함부로 뛰어들면 안 됩니다."

응급구조 전문가가 텔레비전에 나와 당부하고 있었다. 백번도 지당한 말이다.

큰어머니를 구하려고 강에 뛰어든 조카가 되레 급류에 휩쓸렸다. 삼촌도 뛰어들었으나 셋 다 죽고 말았다. '참으로 미련하고 무지한 사람들이다.' 내 안에는, 아무리 다급해도 저렇게 해서는 안 된다는 이성이 안타까움을 대신하고 있었다.

여인은 아들딸 낳으며 행복한 가정을 일구었다. 온 가족이 피서를 갔다가 한 아이가 물에 빠졌다. 남편이 뛰어들어 가까스로 아이를 구했으나 자신은 끝내 헤어나지 못했다. 거짓말처럼 남편을 잃어버린 여인의 눈이 한없이 슬퍼 보였다. 침착하게 로프나 튜브를 던져주라는 차분한 조언이 공허하다.

찰나의 망설임도 없이 생명을 내던지는 저 무모함 어디에도 냉철한 판단력이 발붙일 곳은 없었다. 지옥의 화마 속에 뛰어들어 죽어가는 생명을 구해내고 초개처럼 산화한 소방관을 나는 칭찬할 수 없었다. 달려오는 전동차 앞에 뛰어들어 생면부지의 사람을 살려낸 젊은이의 용기에 감동의 눈물을 흘리면서도 자신의 생사를 돌보지 않는 그 용기를 만용이라 여겼다.

저수지가 터지는 날엔 둑 위에 서 있는 사람들은 세상 끝이었다. 두려움을 무릅쓰며 저수지 둑 위에 묵묵히 서 있었던 사람들이 보고 싶다. 물에 젖은 멍석을 강담 위에 펴 널던 아버지가 그리워진다. 나는 비로소 깨달았다. 흰옷을 입고 그날의 저수지 둑 위에 서서 오직 아랫마을을 걱정하던 무모한 사람들의 마음을. 나는 그 무모함이 세상에 가장 소중한 신의 사랑이라는 걸 절감했다.

그들은 내 추억 속에서 언제나 하얀 꽃으로 피어난다. 나는 개미 떼의 예지를 잊기로 했다. 서푼짜리 선견지명 따위는 지워버리기로 하였다.

이름알이

중학교 입학시험 합격자의 이름이 나붙었다. 입학식이 열리는 교정에서, 여자애가 1등을 했다며 아이들이 수군거렸다. 공교롭게도 우리 반에는 성이 나와 같은 뒤집힌 내 이름이 있었다. 애들이 여자 이름이라며 약을 올리면 나는 대통령의 이름으로 맞서곤 했다. 고교 시절, 펜팔 친구였던 '방민숙'은 '박민숙'과 같은 반이었다. 둘은 이름이 삭제된 채 선생님과 급우들한테 '방 가'와 '박 가'로 불렸다고 한다. 어느 날, 막내와 겸상을 하고서 곰곰이 생각해도 막내의 이름이 떠오르지 않았다. 기억장치가 출타했다는 전갈도 없었는데 딱하게 되었다. 네 이름이 뭐냐고 물으니 동생이 어리둥절하여 말을 잊는다.

호적업무를 맡고 있을 적에 젊은이가 찾아와 법원의 개명허가서를 내밀었다. 나는 처음으로 눈을 의심했다. 그의 이름은 '악마(惡魔)'였다. 10년의 오해 끝에 나는 그 부모의 사랑을 짐작하게 되었다. 악마가 악마를 잡아갈 수는 없다는 걸 깨달은 것이다. 낱말에 대한 내 편견이 심각함을 뉘우치는 계기였다. 악마와 야수와 잔인과 학대는 꼭 멀리해야 할 낱말이 아니었다. '붉은 악마'도 있고 야수처럼 용맹한 사나이도 있다. 엘리엇의 4월은 잔인한 달이고 축구화를 끊임없이 학대하는 부지런한 선수도 있다. 히스크리프의 지독한 사랑도 있고 독사의 미소도 있다. '친절'과 '선심'이 늘 좋은 말은 아니다.

천하 만물은 저마다 이름을 받았다. 불가사의한 성좌에도 이름이 있고 나무와 풀, 새와 물고기, 길짐승과 벌레와 보이지 않는 냄새와 소리에도 이름이 있고 심지어 온갖 질병과 병균조차 이름을 갖고 있다. 그러므로 마음대로 이름을 바꾸려는 불순한 의도를 경계한다. 국수나무와 쐐기풀과 이팝나무의 이름을 바꿀 수는 없다.

사랑은 이름 부르기에서 싹이 튼다. 사랑하기 위해서는 저편의 이름을 알아내야 한다. 이름 속에는 그 사람의 체취와 삶의 역사가 깃들어 있다. 이름에는 그의 교양과 인격이 새겨져 있다. 사랑받고 싶다면 먼저 자신의 이름을 고백해야 한다. 자신의 이름에 감추어진 암호를 풀어 진면목을 보여주어야 한다. 풀 한 포기도, 작은 새도 이름을 불러주는 그의 가슴에 사랑으로 다가온다. 혼자 숲길을 걸어가면서도 나무와 풀과 새들의 이름을 불러줘야 한다. 나는 버릇처럼 그들의 이름을 부르며 건들건들 걸어간다.

들녘에 찾아드는 사계를 따라 지칭개와 뽀리뱅이와 이고들빼기를 만나고 솔새와 기름새 형제에게 악수를 청한다. 위령선과 백화등과 오가피와 쇠무릎지기를 청하여 독한 술을 권한다. 온 여름을 나와 겨루어 승리한 달개비와 바랭이의 위세는 여전히 등등하다. 우슬초는 관절에 들고 민들레는 간장에 좋고 삽주는 위장에 신효하고 질경이 씨앗은 차전자이고 도라지는 길경이라 하였지. 중금속을 빼내준다는 토복령은 청미래덩굴 뿌리이고 엉겅퀴는 천연 정력제라 자랑하였다. 해가 되건 득이 되건 어느 하나 정답지 않은 이름이 없다. 그러나 이름을 알아낸 깜냥으로 뱃속에 욕심만 키워 온 건 아닌지 모르겠다.

쇠무릎지기도 내키지만 말의 정강이로 부르는 내 고장 토속어 '몰장겡이'가 더 친숙하고 상사화보다는 '몰목'이 정겹다. 까맣게 잊고 있었는데 한여름에 불쑥 올라오는 꽃대가 마치 말(몰)의 모가지 같다. 어머니는 사위질빵을 '소멍넝쿨'이라고 하셨다. 넝쿨의 본새가 소의 멍에를 빼쏘았다. 그렇게 나는 그들의 이름을 잊지 않으려고 용을 쓴다. 그러나 자주 만나지 못하여 잊어버린 이름도 수두룩하고 낯모르는 친구는 더더욱 많다.

사람들은 선뜻 제 이름을 알려주지 않고 풀과 나무들도 숙제를 낸다. 나는 인터넷을 뒤지고 식물도감을 훑어 간신히 그들의 이름을 불러낸다. 담장을 뒤덮은 늘 푸른 넌출은 송악이고 구절초와 헷갈린 너는 개미취였구나. 얼마 전에도 친구에게 전화를 걸었다. 입을 떼기도 전에 '자귀나무'라는 답장이 왔다. 그동안 여남은 번은 물었을 것이다. '가시나무'를 열 번이나 알려줘도 기억하지 못하는 친구도 있었다. 나 또한 풀이름 하나 머리에 새기기까지 얼추 스무 번은 잊었으니 핀잔할 일이 아니다. 잣나무에는 잣이 열리고 가시나무에는 가시가 열리는 걸 떠올려보라고 다시 일러주었다.

가막살나무와 덜꿩나무를 구별하느라 헛심을 쓰다가 가로의 먼나무에 머쓱해진다. 국화차를 만드는 감국이라 믿어 애써 가꾼 산국이 민망한 낯을 한다. 내 낯이 열없을 뿐, 산국으론들 국화차를 우려내지 못하랴.

문우가 스마트 폰으로 나무 이름을 부탁한다. 분명 어디서 보았는데 알쏭달쏭 가물댄다. 아서라, 벗들의 이름도 더듬는 돌머리에. 그런데 사람들에게 정작으로 내 이름은 무엇이냐. 꽃의 마음을 가꾸어 향기가 그윽하고 산들바람에 하얀 뭉게구름이 피어나는 이름이었으면 좋겠지만 언감생심일 따름이다.

백도 기행
- 백두산 상상봉을 찾아 -

다도해해상국립공원
국가명승 제7호(1979년 지정)
39개 무인군도
거문도 동쪽 28km 지점

  옛적에 옥황상제의 아들이 아버지의 노여움을 사 바다로 내려오게 되었다. 그는 용왕의 딸과 사랑에 빠져 바다에서 풍류를 즐기며 세월을 보냈다. 옥황상제는 세월이 흐름에 따라 아들이 그리워졌다. 상제는 일백 명의 신하를 보내 아들에게 하늘로 돌아올 것을 명하였으나 아들은 그 뜻을 거역하고 오히려 자신을 데리러 온 일백 명의 신하들과 함께 계속해서 풍류를 즐겼다. 화가 난 상제는 그들에게 벌을 내려 그 자리에서 돌로 변하게 하였다. 신하들이 변한 기기묘묘한 바위가 백 개라서 백도(百島)라 하였는데, 섬을 헤아려 본 바 '일백 百'에서 한 섬이 모자라고 보니 '白島'라 부르게 되었다고도 전한다.

  거센 바람이 불고 날씨가 험해지려면 사람이 살지 않는 백도에서 말소리가 들리는가 하면 바다에 돌을 던지는 소리가 난다고 한다. 어부들이 급히 그물을 거두어 거문도에 다다르면 기다렸다는 듯이 폭풍우가 몰아치고 심한 풍랑이 일어난다고 한다. 그래서 현지 주민들은 백도를 '수호의 섬'이라고도 한다.

  나는 화산이 폭발하기 전의 백두산 상상봉을 만나러 그곳에 간다. 나는 태초의 내 모습을 찾기 위해 백도의 전설을 새로 써 내려간다.

　유구한 밝달(배달)의 정기를 품어 안은 민족의 영산 백두산(白頭山) 상상봉.

　용솟은 마그마의 본향 남녘 바다를 사모하여 백두대간을 따라 오직 남으로 줄기차게 내달았다. 태백(太白)에 이르러 잠시 거친 숨을 고르는가 싶더니 어느덧 소백(小白)에 안착하였다. 이윽고 지리산 끝자락 광양의 백운산(白雲山)에 다다라 그리운 남해를 바라보았다. 그러나 길은 그쳤고 고향 바다는 수평선에 아득하였다. 이제 백두는 하늘의 보우하심을 받아 한 점 백운(白雲)으로 화하였다. 주작(朱雀)의 날개에 바람의 신을 불러 먼 남쪽 절해에 이르러 천상의 정기를 상백과 하백으로 안분하였다. 천상의 금기(金氣)가 천 길 심해에 주추를 놓아 장대한 건각(健脚)을 곧추세우니 '검은 바다'는 배달의 인(印)을 품수(稟受)하여 한 점 흠도 없는 청정수로 거듭났다. 나는 태고의 '금생수(金生水)'에 넋을 잃었다. 그의 선풍도골 '백(白)'이 그리워 나는 그곳에 간다. 아흔아홉 '흰백(白)'에 합일하여 일백(百)을 완성하리라. 흰 두루마기 갖춰 입고 쾌속선에 몸을 싣는다. 하나, 홍진에 찌든 몸뚱이를 거문 바다에 온전히 씻고 나면 추슬러 제단에 올릴 순백의 내 영혼은 한 줌도 아니 되리라.

　백도는 숭엄한 신의 세계이다. 외경이다. 옥황상제의 연락병이었던 저 다정한 형제는 천년의 벼랑 끝에 망연히 앉아 무엇을 기다리고 있는가. 사방을 휘휘 둘러보아도 벗은 몸을 허물하는 이 없으니 호탕한 서방바위는 조금도 외설스럽지 않다. 삼신할미한테 천일의 눈물로 비손했던 아낙은 옥황상제의 아들이 화한 서방바위에 소리 내어 치성을 드려봄직도 하다. 다만 용왕의 딸 각시바위의 눈길을 피할 일이다. 도남(圖南)한 듯 거대한 매 한 마리가 사천왕의 기세로 세파에 찌든 일체 중생의 혼돈한 마음을 감찰한다. 궁성바위는 천년 세월의 환상에 잠긴 중세 유럽의 고성이다. 십자군의 원정길을 따라나섰던 자들은 천신만고 끝에 돌아와 성모상 앞에서 눈시울이 젖는다. 석불바위는 나를 보고 빙그레 웃고 있다. 나는 염화시중 그 이심전심의 불립문자를 알듯 모를 듯하여 멋쩍은 웃음으로 화답한다. 신하가 내려올 때 가지고 왔다는 도끼 여, 보는 위치에 따라 기묘하게 변하는 요술바위, 촛대바위, 쌍돛대바위, 원숭이바위, 감투바위, 거북바위, 진돗개바위 등이 신비를 더한다. 구차한 변명은 태고의 선경에 누가 될 뿐이다. 곳곳에 겸재의 〈금강전도〉를 병풍으로 두른 듯한 수직의 백색 절리를 초석으로 미답의 녹음방초가 푸르다 못해 눈을 부신다. 풍란과 석곡, 눈향나무와 동백과 후박나무는 수삼 년 사람의 발길을 허락지 않은 채 유람선상의 세속에 갈매기와 흑비둘기, 팔색조, 가마우지, 휘파람새의 청음으로 선계의 도를 전해준다. 바다에는 은갈치, 감성돔, 흑돔, 농어 등 120여 종의 어류가 서식하고 있으며 수중에는 큰 붉은 산호, 꽃산호, 해면 등이 빚어낸 꿈의 경관이 극치를 이루고 있다고 한다. 썰물 때에 60개의 여가 드러나면 백도는 마침내 아흔아홉 섬이 된다.

 백도의 자랑거리 가운데 풍란을 빼놓을 수 없다. 옛날 중국이나 일본 무역선들이 이 해역을 지날 때 짙은 안개로 말미암아 방향을 잃고 표류하다가도, 10리 밖까지 나는 풍란의 짙은 향기를 등대 삼아 무사히 귀항했다는 이야기가 전해온다.

 백도에 가려면 쾌속 여객선 니나호를 타고 먼저 거문도를 밟아야 한다. 배는 아침 7시 40분 여수 여객선 터미널을 출발하여 나로도, 손죽도, 초도, 동도를 거쳐 서도에 도착하는 데 약 2시간 10분이 걸린다. 오후 4시에는 파라다이스호가 출발한다. 거문도에서는 아침 8시 정각에 파라다이스호, 오후 3시 30분에는 니나호가 여수로 출발한다. 다만 겨울철(11월~이듬해 2월 말)에는 10시 10분과 오후 4시 정각이다. 거문도에서 여수 간 승선요금은 36,100원인데 여수 시민은 18,100원, 도서민은 6,000원이다. 거문도항에는 백도 가는 유람선 우주스타호가 기다리고 있다. 백도 유람에는 2시간이 소요된다. 여수에서 아침 7시 40분 배로 출발하면 거문도와 백도를 구경하고 다시 거문도에 돌아와 오후 3시 30분 배 타고 여수로 돌아올 수 있다. 현지에서 하룻밤 지내고 거문도를 차분히 둘러보는 것이 좋겠다. 거문도에는 보금자리도 많고 먹을 것도 풍성한 데다 볼거리가 참 많다. 아무튼 관광객으로선 배삯이 좀 부담스러울 수 있다.

백두대간을 종주하는 이들이여,
유구한 배달의 정기를 온 가슴에 영원한 빛으로 새기려는 사람들이여.
아흔아홉 백도에 가소서.
그대 있어 거룩한 일백을 이룰 때에
백도는 홀연히 반만년의 꿈에서 깨어나리라.

횡재

젊은 처자가 안산의 상엿집에 산다는 소문이 동네를 휘저었다. 재 너머 예순셋 수천 댁이 큰맘을 먹고 상엿집을 찾았다. 봉두난발에 땟국이 줄줄 흐르는 여자가 새우처럼 움츠린 채 까라져가고 있었다. 수천 댁은 처자의 눈에서 간절한 애원을 보았다. 미처 말을 건넬 겨를도 없이 여자가 정신을 놓았다.

'당치도 않아!'

수천 댁은 속으로 부르짖으며 아들을 불렀다. 이름도, 출신도 알 길 없는 처자는 수천 댁의 지극정성으로 몸을 일으켰다. 수천 댁의 백발원수는 노총각을 면하였다. 절뚝발이 여자는 다섯 해를 살면서 아들 둘을 낳았으나 아무것도 기억해내지 못했다. 공장의 기계 소리가 요란한 그들의 옛 터전을 바라보며 나는 별수 없이 공상을 이어간다.

이장님이 신문을 들고 와서 수천 댁을 불러댄다. 신문에 난 여자가 댁의 며느리와 한참 닮았다는 것이다. 시골 마을에 난리가 났다. 그 여자는 재산가의 외동딸이었다. 딸은 걱정과 사랑이 넘치는 아버지의 격앙된 목소리에 이름을 되찾았다. 딸은 귀가하던 밤길에 차에 치였고 한적한 농로에서 깨어났지만 기억을 잃어버렸던 것이다. 식사를 재촉하는 아내의 짜증 섞인 목소리가 상상을 깨뜨린다. 동치미를 우적우적 씹으면서 생각해보니 온전한 실화가 떠오른다.

성재는 주말이면 어김없이 단골 낚시터로 달려갔다. 그러다가 어느 노인장과 짝이 되었다. 노인도 주말 낚시터의 단골이었다. 노인은 성재의 전셋집과 가까운 달동네에 산다며 늘 그곳 버스 정류장에서 성재의 털털한 자가용을 얻어 탔고 돌아올 적에도 꼭 그곳에서 내렸다. 노인은 성재를 '박 대리'라 불렀고 성재는 노인을 '할아버지'로 모셨다. 성재는 혈혈단신 할아버지와 낚시터에 갈 때마다 도시락이며 새참을 넉넉하게 챙겼다. 매운탕을 끓여 술친구가 되어드리기도 하고 잔심부름도 아끼지 않았다. 그렇게 한두 달이 지나자, 노인은 이력이 났는지 성재의 공양을 조금도 부담스러워하지 않는 눈치였다. 노인은 입만 가지고 다닐 뿐 점심 한번 사는 법이 없었지만 성재는 마음에 두지 않았다. 어느 결에 이태가 흘러갔다. 그날 버스정류장에는 노인이 보이지 않았다. 노인은 심한 폐렴으로 신음하고 있었다. 성재는 휴가를 얻어 병원으로 달려가 보름 동안 병수발을 들었다. 노인은 성재를 시내 복판의 수복빌딩에 있는 한식집으로 불러냈다. 노인이 이태 만에 처음으로 밥을 산 것이다. 노인은 낡은 가방에서 두툼한 서류봉투를 꺼내며 운을 뗐다.

"박 대리, 이 늙은이가 부탁할 게 있어."

놀랍게도 노인은 수복빌딩의 주인이었다. 성재는 노인의 강권에 승복하여 빌딩 관리인이 되었다. 노인은 빌딩의 모든 임대차 수입을 성재에게 돌렸다. 한 달 수입이 성재의 연봉을 따돌렸다. 나는 그 뒷이야기를 알지 못한다. 아마도 성재는 노인의 아들이 되었을 것이다.

퇴직하여 농장을 일구다 보니 통장에 쥐 떼가 출몰하기 시작했다. 지출을 줄이기도 어려운 현실에 위기감이 감돌았다. 하루에 벼락을 두 번 맞는 것보다 확률이 낮다는 로또 1등은 언감생심이건만 우연찮게 금덩이를 줍는 횡재수가 눈앞에 아른거렸다. 어느 날 은행에서 수천만 원까지 쓸 수 있는 마이너스 통장을 쥐어주었다. 뜻밖의 횡재수를 만난 셈이다. 그러나 나는 퍼 쓰기는 쉬워도 채워놓기는 불가능한 마이너스 통장의 불가사의를 알고 있다. 든든하면서도 두려운 존재이다. 이 마이너스 통장은 내게 마이너스 인생을 강요할 것이다. 그러다가 막다른 골목으로 내몰리면 나는 별수 없이 아내에게 덤터기를 씌우게 되리라. 문득 뒤를 돌아다보니, 인생의 고비마다 아내에게 짐을 지워놓고 도망치기에 급급했던 지난날들이 하나하나 부끄러움으로 다가온다.

대책 없이 아내에게 두 아이를 떠넘긴 채 군복을 입었었다. 내 뜻과 혈기만을 앞세워 붉은 띠를 머리에 두르고 투쟁을 외치고 있을 적에 아내의 속은 검게 타버렸을 것이다. 아내의 수술이 예정시간을 몇 시간이나 초과했는데도 '수술 중'이라는 안내 표시가 바뀌지 않는 바람에 줄담배를 피우며 불안에 떨었던 날을 나는 기억한다. 내가 장 절제수술을 받고 있을 때 아내는 무슨 생각을 하고 있었을까. 내 얄팍한 인내심과 밴댕이 소갈머리와 거침없는 언어폭력이 아내의 가슴을 후비고 허리를 무너뜨렸던 것이다. 나는 아내에게 생을 다하도록 갚을 수 없는 빚을 져버렸다. 아내가 바로 마이너스 통장이었구나 하는 뉘우침에 눈시울이 붉어진다.

나는 감사의 기도를 모아 내 인생의 진정한 횡재, 결코 채울 수 없는 나의 영원한 마이너스 통장을 살며시 만져본다. 마이너스 통장, 매정하게 손을 빼며 돌아눕는다.

4.
섣달그믐밤의 아부

끌끌 울었다

    장끼는 깔깔한 목청을 높여 짤막하게 울었다. 녀석은 내 차가 농장에 오는 기미를 알아채고 마중이라도 나온 듯, 농장 들머리의 떼기밭에서 서성거리곤 했다. 내 차가 2~3m 거리에 멈춰서도 도망치려는 시늉도 하지 않는 걸 보면 이 일대가 녀석의 영지인 듯하였다. 나는 장끼의 울음소리를 들을 때마다 파블로프의 조건반사를 입증이라도 하듯 '꿩꿩 운다고 꿩이냐' 하였다.
    농장 뒤편의 참죽나무에 거름을 하고 있는데 개들이 몸을 솟구치며 난리를 치고 석 달 강아지들마저 덩달아 농장 앞마당으로 다가서며 짖는 품이 무슨 사달이 난 모양이었다.
    난데없는 장끼 한 마리가 현관 앞에 엎어져 있었다. 바닥에 엎어져 그대로 죽어버렸는지 미동도 하지 않는다. 불안을 억눌러 손끝으로 슬쩍 건드리며 눈을 떠 봐라 소리를 질러도 반응이 없다. 바로 곁에 있는 큰 물통에서 찬물을 떠서 녀석의 몸에 끼얹어도 소용이 없었다. 밀렵꾼이 놓아둔 '꿩약'을 주워 먹은 게 틀림없었다. 콩알 속을 알맞게 파내 청산가리를 넣곤 촛농으로 때워 위장한 '꿩약'을 먹으면 영락없이 죽는다 했다. 짐승이 문 앞에서 죽는다는 건 꺼림칙한 일이라 나는 두 손으로 재빨리 녀석의 몸을 움켜들었다. 그런데 아직도 숨이 붙어 있었는지 뜻밖에 녀석의 몸은 따뜻했다. 농장 먼발치에 쌓아둔 비료 포대 옆 양지에 녀석을 내려놓았다. 녀석은 숨을 쉴 여력도 없는지 간혹 눈꺼풀만 미약하게 떨고 있었다. 나는 녀석의 몸피를 가늠하면서 자두나무 근처에 구덩이를 파고 돌아와서 다시금 녀석을 툭툭 치며 사정을 했다.

"정신을 차려 봐, 이대로 묻힐 거냐."

그때였다. 녀석은 마치 내 말을 알아듣기라도 했다는 듯 두 눈을 번쩍 떴다. 그러나 그뿐이었다. 나는 비료 더미 위에 사각의 공간을 만들어 녀석을 안치했다. 땅에 묻더라도 숨이 완전히 끊어질 때까지는 기다려주기로 한다 했지만 속으로는 '살아나라'를 연호하고 있었다.

녀석이 살아났다. 비료 더미 성루에서 눈을 들어 이리저리 두리번거리기까지 했다. 나는 도무지 믿기지 않아 녀석의 지척에서 연거푸 핸드폰의 카메라 셔터를 더듬었다. 어린 시절부터 장끼를 보아 왔지만 두 눈 멀쩡한 놈을 이렇게 가까이에서 대면한 적은 없었다. 나는 녀석의 황홀하도록 아름다운 색채의 조화에 탄복하며 넋을 잃었다. 꽃은 노랗고 그 씨는 검으며, 잎은 푸르고 줄기는 붉으며 뿌리는 하얗다하여 쇠비름을 '오행초'라고 부른다. 적청황백흑의 오방색 즉 오행을 갖추었기에 붙여진 이름이다. 장끼의 오방색은 화려함의 극치였다. 정수리에 이고 있는 한 점 흰 구름에 아침 햇살이 비쳐 은빛 광채가 어린 가운데 초롱초롱한 눈망울을 에워싸고 있는 붉은 볏은 너무나 강렬하여 까투리들의 애간장을 녹여버릴 듯하였다. 붉은 볏을 둘러싼 검은 깃털은 목덜미 쪽으로 흐르면서 자연스럽게 푸른빛으로 변화하고 있어 영락없는 '수생목(水生木)'이었다. 목에는 새하얀 머플러를 둘러 심판자의 의기를 천하에 선포하였다. 노란 부리를 살짝 열고 먼 산을 바라보니 어김없는 '오행조(五行鳥)'였다. 순백의 목덜미를 경계로 등판의 절반을 수놓은 황금빛 의상은 금박을 정교하게 재단하여 일일이 이어붙인 듯 오묘하기 이를 데 없었다. 두 날갯죽지에서 익어가는 떡갈나무 열매와 등판 아래쪽에 아늑하게 가꾸어놓은 따스한 보금자리가 꺼병이의 재롱을 함께 보자며 까투리를 유혹하고 있었다. 밝은 밤색 가슴은 용사의 갑옷이요, 여느 날짐승의 것보다 길고 곧은 꽁지깃은 문무겸전한 선비의 명예와 절개를 세상에 전하고 있었다.

  내가 잠시 한눈을 판 사이에 장끼가 사라졌다. 얼마 후 녀석은 저 아래 골짜기 쪽에서 '꿩꿩' 하고 울어서 내 궁금증을 풀어주었다. 녀석은 마당가에 매어둔 덩치 큰 진돗개가 졸고 있을 때 사료를 훔쳐 먹으려다 돌연한 개의 공격에 혼비백산하여 농장의 유리창에 부딪혀 기절했던 것일까. 매에게 쫓기다가 유리창을 들이받았는지도 모르겠다. 꿩이라는 족속은 죽자 살자 나는 솜씨가 기껏 둔중한 여객기의 이륙 수준인 데다 비행거리도 초라하기 짝이 없어 '꿩꿩, 푸드득'에 기껏 200m가 고작이다. 경위야 어떻든 제 발로 찾아들어 친절하게 졸도까지 해준 귀한 꿩의 고기 맛을 보지 못하고도 입가에 바보처럼 웃음이 번지니 내겐 숫보기 신세를 면할 재주가 없는 성싶다.

  그제 아침에 녀석은 제가 묻힐 뻔했던 구덩이 옆을 지나치며 빗속에서 먹이를 찾고 있었다. 어제는 처음 보는 까투리 네 마리와 어우러져 노닥거리고 있었다. 까투리들은 후사를 위해 신랑감의 됨됨이를 보러 온 눈치였다. 오늘 녀석은 연분홍으로 물든 매실나무밭을 가로지르다가 멈췄다. 나는 녀석을 향해 어깨를 으쓱하며 상상에 잠겼다. 사람의 마음밭에도 꽃밭이 있을 터이니 내 안에도 작은 꽃밭 하나 있을 것이다. 비록 미물에 지나지 않은 날짐승이지만, 한 생명을 살려 보낸다는 건 내 화원에 한 송이 꽃을 피우는 일이라고 하였다. 그 꽃은 다시 내 생명을 풍성하게 가꾸어줄 것이라고 말했다.

  어린 시절, 어머니가 내게 물었다.

  "저 꿩이 지금 어찌 우냐?"

"어머니도 참, '꿩꿩' 하고 우니까 이름도 '꿩'이지요."

어머니는 다시 꿩이 울 때를 기다리며 내 눈을 들여다보시다가

"또 울거든 잘 들어봐라. 꿩은 '끌끌' 하고 운단다."

나는 여태도 어머니 말을 인정한 적이 없었는데 가만히 들어보니 장끼는 분명 '끌끌' 울고 있었다. 나는 꿩고기 대신 쑥국을 먹은 일손에 힘을 주었다. 봄이 이처럼 콧노래를 부르며 아지랑 아지랑 내게 다가왔으니 올해에는 자꾸 좋은 일이 생길 것만 같아 가슴 설렌다.

삼삼칠박수

"짝짝짝."

녀석들이 일제히 귀를 쏟는다. 나는 어깨를 들썩이며 삼삼칠박수를 보낸다.

"짝짝짝, 짝짝짝, 짝짝짝짝짝짝짝."

자드락 밭 아래쪽에 자리 잡은 녀석들은 까치발을 하고서 내 눈길에 마주쳐 손을 흔든다. 기지개를 켜고는 진저리를 치는 녀석도 보인다. 안심하는 낯빛들이 대견하다. 언젠가 텔레비전에서 방영된 실험결과가 내 눈의 시력을 보증한다. 칭찬하는 말과 고운 음악이 식물의 성장과 결실에 좋은 영향을 미친다는 주장은 별난 이야깃거리도 아니다.

이 밭에 고추 모를 심을 때엔 하나같이 튼실했으나 어설픈 밑거름에서 유해가스가 올라와 열에 한둘은 목숨을 잃거나 불구가 되었다. 해를 입은 어린모들은 뿌리에 접한 밑줄기 한쪽이 말라 죽었다. 하루하루 그 어려운 몸을 견디고 이겨내려는 끈질긴 기개가 눈물겨웠다. 무사한 녀석들은 그들을 염려하며 안타까워하고 있었다. 내 입술은 칭찬에 둔하고 노래도 젬병이니 '삼삼칠박수'가 맞춤이었다. 고추밭에 박수를 보내는 궁여지책의 아이디어가 스스로 기특하였다. 어느 결에 삼삼칠박수는 석 달을 지나 왔다.

산골은 인적이 없어 깊고 사위에 숲이 우거져 내가 보낸 박수에는 메아리가 없다. 골짜기의 온갖 초목이 박수 소리를 조금 조금씩 나누어 간직한 연고이다. 내 작은 배려가 메아리로 되돌아온다는 것은 슬픈 일이다. 그것은 보답이 아니라 보응이며 명백한 거절이다. 다시 돌아오지 않는 것들은 별이 되어 밤에 빛난다. 지난날 내가 산정에서 목청껏 외쳤던 야호 소리는 자기만족을 확인하려는 정복자의 괴성이었음을 깨닫는다. 괴성은 '메앓이'가 되어 곧바로 돌아온다. 그 소리에는 공연한 에너지만 차고 넘칠 뿐, 조촐한 마음 씀이나 나눔이 없어 누구도 받아들이지 않았음을 이제야 부끄러워한다.

서투른 고추 농사에 원고지가 더욱 멀어진다. 밭에다가 생명의 기호들을 하나하나 새기는 일이 버거워 원고지와 씨름할 기운이 바닥난 탓에 '주경야독'은 서책 속의 옛이야기가 되어간다.

오늘도 나는 그들에게 삼삼칠박수를 보낸다. 그 박수는 농부의 길을 나선 내게 보내는 외로운 격려의 편지이기도 하다. 굳세게 마주치는 손뼉에서 퍼져나가는 박수 소리는 내 작은 날들의 지극히 큰 소망으로 다가온다. 나는 그들에게 보내는 아침 박수로 이 땅의 하루를 열고 해거름의 박수를 통하여 별로 해놓은 일도 없는 또 하루를 닫는다.

고즈넉한 골짜기에 삼삼칠박수 낯설지 않음은 메아리가 없기 때문이다. 고추들은 물론이고 이 골짜기의 온갖 나무와 풀이 삼삼칠박수를 온몸으로 기뻐한다. 어느덧 그 소리는 내 기쁨이 되어 가슴속에서 메아리친다.

양파 득도하다

　산에서 30년 수도한 사람한테서 전화가 왔다. 내가 낸 책 속의 고향 말이 아득한 옛 시절의 추억을 불러냈다고 한다. 그는 신통한 후 제자들을 거둔 지 10년이 지났다고 했다. 세상에는 수많은 길이 있는데 새삼 도를 닦아야 하느냐고 물었다. 수도자의 눈엔 길다운 길이 보이지 않으니 별다른 길(道)을 닦는 거라고 한다. 그즈음 나는 방황의 거리에서 기연을 얻어 새로운 생의 길잡이를 만났다.

　내비게이션에 목적지를 입력하고 핸들을 잡았다. 기계가 시키는 대로 따라갔더니 바다가 눈앞이다. 그대로 500m를 직진하란다. 행인에게 물어 행사장을 찾아가는데 기계가 경고를 반복한다. 잘못 가고 있으니 예의 바다 쪽으로 돌리라 한다. 어이가 없었지만 고작 차로 십 분 상관이라 마음에 두지 않았다. 문득 기나긴 인생행로도 거짓 길잡이 때문에 망칠 수 있겠구나 하는 생각에 움찔 놀란다. 분별력이 절실하다. 내비게이션은 제 과실을 알지 못한다. 인생의 거짓 길잡이도 자신이 참된 리더라고 착각하며 행세할 터이니 끔찍한 일이다.

　세월을 돌이켜 내겐 내세울 만한 목적지가 없었다. 목적지가 불명하니 길을 잃어버린다는 말조차 호사였다. 그때 누가 와서 가야 할 바를 일러주었다. 그곳으로 가는 길을 밝히 보여주었다. 나는 그가 미리 보여준 높은 산에 마음을 빼앗겨 단박에 따라나섰다. 한숨을 돌리고 살펴보니 그 길은 좁고도 험했다. 발바닥이 부르트고 다리에 쥐가 나기 시작했다. 전에 없던 가시덤불과 억센 잡초가 길을 막았다. 그는 무슨 억하심정으로 내게 이토록 시련의 길을 걸어가도록 하는가.

소나무골 감나무밭에 키를 넘는 그 뻐센 억새도 예취기 마력을 올려 들이대면 그만이었다. 줄기가 꽤 굵어진 아까시나무와 족제비싸리도 속절없이 나가떨어졌다. 그러나 나는 그 길의 잡초와 가시덤불은 예취기로 벨 수가 없다는 것을 깨달았다. 길을 가로막는 가시덤불과 잡초는 게으르고 악한 내 마음의 산물이었다. 세상의 온갖 욕망이 자꾸 뒤를 돌아보라 속삭인다. 나는 맨손으로 가시덤불을 걷어내고 억새와 쑥대를 뽑는다. 손이 찢기고 물집이 터진다. 나는 뒤를 돌아보다가 소금기둥이 된 여자의 전철을 밟지 않겠다.

가냘픈 양파 모종은 겨울을 견뎌 이듬해 봄에 자신의 우주를 자랑한다. 그러나 그 속에는 진리가 없다. '깨달음'은 어른이 된 자의 몫이다. 마음을 다잡은 '둥근 양파'는 다시 온몸으로 혹독한 겨울을 난 후에야 득도한다. 곧고 튼실한 꽃대를 하늘에 올려 씨를 잉태하는 것이다.

길은 수없이 이어지고 갈라지면서 사람을 유혹한다. 불신이 가득한 세상에는 길이 있어도 무용하다. 보이지 않기 때문이다. 통하지 않기 때문이다.

길의 궁극은 깨달음 곧 진리(Logos)의 발견이다.

섣달그믐밤의 아부

 섣달그믐밤에 잠이 들면 굼벵이가 된다고 했다. 우리는 잠 귀신한테 이겨보려고 넉동내기나 화투놀이를 하고 부각이며 과줄, 식혜 등등 이것저것 먹고 마셔도 보지만 다 헛일이었다.
 결국 잠이 들어버리고 마는데, 설날 아침에 굼벵이가 되어 있지 않은 이유 같은 건 생각해 본 적이 없었다. 섣달그믐에는 밤이 다하도록 집 안 곳곳에 불을 밝혔다. 큰방, 작은방은 말할 나위 없고 칼바람이 무시로 드나드는 부엌에도 가마솥 안에 촛불을 켜놓았다. 마루에는 바람벽의 중방 호롱걸이에 등을 걸고 멀찍한 뒷간에는 서까래에 초롱을 달아 밤을 밝혔다. 외양간이라고 예외가 아니었다. 잡귀가 어둠을 틈타 숨어들게 해서는 안 되었다. 전기가 들어오지 않았던 내 고향의 60년대 이야기다. 귀신의 처소가 어둠 가운데 있는 사람의 속이라는 걸 깨달은 지금에야 옛 풍습이 새롭다.
 우리 내외와 큰아들, 둘째 내외와 손녀딸 이렇게 여섯이 모처럼 한자리에 모여 저녁을 먹었다. 나는 삼대가 함께 밥을 먹는다는 데서 명절의 의미를 찾고 싶다. 맏이가 의미심장한 눈빛으로 물었다.
 "아버지, 그림 잘 그리세요?"
 "아무렴, 그림 하면 한 소질 있었지!"
 "흐흐흐, 이따가 실력이 다 드러나게 돼 있거든요."
 나는 아들의 말을 한 귀로 흘려보내며 내 그림 솜씨의 장광설을 늘어놓았다. 다과를 즐기고 나자, 맏이가 수상쩍은 안을 냈다. 아무런 설명도 없이, 다섯 개의 번호 가운데 하나를 고르라고 한다. 나는 3번을 찍었고 다들 차례로 번호를 불렀다. 마치 사다리 타기와 같았다. 내가 고른 3번은 바로 아내였다. 아내에게는 며느리가, 맏이한테는 제 동생이, 둘째에게는 내가, 며느리한테는 제 아주버니가 간택되었다. 느닷없이 맏이가 각자의 핸드폰으로 선택한 대상의 얼굴 사진을 찍으라고 했다. 우리는 영문도 모른 채 셔터를 눌렀다. 맏이가 검정 사인펜과 미니 스케치북을 하나씩 돌리더니 각자 찍은 사진을 모델 삼아 초상화를 그리라는 것이었다. 20분이 주어졌다. 오늘의 심사위원장 겸 유일한 심사위원은 다섯 살짜리 손녀딸이었다. 주니가 날만큼 보아 온 아내의 얼굴이건만 막상 그려보려니 여간 어려운 노릇이 아니었다. 없는 솜씨에 마음만 바빠진 나머지 엉터리 작품이 되고 말았다. 왕년에는 제법이었는데 나이 탓에 손이 굳은 게 틀림없었다.

 이십 분은 거짓말처럼 지나갔다. 아내가 그린 며느리의 초상화에는 모딜리아니의 데생이 숨을 쉬고 있었다. 맏이가 스케치한 제 동생은 90년대의 인기 농구만화의 정예 멤버 아무개를 빼쏘았다. 둘째의 손끝으로 빚어진 내 모습은 거울을 대하는 듯 정밀했다. 며느리는 제 아주버니를 순진한 총각으로 투영해냈다. 참 대견한 실력들이었다. 우리는 서로의 초상화를 평가하며 웃기도 하고 실망과 긍지와 경탄을 쏟아내기도 했다. 그러나 우리의 운명은 심사위원에게 달려 있었다. 우리는 자신의 그림을 받아들고 심사위원 앞에 나란히 앉아 처분만 기다리는 신세가 되었다. 심사위원은 좀처럼 눈길을 주지 않았다. 다들 심사위원의 시선을 끌기 위해 있지도 않은 아양과 너스레를 부리며 간절한 아부의 눈길을 보냈다. 어린 심사위원은 싱글거리며 이 분위기를 만끽하고 있는 듯했다. 한참 만에 1등이 결정되었다. 철부지 심사위원은 제

아빠의 초상화를 가장 먼저 손짓했다. 자연히 맏이가 1등을 거머쥐었다. 나는 3등이었다. 둘째가 그린 것이다. 어떤 변명도 소용이 없었다. 상금은 5등한테도 지급되었는데 다 같은 금액이었다. 맏이는 어디서 이런 재미있는 놀이를 습득했을까.

  맏이가 SNS에 그림을 공개하여 네티즌의 평가를 요청했다. 둘째가 그린 내 초상이 압도적인 지지를 받았다. 실물과 똑같다는 찬사가 이어졌다. 내가 그린 아내의 얼굴은 단 한 표를 얻는 데 그쳤다. 무언가 반성해야 될 것 같은 완전한 패배였다.

  한밤의 사생대회가 새해의 여명을 열고 있었다. 상서로운 기운은 온 가족이 모여 함께 웃고 흥겨워하는 이곳 거실에서 솟아나고 있었다. 역시 사람 속에서였다.

인연과 편견

농업인대학 수강안내서를 받아보니 내 이름이 29번으로 올라 있었다. 나는 한동안 '29'에 붙박인 시선을 떼지 못했다. 나는 9라는 숫자에 인연이 깊은데 그중에서도 29가 더욱 그렇다.

29년생 어머니가 9월 29일생 아들에게 29번지 땅을 되찾아달라고 하셨다. 29번지는 아버지가 할아버지께 물려받았었는데 적산토지라 하여 50여 년 만에 나라에 회수당한 땅이다. 고향을 떠나 오신 할아버지가 적산토지인 줄 모르고 이사 들어간 마을 토박이한테 사기를 당하신 것이다. 그 시절에는 대개 계약서를 주고받는 것으로만 매매가 이루어졌다고 한다. 국유재산법은 시효취득조차 인정하지 않으니 50년 세월도 헛것이었다. 자그마치 800평이었다.

9월생이신 선친은 공교롭게 함자의 끝 자가 '아홉 구(九)'였다. 집안의 구(九) 자 항렬은 물어볼 것도 없이 다 아재뻘이다. 나는 9세에 초등학교에 입학하였고 늦게야 입대하여 29세에 예비역으로 전역했다. 29년의 공직생활을 끝으로 59세에 퇴직했는데 9년 만에 꼭 한 번 승진했었다. 9일에 큰 수술을 받았고 지금까지 아홉 차례 이사를 했다.

나는 기이하게도 성경 이사야 29장 9절 이하의 말씀을 배우고서야 성경이 비밀로 감추어져 있다는 사실을 알게 되었다. 그 깨달음은 내 인생의 전환점이 되었다. 내 차 번호는 29로 시작하고 우리 집 전화번호는 9029번이다. ○○-5번지 토지를 장만하여 농장을 지으려고 그 토지를 분할하고 보니 ○○-9번지가 되었다. 우리 집 대지는 1218번지였는데 도로명 주소로 바뀌면서 29-3번이 되었다. '1:29:300'은 유명한 하인리히 법칙이다. 노동재해 분석결과 중상자 1명이 생기면 그 전에 같은 원인으로 29명의 경상자가 발생했으며 300명이 사고가 날 뻔했었다는 것이다.

동양에서 9는 행운의 수이며 장수를 뜻하는데, 구사일생, 구우일모, 구곡간장, 구중궁궐, 구룡폭포, 구미호, 구만리 장천 등 높고 깊고 많고 길다는 의미로 자주 쓰인다. 바둑의 최고경지를 '입신(入神)'이라 하는데 다름 아닌 9단을 가리키는 말이다. 태권도, 검도, 유도, 합기도 등 각종 무술의 최고 단위도 9단인데 아마 바둑의 영향을 받은 듯하다. 야구는 하필 9회까지일까. 공무원의 직급은 왜 9급부터 시작될까?

구구구 운다고 '구(鳩 비둘기)'인가? 오행에서 생수 2는 화(火)이고 성수 9는 금(金)이다. 2와 7을 더하면 9인데 2와 7은 둘 다 화(火)이다. 불과 불에서 금(물질로는 쇠와 바위)이 탄생했음을 알 수 있다. 구중구포의 원리가 그 안에 있다. 소금을 대나무 통에 쟁여 아홉 번 구우면 죽염이 되고 지황은 구중구포하여 숙지황이 되어야 쓸모가 있다. 29는 불로 쇠를 녹이고 연단하여 쓸모 있는 물건으로 창조하는 과정이다. 불을 만나지 못한 쇠는 무용지물이다. 불을 만난 쇠는 1,535도의 연단을 통하여 이제까지의 자신을 버리고 마침내 새로운 피조물로 태어난다. 이긴다는 것은 대상을 무찌르는 것이 아니라 자신을 견뎌낸다는 의미로 더 소중하다.

나는 창조주로부터 새 생명을 부여받았으나 감사의 마음과 결연한 각오는 일장춘몽처럼 사라지고 걸핏하면 돌아가고 싶지 않은 예전의 내 모습이 되어가고 있다. 내 안의 악을 뿌리 뽑지 못한 탓이다. 사도 바울은 선과 악 두 마음이 싸우는 자신이 날마다 죽는다고 했다. 끊임없이 일어나는 악한 생각을 선한 진리로 없앤다는 뜻이다. 나 또한 다시금 악한 마음을 불태우고 더러움을 씻어 온전한 새 사람을 입어야 하리라.

수리학에서 29는 성공을 부르는 길수(吉數)이다. "사랑, 희락, 화평, 오래 참음, 자비, 양선, 충성, 온유, 절제"는 성령의 아홉 가지 열매이다. 9는 완성에 이르는 가장 큰 수라서 극수(極數)라고 한다. 바둑 9단이 '입신'이면 성령의 아홉 가지 열매를 맺어 극수 9에 도달한 사람의 다른 이름은 무엇일까? 진정 우화등선(羽化登仙)한 사람이리라.

맞은편에서 달려오던 승용차가 신호도 없이 갑자기 내 앞길로 꺾으며 좌회전을 한다. "저, 저, ××인간!" 부지중에 내 입에서 험한 말이 튀어나온다. 놀란 가슴을 쓸어내리며 그 차 꽁무니를 보니 차량번호가 '○○29'이다. 나는 별안간 너그러워지며 그 차의 몰상식을 용서하기로 한다.

세상에나, 묵은 서류를 정리하다가 깜짝 놀란다. 합격통지서에 적힌 일련번호가 29이다.

도둑을 잡지 않았다

그 집에는 사립문이 없었다. 고샅길 오가며 길쭉한 작대기가 가로 걸쳐져 있으면 '닫힌 문'이었다. 나는 열다섯 소년에 그 집 앞마당의 단감나무에 찾아든 가을을 야수었다. 추석이 가까워지자 주황으로 익어가는 단감들이 내 안의 도심을 흔들었다. 나는 작대기를 울타리에 비껴 세워놓고 도둑고양이가 되어 감나무에 올랐다. 굵고 때깔 좋은 것으로 골라 따서 아래위 호주머니에 욱여넣었다. 욕심을 채우려다가 감 하나를 떨어뜨리고 말았다. 그때 느닷없는 인기척을 앞세우며 집주인이 성큼 들어오고 있었다. 그는 나보다 일곱 살 많은 형이었다. 그는 감나무 아래까지 다가와 두리번거리더니 내가 떨어뜨린 단감을 주워들었다. 나는 숨도 쉬지 못하고 나무 위에 얼어붙었다.

"누가 감을 따러 왔었나?"

이제 들키는 건 시간문제일 뿐이었다. 그러나 그는 집 모퉁이와 울타리만 빙 둘러보곤 감나무 아래에서 고개를 숙인 채 골똘하더니 총총히 나가버렸다. 나는 한참 동정을 살피다가 감나무를 탈출하였다. 고개 한번 쳐들었으면 끝장이었을 텐데 그 형의 어수룩함이 나를 살렸다.

집 앞 감나무밭에 도둑이 들었다며 아내가 설레발을 쳤다. 샤워를 하다가 반바지만 걸치고 랜턴으로 캄캄한 감나무밭을 휘저었다. 시커먼 물체가 탱자나무 울타리의 틈바구니를 빠져나가 골목으로 줄행랑을 치고 있었다. 나는 푸르스름한 랜턴 불빛으로 도둑의 발길을 어지럽히며 뒤를 쫓았다. 도둑은 골목을 휘돌더니 거짓말처럼 사라졌다. 골목 모퉁이의 헛간이 수상쩍어 불을 비춰보았으나 안쪽 어중에 드럼통 하나가 덩그러니 놓여 있을 뿐 도둑의 그림자는 보이지 않았다. 발길을 돌리다가 그저 한 소리 던져보았다.

"거기 드럼통 뒤에 숨은 줄 다 안다."

바보 도둑이 순순히 정체를 드러냈다. 열일곱 살 도둑은 용서받았고 훔친 단감도 받아갔다. 나는 기지를 발휘하여 도둑을 잡았고 단감도 안겨서 보냈지만 옛 시절의 그 형은 투미하여 나를 찾아내지 못했던 거다. 그러나 세월이 흐른 뒤에야 나는 그가 나를 가만히 용서하고 오른손이 한 일을 왼손이 영영 모르도록 했다는 사실을 깨달았다.

내 소년 시절 속에는 '말 못하는 할머니'가 있었다. 지금에야 돌이켜 보니 '벙어리 할머니'나 '농아 할머니'와 비교할 수 없을 만큼 정겨운 말인 듯하다. 또래 아이들이 할머니네 밭두렁이나 말림갓에서 꼴을 베거나 소를 먹이다가 들키는 날엔 자신의 느린 걸음을 원망해야 했다. 낫과 망태기를 빼앗기고 알 수 없는 괴성에 혼쭐이 났지만 나만은 예외였다. 서슬이 퍼래서 쫓아왔다가도 나를 알아보는 순간 할머니의 얼굴에는 어머니와도 같은 인자함이 넘쳤다. 꼴을 더 베어 망태기를 가득 채우게 하고 해가 떨어질 때까지 소를 뜯기도록 해주었다. 도무지 알 수 없는 노릇이었다. 어머니가 할머니의 내력을 들려주셨다. 어느 해 오뉴월 들녘에서 한나절 김을 매고 점심 먹으러 가는 길에 할머니와 동행하게 되었고 꽁보리 찬밥 한 덩이 대접한 게 전부라고 하셨다. 할머니는 결코 누구에게 밥을 얻어먹어야 할 형세가 아닌데 그날은 어찌 된 영문인지 모르겠다고 하셨다. 그 일이 있고 나서 할머니는 종종 우리 집을 들러 열무 다발이며 배추포기를 툭 던져놓기도 하시고 호박이나 옥수수를 따서 건네주기도 하셨다고 한다. 할머니 댁에 제사가 있는 날엔 어김없이 떡과 여러 가지 음식을 싸다 주셨다. 나는 그렇게 '말 못하는 할머니'의 특별한 사랑을 받으며 성장하였다.

  농촌의 방학은 연일 일 가운데로 내 옷자락을 끌어당겼다. 여름방학에는 뙤약볕 농사일로 땀에 젖은 무명등거리가 해어지고 퇴비를 장만하고 푸나무를 하느라고 손가락에 생채기가 가실 날이 없었다. 겨울방학은 내내 땔감 마련에 날이 저물었다. 다들 산으로 몰려드니 솔가리는 구경하기 힘들고 검부나무로라도 지게를 채우면 족한 형편이었다. 산에 나무를 하러 갈 때면 나는 오 부잣집 머슴살이 U를 동무 삼았다. 나와 또래인 U는 상머슴답게 나무하는 솜씨가 뛰어났고 어디로 가야 무난히 한 짐을 해 올 수 있는지 산판을 꿰고 있었다. 나는 푸나무가 무성한 자리를 늘 U에게 양보하였다. 근동의 집집이 땔나무를 하려고 피가 나도록 산판을 헤집어대는 판국이라 해가 기울도록 한 짐을 채우지 못하는 때가 잦아졌다. 그런 날이면 나는 U의 지게를 채워주느라고 쪼그랑이 나뭇짐을 부모님에게 번번이 야단맞았다. 나는 한 번 꾸중 들으면 그만이었지만 U는 남의 집 머슴이었다. U와 함께했던 시절은 내 추억 속에 남아 가끔 뜻 모를 자랑으로 다가왔다. 그것은 차가운 보리밥 한 술이나마 대접받고 보은을 한 '말 못하는 할머니'의 30년보다 순전히 베풀기만 한 나의 3년이 더 나은 거라는 야릇한 자만이었다. 그러나 세월이 흐른 뒤에야 내게는 할머니와 같은 충심이 없었다는 걸 깨달았다.

  맑은 물소리는 산이 깊은 연고이다.

미생마 이야기

관우의 적토마나 항우의 오추마, 성 베르나르 협곡을 넘는 나폴레옹의 백마 이야기가 아닙니다. 미생마(未生馬) 이야기입니다. 미생마는 361로의 바둑판 위에서 온갖 술수와 지혜를 짜내 온전한 삶을 구합니다. 때로는 배수진을 치고 건곤일척(乾坤一擲)의 몸부림을 칩니다. 미생마는 죽은 말은 아니지만 살았다고도 할 수 없는 이상한 말입니다. 고립무원의 사면초가를 벗어나는 기수의 인내와 슬기와 능력이 절실합니다. 그러나 상대가 사마중달이라면 바람을 불러 쓰는 공명의 재주로도 힘겹습니다. 구사일생하여 구차하게 살게 되면 '생불여사(生不如死)'라고 눈총을 받기도 하지만 우선 살고 볼 일입니다. 국운이 누란지위일 때에는 짐짓 옥쇄(玉碎)하여 나라를 구하면 아름다운 이름이 후세에 전해지니 '필사즉생'의 도입니다.

사이버 바둑을 그만둔 지 꼭 10년 만에 접속을 했습니다. 저는 그때 아마 2단이었는데 여전히 2단을 인정해주고 있더군요. 강산이 바뀐다는 세월이 흘렀으니 제 바둑 실력은 녹이 많이도 슬어 있었습니다. 불과 열흘 만에 1단으로 추락하더니 급기야 1급으로 주저앉게 되었습니다. 그래도 노장의 투혼을 불러일으켜 겨우 2단을 회복하였습니다. 한 판의 바둑을 두고 나서 상대방의 사석을 지정하고 동의 요청을 하면 다들 동의해줍니다. 그러면 승패가 결정되고 전적이 관리되지요. 간혹 패배가 확실한 상대가 동의를 해주지 않을 때도 있습니다. 몇 번을 요청해도 퇴짜를 놓고 배를 째라 하며 버팁니다. 퇴장을 해도 5분 안에

재입장하면 실격이 되지 않는 시스템의 허점을 악용하여 상대를 골탕 먹이는 족속도 더러 있습니다. 마음이 허허로워 다시 시작한 바둑이었는데 혹 떼려다 혹을 더 붙인 꼴이 되었습니다. 이리 가나 저리 가나 염치가 문제입니다.

  인생은 완생(完生)을 꿈꾸는 미생마가 아닙니다. 때가 이르면 반드시 사석(死石)이 되고 마는 미생마이니 모닥불로 날아드는 부나비와 같습니다. 바둑판의 미생마는 종종 두 집을 얻고 살아나지만 인생은 고해의 바다에서 안간힘을 써보아도 마침내 익사하고 맙니다. 바둑판과 같은 세상에서 모든 인생은 어제도 오늘도 미생마이다가 필시 죽음에 이르는 말입니다. 바둑판의 미생마는 살기 위하여 사력을 다하지만 인생들은 누구도 감히 완생을 그리지 못합니다. 정녕 반상의 백마와 흑마에게만 완전한 생이 있는 것일까요? 말도 못하고 한 발짝도 뗄 수 없는 나무 한 그루보다 오래 살지 못하면서 만물의 영장이라 자랑하는 인생들의 입술이 짠해 보입니다. 다 서글픈 허언(虛言)입니다. 반상의 미생마가 두 집을 내고 당당하게 살듯 혹 인생도 그의 속에 두 집을 얻으면 온전히 살 수 있는 것이 아닐까요? 진시황은 그런 묘수가 있다는 전설을 알아냈는지도 모릅니다.

  그래요, 오늘도 월궁에서는 토끼가 불로초를 찧고 있다지요?

탈출

모건 프리먼이 자동차 사고로 크게 다쳤다. 영화 '쇼생크 탈출'에서 장기수 '레드' 역을 맡았던 흑인 배우이다. 나는 빛바랜 수첩을 뒤져 메모 한 줄을 찾아낸다.

"1966년, 앤디 듀프레인은 쇼생크 교도소를 탈출했다."

살인 누명을 뒤집어쓴 앤디는 악명 높은 쇼생크에서 19년을 보내는 동안 청춘과 꿈을 빼앗겼다. 그는 남은 행복을 누릴 자유를 찾아 끈기 있게 벽을 뚫었다. 드디어 400m가 넘는 더러운 하수구를 기어서 강으로 빠져나왔다. 앤디의 친구 레드는 40년 만에 버스를 탔다.

에드몽 단테스는 샤또디프 형무소의 13년 지옥을 견디며 파리아 신부를 물려받아 몬테크리스토백작으로 부활했다. 소년 시절, 나는 '암굴왕(暗窟王)'에 빠져 방학숙제를 잊었다. '탈출(脫出)'은 나를 신비와 모험의 세계로 손짓했다. 그곳에는 억눌린 정의와 오래 참음이 있고 끝없는 연민과 함께 통쾌한 반전이 마련되어 있었다.

젊은이들이 도시로 탈출했다. 희망이 보이지 않는 고향이 그들에겐 감옥이다. 굽은 나무 몇몇이 선영(先塋)을 지키고 있을 뿐이었다. 그곳에 이국의 처녀들이 찾아와 희망을 되살리고 있다. 오랜만에 아기들의 힘찬 울음소리를 들은 조상님들이 '좌청룡 우백호'의 산중 패철을 내던지고 마을 가까이 내려왔다.

나도 일상의 작은 감옥에서 탈출을 시도해본다. 반복되는 나날과 자꾸 얇아지는 주머니 사정과 시큰둥한 소식들이 눅눅한 시간들을 붙잡는다. 흘러가지 않는 시간은 모진 고문이다. 나는 '탈출'과 '일탈'의 혼돈을 애써 덮어버린다. 탈출이건 일탈이건 예비된 피란처가 있다는 사실만으로도 행복할진대.

세상에는 거짓과 속임과 음모의 잡초들이 불신으로 넌출지고 사람들은 도시 찌푸려진 눈살과 허리를 펴지 못한다. 의(義)와 진리는 숨을 죽였다. 인생행로 지형천리(枳荊千里)를 부처님은 고해(苦海)의 바다라 하셨다. 성경은 세상이 마귀의 소유라고 기록하고 있다. 사위에서 들려오는 아우성은 사람을 표절한 짐승들의 으르렁거림이다. 세상은 좌우에서 개 짖는 소리 어지러운 '옥(獄)'이다. 에드몽 단테스에게 화려한 변신을 안겨준 보물섬 몬테크리스토, 앤디 듀프레인이 한가로이 배를 손보며 친구 레드를 맞이하던 멕시코만의 잔잔한 바다는 없다. 새삼 '믿음(信)'을 생각한다. '사람(人)이 믿을 만한 말(言)'은 어디에 있는가.

탈옥에 또 실패한 사내는 칠흑의 독방에서 빛으로 오신 하나님의 음성을 들었다.

"가련한 아들아, 너의 죄를 아직도 깨닫지 못하고 있구나. 너는 그토록 소중한 네 젊음을 방탕하고 헛되이 흘려보냈다. 사랑과 용서를 위해 마련된 시간들을 분노와 미움으로 가득 채웠다."

그는 파도가 허연 이빨을 드러내며 아우성치는 바다에 몸을 던져 자유를 찾았다. 그때 서슬 퍼런 복수의 칼도 바다에 던져버렸으리라. 앙리 샤리에의 실화를 각색한 '빠삐용'이다.

온 세상이 옥이니 내가 탈출할 곳은 없다. 나는 사람의 말을 제대로 들어보지 못한 짐승이었다. 사람으로 거듭나야 한다. 신령한 마늘과 쑥을 먹으며 인내한 곰이 웅녀가 되었다. 승리의 조건은 '오래 참음'이고 그 무기는 오직 사랑이다.

이즈음 내가 찾아 나선 '탈출'이다.

모내기 1974

이앙기가 6월의 들녘을 누비고 있었다. 한꺼번에 여덟 포기를 심어 나가는 저력이 신통하여 가던 길을 멈추었다. 네 마지기 논에 들어가는가 싶더니 한 20분 만에 모내기를 끝낸다. 손 모내기 같았으면 열 사람이 진흙탕 물에서 진종일 해야 될 일을 논바닥에 발도 딛지 않으니 나의 모내기 옛일이 거짓말인 듯 아득하다. 청년 시절의 한때를 머뭇거리던 나는 모내기 판에 섞여들게 되었다.

모내기의 하루는 아침 8시의 모찌기에서 열린다. 한 줌 쪄낸 모는 움켜쥔 채 물에 찰박거리는 리듬에 맞춰 다른 손으로 뿌리에 붙은 진흙을 훑어내며 깨끗하게 씻는다. 흙이 붙어있으면 무거워서 본답에 운반하기도 힘들거니와 모가 잘 심어지지 않는다. 모가 너무 자랐거나 다문다문한 모판은 모를 쪄내기가 사납다. 짚토매(짚다발)로 모춤을 결속한다. 논이 열다섯 마지기(3천 평)이면 물못자리가 200평은 되어야 하고 거기에 볍씨 40~50kg이 뿌려진다. 볍씨 1천 개의 무게는 25g 안팎이니 1kg은 약 4만 개이다. 못자리 한 평에 대략 1만 주가 자라는 셈이다. 5주를 한 포기로 심는다면 못자리 한 평으로 2천 포기를 심을 수 있다는 계산이다. 본답 한 평에 100포기 정도 심을 양이면 못자리 한 평으로 본답 20평을 처리할 수 있다. 요즘엔 전혀 쓸모없는 암산이긴 하다.

모춤을 결속할 짚토매는 볏짚을 잘 추려 이삭이 달렸던 윗부분은 잘라내고 한 줌씩 묶은 다발이다. 쪄낸 모춤을 묶을 때는 짚토매에서 지

푸라기 서너 낱을 빼내서 한쪽 끄트머리를 모춤을 쥔 손의 엄지로 누른 다음 한 바퀴 힘 있게 두르되, 누르고 있던 엄지 위를 지나도록 하여 그 틈새에 끼워 넣고는 손가락을 빼낸다. 모춤을 엉성하게 묶으면 모춤을 옮기거나 본답에 던져 벌릴 때 풀어져 성을 가신다. 간혹 장난을 치는 모꾼이 있다. 가운데 모는 찌지 않은 채 주위의 모를 쪄서 그대로 묶어놓는 것이다. 선일꾼이 무심코 모춤을 건져 올리려다가 자칫 앞으로 고꾸라져 모판에 처박히는 수가 있다. 처자들의 총각 선일꾼 놀려먹기인데 모를 건져내는 총각과 그 앞에서 모를 찌는 처자 사이의 미묘한 공기를 간파한 모꾼들이 그런 장난을 쳐 당황한 거동을 보려는 심술이기도 하다. 모꾼이 쪄내는 모춤은 선일꾼들이 논두렁으로 건져 올려 눕혀놓아 물기를 뺀다. 본답이 못자리에서 멀수록 제대로 물기가 빠져야 한다. 선일꾼들은 바지게를 논두렁에 받쳐놓고 모춤을 싣는다. 한 바지게에 40~50춤을 져 나른다. 모내기할 본답은 한 이틀 전에 써레질을 하여 흙탕을 가라앉혀둔다. 그래야 모가 알맞은 깊이로 심어진다. 진흙에 발이 빠질 정도의 논이 모내기에 가장 좋다. 정강이까지 빠져드는 수렁논은 세월아 네월아 날 잡아 잡숴라 한다. 수렁이 깊은 곳에 빠지면 마냥 빨려들어 큰 곤욕을 치른다. 수렁에는 전주가 미리 표를 해두어 접근을 막는다. 소가 빠지면 그런 낭패가 없다. 주위의 개흙을 파내며 장정 대여섯이 힘을 써야 겨우 끌어낼 수 있다.

  노련한 선일꾼은 어느 논배미에 모춤을 얼마나 벌려야 하는지 간파한다. 전주의 취향과 논의 상태로 판단하는 것이다. 옥답이나 수렁논에는 썩도 적게 잡아 드문드문 심고, 다랑논이나 천둥지기, 자갈논에는 썩도 많이 잡고 배직하게 심지만 욕심을 내어 배게 심는 걸 선호하는 농가도 있다. '썩'이란 한 번에 심을 주수(株數)를 이르는 여수 말이다. 5주를 한 포기로 하면 썩을 5개 잡았다고 한다. 썩을 5개 잡아서 심으면 나중에 분얼을 하므로 추수 때에는 한 포기에 이삭이 20개쯤 영근다. 자갈이 섞인 논, 써레질이 제대로 되지 않은 논처럼 심을 자리가 좋지 못하면 못뎟이 나기 쉽다. 모를 꽂는 손의 검지나 중지가 겹질리거나 자갈 따위에 부딪힌 타박상으로 손끝에 얼이 든 상태가 못뎟이다. 한 번 못뎟이 나면 쉽게 낫지 않아 품을 다 갚을 때까지 여간 성가신 게 아니다.

 명색이 모잡이라면 똑딱하는 순간에 한 포기는 꽂아야 한다. 더러 손이 보이지 않을 정도로 빠르게 심는 모꾼의 솜씨를 보고 있노라면 넋이 빠질 지경이다. 나는 어린 시절부터 모를 심어 버릇하였다. 청년에는, 허리가 불편한 어머니 대신 대놓고 모품을 들러 다닌 적이 있었다. 처음에는 꺼려 하며 의심의 눈초리를 보내던 모잡이들이 내 실력을 보더니, 이참에 어머니는 아예 다른 일 하시라 하고 연년이 모잡이로 오란다. 아주머니들은 서로 자기 옆에서 모를 심으라며 잡아끌기도 했다. 당시 내 모내기 솜씨는 꾼의 경지였다. 논배미에 모꾼 몇을 들일지는 일의 형편에 달렸지만 옆걸음을 치지 않고 모를 심어야 능률도 오르고 수월하다. 모꾼 한 사람이 좌우로 못 고동 댓 개를 맡으면 알맞다. 그날 운세는 내 양옆에 누가 있느냐에 달렸다. 초짜를 만나면 하루가 괴롭다. 초짜는 허리 한 번 펼 틈이 없이 애를 써도 매양 식은밥(찬밥)을 먹는다. 남들은 자기 몫을 다 심고 허리를 펴고 서 있는데 아직 다 심지 못하고 헤매는 판국을 가리켜 식은밥 먹는다고 한다. 줄잡이가 나서야 한다. 일은 공평해야겠지만 숙련도에 따라 손을 골라주어야 못줄을 빨리 넘길 수 있다. 왼쪽으로 두 고동을 당기라거나 가운데 순천 댁 쪽으로 서로 반 발짝씩 모으라거나 하여 전체적으로 거의 동시에 한 줄의 모가 심어지도록 하는 것을 손 고른다고 한다. 손이 잘 골라져야 능률이 오른다. 잘하는 사람이 몇 포기 더 심고 서툰 사람이 몇 포기 덜 심는 것이 더불어 사는 지혜이다.

오후가 되면 피로가 쌓이고 지루하다. 술과 노래로 고단함을 달랜다. 뽕짝 가수 이미자, 나훈아, 남진이 인기 절정을 누리던 시절이었다. 흘러간 옛 노래와 함께 자연히 그들의 노래가 대세를 이루었다. 홍도야 울지 마라, 비 내리는 고모령, 동백아가씨, 섬마을 선생님, 울려고 내가 왔나, 사랑은 눈물의 씨앗, 님과 함께…. 와중에도 육자배기의 감칠맛은 늘 한 자리를 차지하고 있었다. 육자배기는 모내기의 리듬에 화합하는 노래였다.

니 보고 날 봐라 나가 니 따라 살겠냐/연분이 그런고로 나가 니 따라 살지
에이야 데이야 나헤 헤에야/에에야 디여로 산하이로구나

저 건너 철도 가에 똥 싸는 영감아/기차가 오는 통에 번개똥을 쌌네
에이야 데이야 나헤 헤에야/에에야 디여로 산하이로구나

떴네 떠어 무엇이 떴냐/시아버지 요강단지에 똥덩어리가 떴네
에이야 데이야 나헤 헤에야/에에야 디여로 산하이로구나

곡조가 쉬운 데다 어지간하면 즉흥적으로 노랫말을 붙여 부를 수 있는 게 육자배기의 매력이다.

시중꾼은 모내기 판의 연출자이다. 모춤 셍기기는 기본이고 막걸리와 소주, 안주를 챙겨 모꾼들에게 차례로 술을 돌리고 노래를 시킨다. 한사코 거부한 벌칙은 벌주 한 잔이다. 그도 싫다면 흙탕물이 질질 흐

르는 모춤을 잔등에 용인할 수밖에 없다. 그런다고 함부로 그 짓을 해서는 안 된다. 사람 보아가면서 해야지, 앞뒤 가리지 않고 시도했다간 무안한 꼴을 당하기 십상이다. 육두문자가 터져 나오는 경우도 있다. 되지 못한 놈이라는 호통이라도 들으면 며칠은 밥맛이 없다. 자칫 얼굴에 개흙더미 습격을 받아 일 나는 수도 있다. 시중꾼은 공공의 적인지라, 한눈을 팔고 있을 때 모꾼이 몰래 다가와 그대로 밀어버리면 나동그라져 진흙투성이가 되고 만다. 그래도 대중의 심중을 외면할 수는 없다. 흥에 겹다보면 덩실덩실 춤을 추는 아낙들도 있다.

"노래는 역시 아무개 노래지. 카수로 나갈 걸 잘못 풀렸어. 이왕지사, 독한 소주로 한잔 허소!"

줄잡이가 게으름을 피우면 모잡이들이 재우친다.

"줄쟁이가 줄 안 넹기고 뭐 허고 있당가. 쌔개 넹기소, 해 떨어지게 생겼네!"

모내기의 성패는 앞 두렁의 줄잡이에게 달려있다. 안쪽 줄잡이는 앞 두렁 줄잡이의 선창과 넘기는 못줄의 간격에 맞춰 화답을 하며 줄을 넘겨야 한다. '자~' 하고 신호를 보내며 줄을 들어 올리면 '모~' 하고 화답하며 따라서 줄을 들어 넘기는 것이다. 거의 동시에 줄을 넘겨 지게 작대기를 꽂지만 꽂은 작대기를 옆으로 밀거나 당겨 앞 두렁 줄잡이와 줄 간격을 맞춰나간다. 논배미가 구불구불하면 안쪽 줄잡이의 경험과 노련미가 소용된다. 논의 폭이 바뀜에 따라 못줄을 감았다 풀었다 하는 건 기본이고 이제는 앞 두렁 줄잡이의 간격에 구애받지 않고 논두렁의 흐름에 따라 유연하게 줄 간격을 조정해야 못줄이 엇가새가 지지 않는다. '엇가새'란 못줄이 논 앞 두렁과 직각을 이루지 않고 엇나가는 것을 말한다. 엇가새는 가위의 옛말 '가새'가 어원이지 싶다. 그렇게 모를 심으면 모꾼들의 허리가 뒤틀려 작업이 힘들어진다. 벼가 자라면서 통풍도 잘되지 않을뿐더러 벼를 벨 때도 역시 허리가 뒤틀리게 된다. 논이 넓으면 못줄이 길어 양쪽에서 아무리 팽팽하게 당긴다 해도 물먹은 못줄인지라 가운데가 처져 들어 넘기기도 힘들고 가운데 부근은 폭이 좁아지게 되므로 한가운데로 대반줄을 놓아 대반잡이를 붙인다. 대반에도 못고동이 표시되어 있으므로 이때에는 대반줄잡이가 가장 먼저 줄을 넘긴다. 못줄의 높이는 수면에서 반 뼘이 알맞다. 해를 가늠하여 못줄을 서두르다 보면 모잡이들이 지쳐버린다. 여기저기서 신음이 터진다. 때에, 줄잡이는 다음 줄에서 허릿심을 한다고 예고를 하고 줄넘기기를 멈추면 모잡이들은 일제히 허리를 펴고 일어선다. 그렇게 숨 한번 돌려도 약발이 있다. 손 모내기는 휴머니즘이자 과학이다.

멸구 푸던 시절

　내가 초등학생이었던 60년대 초에는 벼멸구나 흰등멸구를 잡는 마땅한 농약이 없었던가 보다. 새끼치기를 하며 왕성하게 자라는 볏대에 붙어 양분을 빨아대는 허연 멸구 떼에 아버지는 발을 굴렀다. 벼멸구는 장마철에 중국에서 날아와 놀라운 속도로 불어나는 비래해충이다. 쌀독까지 따라온다는 증한 멸구가 들끓는 해에는 멸치가 풍년이라는 말이 있었다. 중국에서 날아오는 멸구 떼가 바다에 많이 떨어져 멸치의 먹이가 되기 때문이라고 했다. 그래서 멸치를 멸이라 부른다는 이야기도 돌아다녔다.

　멸구를 잡으려면 석유가 소용되었다. 석유를 대짜 소주병으로 한 가득 사려면 쌀 한 되를 내야 했다. 초등학교 5~6학년 때였을 것이다. 작은 구멍이 난 대나무 우듬지 쪽을 반 뼘 길이로 잘라 절반을 헝겊으로 친친 감아 병 아가리에 우겨 박는다. 큼지막한 기름주개를 만드는 셈이다. 멸구를 풀 논에는 안날에 물을 넉넉하게 실어두었다.

　아버지가 한두 걸음마다 석유를 조금씩 물에 떨어뜨리는 작업을 한다. 석유가 논배미에 퍼지기 시작하면 그때부턴 어머니와 내가 나선다. 준비해온 주발뚜껑으로 멸구가 붙어 있는 볏대 밑동에 골고루 묻도록 물을 끼얹는다. '퍼찌끄린다'는 여수 말이 제격이다. 어머니와 어깨를 나란히 하여 주발뚜껑으로 멸구를 푼다. 이윽고 아버지도 합세한다. 세 식구가 진종일 멸구를 퍼도 서 마지기를 마치기 어렵다. 메뚜기들은 후드득 앞서 도망가고 발에 밟힌 미꾸라지와 붕어가 교묘하게 빠져나간다. 개구리들도 데룩데룩 눈을 굴리다가 내빼기에 여념이 없다. 반쯤 엎드린 자세로 벼 포기를 이리저리 재껴가며 물을 끼얹다 보면 허리는 아파 오고 거친 벼줄기에 팔이 쓸리고 빳빳한 잎 끝에 얼굴과 목 언저리를 찔리기 일쑤이다. 얼마간 시간이 지나면서는 쓸린 피부가 쓰라리고 따가운데다 온몸이 후텁지근한 장마와 석유 냄새에 젖어 진력이 난다. 지금 생각해보면 초등학생이 할 짓이 아니련만 작은 손 하나가 아쉬운 농촌 형편이었다. 기름 섞인 물을 얻어맞은 멸구들은 바둥대다가 기름 물에 떨어져 숨을 거둔다. 뒤를 돌아보면 물에 뜬 멸구 떼 천지이다. 그렇게 멸구를 푸면 한 주일은 발을 뻗을 수 있었다.

쌀 한 되로 삼양라면 두 봉을 사던 반세기 전의 이야긴데 요즘도 엇비슷한 물가인 듯하다. 오뉴월의 들녘은 농부의 고단한 나날을 짊어진 채 먹을거리 가난한 보릿고개의 가풀막을 오르고 있었다. 그 아침에 나는 체와 바가지를 챙겨 어머니가 된장국에 넣을 새우를 뜨러 안골 개울로 달려가곤 하였다. 물꼬에 한가롭던 뱀장어나 참게가 흙탕물을 일으키며 돌 틈으로 몸을 감추는 일은 예사였다. 민물새우는 한 움큼이면 족했다.

갑자기 농약이 쏟아져 나왔다. 농약은 멸구를 섬멸하고 시새(이화명충)를 잡았지만 개구리와 붕어가 떼죽음을 당했다. 메뚜기들도 참화를 피해 가지 못했다. 농약을 치고 나면 논바닥은 허옇게 배를 뒤집고 죽은 붕어와 개구리로 뒤덮여버렸다. 무자치와 유혈목이의 주검도 종종 눈에 띄었다. 빈대 잡으려다 초가삼간이 다 타버린 꼴이다. 이틀쯤 지나면 악취가 속을 뒤집는 논바닥이 역하고 무서워 들어갈 엄두를 낼 수 없었다. 석유로 멸구를 푸는 고생을 면한 대가라고 하기엔 너무나 참혹했다. 개울의 새우도 사라지고 냇둑에서 일광욕을 즐기던 가물치

가족들도 자취를 감추었다. 고즈넉한 들녘을 지나 개울가에 다다르면 수도 없는 개구리들이 화들짝 놀라 천방지축 뛰어오르던 광경은 동화가 되고 말았다.

  황금들판과 함께 누렇게 익어가는 메뚜기 떼를 쫓아 빈 병에 잡아넣어 오면 어머니는 메뚜기와 방아깨비를 가마솥에 노릇노릇 볶아주셨다. 벼는 볕이 잘 드는 앞두렁 쪽부터 익어간다. 황숙기에 갓 접어든 벼를 네댓 뭇 베어 와 마당에 펴놓은 멍석에 부린다. 그네에 네 발을 끼워 세우고 디딜판을 매달면 바심 준비 끝이다. 그네에 벼를 훑어서 가마솥에 넣고 물을 넉넉히 부어 삶아서 멍석에 하루 이틀 널어 말린다. 절구통에 찧어서 껍질을 벗겨내 키질을 하여 왕겨를 제거한다. 그것이 올게쌀이다. 일종의 현미이니 빛깔이 누릇하다. 오려쌀이니 올벼쌀이니 심지어 찐쌀이니 하는 말은 당치 않다. 나는 '올게쌀'을 고집한다. 올게쌀은 풋바심의 결과물이지 올벼의 쌀이 아니다. 가마솥에 물을 부어 삶아내니 찐쌀일 수도 없다. 생쌀을 뜨거운 김으로 찐 것이 '찐쌀'일 터인데 국어사전은 희한하게도 설명하고 있다. 아무튼 올게심니(올벼신미)만 남았다. 올벼신미는 그해에 지은 올벼의 쌀을 처음 맛보는 풍속이라고 한다. 올벼란 조생종 벼를 이르는 말이니 이 또한 마뜩잖다. 전남지방에서는 올벼를 '올게'라 불렀다는데 나는 올게를 '올 거둔 우케'라고 생각한다. 따라서 '올게심니'를, 올 거둔 우케를 바심한 니라고 풀이하고 싶다. '니'는 '멥쌀'의 옛말이다. 그런데 국어사전은 지금껏 내가 말한 '올게심니'를 '올벼신미'라고 소개하고 있다. 한편 《한국민족문화대백과사전》은 올게심니를 벼나 수수, 조 등 햇곡식의 이삭을 한 줌씩 묶어 집안 기둥이나 처마에 매달아놓는 풍속이라 설명한다.

  올게쌀로 아침밥을 짓고 기름진 전어를 구워 양념장을 바르고 몇 가

183

지 나물을 마련하여 큰방 앞마루에 진설하여 비손하며 절을 올렸다. 온 식구가 모처럼 올게쌀밥으로 풍성한 아침을 먹었다. 이웃집에도 밥과 찬을 돌렸다. 나는 남은 올게쌀을 호주머니가 미어터지도록 넣고 나가 또래 아이들에게 자랑하며 나눠먹었다. 70년대 초까지 이어져온 우리 마을의 올게심니 풍습이다.

그네가 최상의 벼훑이였던 40년대, 10리 상거의 읍내에 족답탈곡기라는 괴물이 등장하여 하루에 여남은 마지기의 벼를 타작해낸다는 놀라운 소문이 돌았다. 아버지는 동리 사람들과 함께 도시락을 싸들고 족답탈곡기를 구경하러 갔다고 하였다. 그 일이 인연이 되었던지 마을 공동 탈곡기 말고는 우리 집에 최초로 족답탈곡기가 생겨 인기를 독점했는데, 족답탈곡기의 세도가 십년을 넘기지는 못했던 것 같다. 마을 노인들은 족답탈곡기를 '고겡기계'라고 했다. 긴 발판을 밟을 때마다 '고겡' 하는 소리가 나는 까닭이었다. 모터를 장착한 전동탈곡기가 70년대를 주름잡는가 싶더니 어느 결에 콤바인이 들녘을 호령하기 시작했다. 모내기가 사라지니 오곡밥 새참도 없어지고 낫으로 벼를 베던 광경도 옛이야기 속의 삽화가 되었다. 편리한 농기계로 인해 마을공동체는 삽시간에 와해되고 전문농사꾼들이 수백 마지기씩을 맡아 경작을 한다. 영감님들은 도통 보이지 않고 보행기에 매달린 안노인들이 힘겹게 고샅길을 더듬는 농촌 마을은 거대한 노인당이 되었다. 고소한 올게쌀 냄새를 그리는 소박한 마음조차 둘 곳이 없어 우두커니 쳐다본 하늘만이 낯익다.

우물 파기

사람들이 떠난 마을은 성한 곳이라곤 찾아볼 수 없을 정도로 뜯겨나간 폐가들이 망연자실 비틀거리고 있었다. 발길이 머문 곳에 우리 집이 있었다. 담장도 무너지고 대문이며 현관의 새시도 뜯겨나갔지만 부엌 앞의 우물은 옛 모습 그대로였다. 가만히 우물 속을 들여다보았다. 흰 구름 떠가는 하늘을 배경으로 물에 비친 내 얼굴이 아득하여 눈시울이 뜨겁다.

우리 집은 200보 떨어진 동네 우물에서 물을 길어 날랐다. 거리도 거리지만 우물은 귀신이 살 만큼 깊어서 두레박으로 물을 길어 올리려면 장정이라도 반심을 쓸 수 없었다. 일곱 길이 넘는 깊이에서 여남은 두레박은 길어야 양철동이가 차올랐다. 어머니는 꼭두새벽부터 무시로 그 무거운 물동이를 여 나르셨다.

해마다 칠석날에는 우물을 함께 쓰는 우리 뜸의 집집이 남정네들이 나와 우물을 퍼내고 도르래 줄을 타고 내려가 바닥을 소제했다. 고교 시절, 나도 그 우물 속에 들어간 적이 있었다. 금방 물을 퍼낸 우물 속은 사방에서 한기가 뿜어져 나와 삼동추위를 느끼게 했다. 그 시절엔 물이 귀하다 보니 마음 놓고 세수도 할 수 없었다. 설거지한 개숫물도 함부로 버리지 않고 가축에게 먹이기도 하고 화단이나 남새밭에 주었다.

형의 혼인날짜가 잡혔다. 이제 두 달만 지나면 형수님 될 규수가 우리 집으로 시집을 올 터였다. 볕이 좋은 초겨울 오후, 나는 우물을 파기로 작정했다. 삽을 컴퍼스 삼아 부엌 앞의 마당에 원을 그리고는 행여 마음이 변할세라 삽질을 시작했다. 해질 무렵에는 깊이 1m에 지름 2m의 구덩이가 생기고 파낸 흙더미가 한편에 수북이 쌓였다. 저녁에 돌아오신 아버지 어머니가 웬 난리냐며 놀라셨지만 내 갸륵한 거사를 받아들여주셨다. 날이 갈수록 샘이 깊어지니 흙 한 삽 퍼 올리는 데도 전력을 기울여야 했다. 작업속도는 눈에 띄게 떨어졌고 나는 포기하고 싶을 만큼 지쳐버렸다. 그때 뜻하지 않은 원군이 큰 목제 자새를 가지고 등장했다. 열아홉 살 청년은 미래 형수님의 남동생이었다. 전통기구인 자새는 몸통에 밧줄을 감아 흙을 퍼 담은 양동이를 달아 올렸다. 작업은 다시 활기를 찾았고 나와 사돈총각은 서로 임무를 바꿔가며 우물을 파내려갔다.

기가 찰 노릇이었다. 한 달에 걸쳐 무려 12m를 파내려갔지만 수신(水神)은 그림자도 보여주지 않았다. 사돈총각은 끝내 코피를 쏟고는 손을 들었다. 사돈총각 그냥 보내기가 서운하여 해묵은 수탉을 잡았으나 네 시간을 고아도 생고무처럼 질겨 그림의 떡이 되고 말았다. 부모님은 이제 그만 저 '웬수'를 메워버리자고 하셨다.

어느 날, 보송보송한 황토 바닥이 드디어 모래흙으로 바뀌기 시작했지만 물줄기가 비칠 기미는 없었다. 나는 장차 2m의 인내를 속다짐하며 지쳐가고 있었다. 일꾼은 어느덧 네 사람으로 늘어났다. 점심을 먹고 나서 우물을 들여다보았다. 컴컴한 우물 바닥에 손바닥만 한 하늘이 비치고 있었다. 하도 물이 나지 않으니까 누군가가 몰래 물을 한 바가지 부어놓은 게 틀림없었다. 그러나 다들 정색을 하며 고개를 저었다. 급히 밧줄을 타고 우물 바닥으로 내려가 보았다. 물이 난 것이었다. 자세히 살펴보니 우물 벽 여기저기서 땀방울처럼 물기가 배어나오고 있었다. 그러나 그런 걸 물줄기라고 하기엔 너무나 허탈했다.

잠결에 물소리를 들은 것 같았다. 비몽사몽을 헤매고 있을 때 연달아 "첨벙" 소리가 들려왔다. 플래시를 챙겨 우물로 다가갔다. 물이었다. 얼마나 차올랐는지 수면이 꽤 가까워 보였다. 돌멩이를 던졌더니 풍덩하는 소리가 대번에 잠을 쫓아버렸다. 첨벙거리는 소리는 아직 돌로 쌓아올리지 못한 우물 통의 흙벽이 한 꺼풀씩 무너져 내리는 소리였다. 아침결에 물 250동이를 퍼냈다. 간밤에 무려 5톤이 솟아난 셈이다. 마당에 원을 그린 지 한 달 반 만에 우물은 15m 깊이에서 내게 속을 주었다. 그 동안 마당에 쌓아올린 흙이 큰 산을 이루었다. 아마도 100톤은 되었을 것이다. 열흘 동안 돌을 주워 모아 우물 통을 쌓았다. 한 주일은 파 낸 흙을 리어카에 실어 처리하는 데에 썼다.

우물은 새 식구를 반가이 맞아주었고 나는 스스로 대견하여 가슴이 뿌듯하였다. 형이 자동펌프를 설치하고 보니 마침내 물을 '물처럼' 쓸 수 있게 되었다. 깊은 우물은 여름에는 이가 시리도록 차가워 김치냉장고가 되어주었고 엄동설한에는 김이 피어올랐다. 우리 집에 우물을 판 일이 촉매제가 되었는지 너도나도 집 안에 우물을 파려고 했다.

얼마 전에 둘러본 고향의 터전에는 마을의 흔적도 없고 우리 집 우물이 있던 자리는 어림짐작이나 갈 뿐이었다. 팔자에도 없는 억지 우물을 팠지만 순수한 마음으로 작은 사랑을 담아냈던 청년 시절을 돌아보며 내 인생의 우물 파기를 생각한다. 인생의 황금기를 공직에 실어 보냈으니 주위 사람들의 눈에는 내가 한 우물의 일가를 이룬 사람으로 보일는지 모르겠다. 그러나 나는 무슨 우물을 팠는지 기억하지 못한다. 이것이 우물이랍시고 하나쯤은 팠는지조차 알 수가 없다. 그 시절, 내가 부엌 앞에 팠던 우물은 긴 가뭄에도 눈 한 번 깜짝이지 않았는데 한 가지 일에 오래도록 매달려온 지난날을 한 우물 파기였다고 내세우자니 못내 허전하다. 그래서 나는 이순의 고개를 넘어 늦깎이 농부가 되었는가. 어느 세월에, 그 옛날 우물 바닥에서 보았던 손바닥만 한 하늘을 다시 보게 될까. 실로 바보 같은 일이다.

가시나무와 고인돌

 선사 유적공원의 고인돌 위에서 억새 한 포기가 다시 봄을 맞았다. 볼품없고 메마른 몸으로 바위 위에서 다시 싹을 내기까지의 고초가 가상하고 눈물겹다. 저 무심한 바위는 무슨 모정이 있어 날마다 바람의 자비를 구하고 비구름과 아침이슬에 비손하여 동냥젖을 먹였을까. 바위의 잔등을 파고들어 태연히 싹을 틔운 억새의 뻔뻔함이 미워져 발길을 돌린다. 글이 없어 자서전도 쓰지 못한 선사의 고인돌은 속없이 억새는 품에서 신음조차 삼키고 있는 걸까. 고인돌은 그칠 줄 모르는 억새의 투정에도 말이 없다. 숙명일지도 모르는 일인데 뭐 어떻단 말인가. 고인돌에 살아남은 억새는 스스로 장하다 했다.

 상처가 다 아물지도 않은 S 공원의 가시나무는 가시를 많이도 품었다. 지난해엔 가시가 여물기 바쁘게 사람들이 가지를 뒤흔들어 열매를 쓸어갔다. 나무가 잠시 숨을 고르는 사이 젊은 남자가 발을 굴러 이단 앞차기를 시도했다. 놀란 가시나무가 열매를 내려놓자 나무를 꾸짖던 사람들은 가시 한 알 더 차지하려고 입을 다물었다. 효험이 없어진 발길질을 거둬들인 그들은 묵직한 돌덩이를 두리번거렸다. 가시나무가 돌덩이에 유린당하는 비명이 하늘을 꿰뚫었다. 돌덩이에 몸이 찢긴 가시나무는 밤을 새워 울었다. 가을이 오기도 전에, 상처가 아물기도 전에 다시금 아픔에 몸부림쳐야 할 줄 알면서 가시나무는 왜 저토록 많은 열매를 잉태했는지 알 수가 없다. 꽁무니가 빠지도록 달아났다가 금세 되짚어온 햇병아리도 아닌 바에 바보가 따로 없다. 정말이지 속도 없다.

남편이 모진 짓을 하여 아내의 가슴에 상처를 낼 때마다 아내는 마당의 은행나무에 못을 박았다는 이야기를 어느 책에서 읽은 적이 있다. 그렇게 못을 박다 보니 은행나무에는 어느덧 많은 못이 박혔고 크게 뉘우친 남편은 아내의 행복을 위해 정성을 다했다. 개과천선한 남편을 바라보며 행복을 느낄 때마다 아내는 박아두었던 대못을 하나씩 뽑아냈다. 드디어 마지막 못 하나까지 뽑아내고 기뻐하는 아내 앞에서 남편은 못 자국을 어루만지며 눈물을 흘렸다던가.

저 고인돌은 어느 선계에서 학처럼 살다가 비바람, 눈보라 누천년 인고의 시묘살이에 검게 타버린 몸을 하고선 피 한 방울 섞이지 않은 업둥이를 키워냈을까. 가시나무 지척에 서 있는 구실잣밤나무는 피부가 찢겨나간 휑한 흉터를 둘러 울퉁불퉁한 핏줄을 만들었다. 오랜 투석에 정맥이 검붉은 포도송이처럼 뒤엉킨 후배의 팔뚝을 연상케 한다. 곧고 꿋꿋한 자태가 오히려 가련하지만 가시나무처럼 미련하지는 않았다. 이 여름, 구실잣밤나무는 한 톨의 열매도 보여주지 않았다.

여자의 정가에는 대책이 없다. 그것은 세월이 가도 지워지지 않는 흉터의 원망이기 때문이다. 진피가 소실된 흉터는 모르핀으로도 달랠 수 없는 아픔을 정가로 발산한다. 여자는 남자로 쌓인 한이 상처로 얼룩지는가. 돌에 찍혀 물관을 잃고도 침묵하는 가시나무는 한이 쌓여 단명할지도 모른다. 지난 허물을 들추어 흉을 보는 걸 가리켜 '정가'라고 한다. 국어사전은 그처럼 쉽게 말하고 있지만 정가는 안방마님들의 전매특허일 뿐 아니라, 맺힌 한이다. 정가의 십중팔구는 남자가 여자의 가슴에 못 박은 깊은 상처에서 흘러나오는 핏물이다. 남자는 그 섬뜩함에 놀라다가 돌이킬 수 없는 후회에 낙심한다. 남자는 세월의 흐름에도 바래지 않는 논죄에 전전긍긍하다가 화를 내보기도 한다. 나는 오래전에 돌아가신 외할머니를 향한 어머니의 정가를 기억하고 있다. 장롱에 간직해둔 무명베 여섯 필을 절반만 혼수로 내줬다는 정가였다. 어머니는 여든이 지나서도 그때의 섭섭한 마음을 내려놓지 못하셨다.

아내는 걸핏하면 옛일을 들추어 나를 몰아세운다. 조금이라도 더 젊었을 적에 대오각성했더라면 아내의 가슴속 상처가 웬만큼은 아물었을 터이다. 후회와 자괴감은 세월을 따라 내 마음의 상처가 되어버렸다. 아내의 정가는 내 가슴의 상처에 뿌려지는 소금이다.

사람아, 가시나무 찍지 마라. 억새여, 이제라도 엎드려 고인돌에 절을 올려라.

5.
나잇값

국자 이야기

고교 입학을 앞두고 외숙님을 뵈었을 때의 이야기다. 구학문을 하신 외숙님은 콩 두(豆) 자 아래에 ㄱ을 한 글자를 아느냐고 하문하셨다. 따로 한자를 공부한 적이 없는 나는 답을 할 수가 없었다. 그 글자는 '둑'인데 호적부에서나 볼 수 있다고 하셨다. 예전에는 한자 이름으로만 출생신고를 할 수 있었다. '둑실'이라고 이름을 지었는데 호적에 올리려니 '둑'이라는 한자가 없어 희한한 글자를 창조해낸 것이다. 문득 그 시절의 기억을 더듬어 찾아보니 그런 문자는 찾을 수가 없고 대신 말 두(斗) 자 밑에 ㄱ을 한 '둑' 자가 눈에 띄었다.

이세돌(李世乭) 9단은 인공지능 알파고와 바둑 다섯 판을 두어 겨우 한 판을 이겼다. 그러나 그 한 판은 인간이 인공지능에 거둔 유일한 승리가 되었다. 그의 이름 가운데 '돌(乭)'은 전통 한자가 아니다. 앞에서 언급한 둑(斗) 자도 마찬가지이다. 이처럼 우리나라에서만 쓰이는 한자를 국자라 한다. 예전에는 이름이 천해 보여야 장수한다 하여 '개똥'이라는 이름이 흔했다. 그 역시 마땅한 한자가 없는 데다 '똥'을 한자어로 만들기도 곤란하자 궁여지책으로 '개동(開東)'을 호적에 올렸다.

한자는 대략 5만 자가 쓰인다고는 하지만 표음문자인 우리말이나 영어의 음절을 제대로 표현할 수 없다. 국자(國子)가 등장한 배경이다. '코카콜라'의 중국어는 '가구가락(可口可樂)'이다. 물론 중국인들은 '가구가락'이라고 읽지 않지만 '가구가락'이 온전히 '코카콜라'로 소리 나지는 않는다. 이처럼 한자는 거의 모든 소리를 적을 수 있는 한글의 발뒤꿈

치에도 미치지 못하는 문자이지만 모든 글자를 한자로 표기해야 했던 시절에는 보석을 자갈로 바꾸는 해괴한 일이 벌어졌으니 바로 국자(國子)의 출생이다. 금화로 동전을 사는 답답한 현실이었다.

임꺽정의 '꺽'을 한자로 쓰자니 클 거(巨) 밑에 ㄱ을 붙여 걱. 꺽(특)이라는 억지 글자를 만들 수밖에 없었다. '글'을 한자로 표기하려니 글월 문(文) 아래에 새 을(乙) 자를 붙여 이상한 문자를 만들어 썼다. 내친김에 몇 가지 국자를 소개한다. '덜'은 더할 가(加)에 ㄹ을 조합하여 만들었다. 우리글을 한자로 표기하려고 만든 문자이기에 당연히 별다른 뜻이 없다. '덩(㤪)'은 역시 더할 가(加) 밑에 ㅇ을 데려다 만들었다. 갈(㗡)은 땅 이름으로 쓰였는데 더할 가(可)에 새 을(乙)을 붙인 것이다. 살(㐊)은 선비 사(士) 아래에 새 을(乙)을 붙인 글자이다. 우리가 잘 아는 논 답(畓)은 물이 있는 밭이라는 의미에서 밭 전(田) 자 위에 물 수(水)를 조합한 국자이다. 그 외에도 많은 국자가 있는 까닭은 한글을 한자로 적으려는 방편이었다.

나는 최근에 관계기관에 한글 자음의 이름을 바꿀 것을 제안했다. 훈민정음 반포 당시 모음이야 소리 나는 대로 적으면 그만이었겠지만 자음은 그 이름을 어떻게 부를 수 있는 방법이 없었기에 부득이 한자의 발음을 빌려 설명할 수밖에 없었을 터이다. 그러다 보니 자음의 음가를 제대로 적을 수 없었던 것이라 짐작한다. 내가 살펴본 바로는 훈민정음 자음의 초성은 기니디리미비시지치키티피히가 아니라 그느드르므브스즈츠크트프흐가 되어야 한다. 나는 우연히 일제강점기 대표적인 한글학자였던 고루 이극로 선생의 1920년 무렵의 육성녹음을 듣고 확신을 하게 되었다. 선생은 자음을 '그느드르므브응즈츠크트프흐'로 낭랑하게 낭독하셨다. 나는 거기에 종성을 더하여 '그윽 느은 드은 르을 므음 브읍 스웃 응 즈읒 츠읓 크읔 트읕 프읖 흐읗'이라는 새로운 이름을 제안한 것이다. 알다시피 한글 닿소리 두 음절은 각각 초성과 종성이다. '기역'의 '기'는 초성에, '역'은 종성에 해당한다. 그러나 현행 '기역'으로는 모음과 조합하여 제대로 된 소리를 낼 수 없다. '그윽'이라야 명실상부한 발음이 나는 것이다. 물론 여타 자음의 이름도 마찬가지이다.

  내가 애써 국자 이야기를 꺼낸 뜻은 하루속히 한글 닿소리의 이름을 바꾸어야 한다는 속내를 드러내기 위해서다. 어찌 세계 최고의 문자 한글을 한자에 맞춘단 말인가. 제아무리 머리를 써서 국자나 음역자를 휘둘러도 'ㄱㄴㄷㄹㅁㅂㅅ…'에 대응하는 문자를 빚어낼 수 없다. 덧붙여 겹자음이나 쌍자음의 이름도 바꾸어야 한다.

나잇값

호랑이해 벽두의 가요 프로그램에 호랑이띠 가수들이 나이순으로 선을 보인다.

무인년생 박재란 님이 테이프를 끊었다. 무인년이 어리둥절하여 되짚어 봐도 1938년이니 우리 나이로 여든다섯이다. 1957년에 데뷔하여 가수 생활 65년이다. 그런데도 오늘 그의 무대를 지켜보니 〈밀짚모자 목장 아가씨〉를 부르던 스무 살 꽃다운 목소리가 그대로 살아 있는 듯하다. 얼마 전에 복면을 쓰고 경연 무대에 출연한 자니리도 무인생이다. 그의 노익장에 다들 탄성을 내질렀다. 그러고 보니 〈사랑이 메아리칠 때〉로 내 심금을 울려온 안다성은 1930년생으로 93세이다. 어디 그뿐인가. 마을 앞 정자나무와도 같은 송해는 1927년생으로 96세이고 연세대학교 명예교수 김형석은 무려 1920년생이니 올해 103세이다. 단지 나이 많은 노인이 아니라 나이대접을 받기에 모자람이 없는 분들이다. 고희도 아니 된 나이에 삭은 육신을 부여안고 전전긍긍하는 내 신세가 열없다.

나이 많은 사람은 삶의 지혜와 경륜이 풍부하다. '노인은 걸어 다니는 도서관'이라는 격언이 이를 뒷받침한다. 노인이 자중할 것은 노욕이다. 노욕이 커지면 망령이 나서 곱게 늙어가지 못하게 된다. 아무튼 많이 먹어도 죽지만 먹지 않으면 바로 죽게 되는 것이 나이이고 보면 나이란 '나 있다'라는 존재의 표시인 듯하다. 나이를 더 먹으려고 설 떡국을 두 그릇씩 비웠던 소년 시절이 떠올라 나도 모르게 웃음이 흐른다.

'과년'은 시집갈 나이인데 예전에는 16세를 과년이라 했다. '방년'은 20세 전후의 꽃다운 나이다. 순지(旬之)는 10대, 지학(志學) 15세, 약관(弱冠) 20세, 관지 20대, 이립(而立) 30세, 입지 30대, 불혹(不惑) 40세, 정지 40대, 지천명(知天命) 50세, 명지 50대, 육순 또는 이순(耳順)은 60세, 회갑(환갑, 주갑) 61세, 진갑(進甲) 62세, 순지(順之) 60대, 칠순 또는 종심(從心) 또는 고희(古稀)는 70세, 71세는 망팔(望八), 희지 70대, 희수(喜壽) 77세, 팔순 또는 산수(傘壽) 80세, 반수(半壽) 또는 망구(望九)는 81세, 성수(聖壽) 80대, 미수(米壽) 88세, 동리(凍梨) 또는 졸수는 90세, 망백(望百) 91세, 백수(白壽) 99세, 상수 100세, 천수는 120세이다. '남의 나이'는 환갑이 지난 후의 나이를 말한다. 시니어나 실버에 대해서는 말이 많지만 대체로 60대는 시니어, 70대부터는 실버로 보는 것 같다. 하지만 인생은 70부터라는 요즘의 장수 추세를 감안한다면 머지않아 80은 되어야 실버로 불릴 듯하다.

사람은 몇 살까지 살 수 있을까? 120~130세라고 한다. 성경을 보면, 생령(生靈)이 된 아담은 생명나무 실과를 먹으며 영원히 살 수 있었으나 하나님과 맺은 언약을 어기고 선악과를 따 먹은 죄로 930세에 죽었다. 아담에서 노아에 이르기까지 9대에 걸쳐 다들 노거수처럼 오래 살았으나 천 년을 넘기지는 못했다. 노아의 조부 므두셀라는 인류 역사상 최고령자로 969세를 향수하였고 노아는 500살 넘어 세 아들을 얻었고 950년을 살았다. 죄악으로 뒤덮인 세상을 홍수로 쓸어버리기 전에 하나님은 인간의 수명을 120세로 한정했다. 그러나 창조주의 계획은 사람과 영원히 함께하는 것이었다. 홍수 후에 노아의 10대손 아브라함은 175세, 그의 아들 이삭은 180세, 이삭의 아들 야곱은 147세를 향수했다. 출애굽의 지도자 모세는 120세에 세상을 떴다. 인체 조직을 자동차 부품 갈아 끼우듯 하는 일이 보편화되면 사람의 수명은 '백 살 된 자가 아이'일 수도 있겠다.

나잇값이란 나이에 어울리는 말과 행동을 말한다. 나이에 어울리는 말과 행동이 대체 무엇인지 딱히 정해진 바는 없다. 그것은 다분히 조리(條理)에 가까워 노숙한 장로들로 구성된 배심원단의 몫이다. 삼순구식(三旬九食)하는 처지에 반찬 투정을 하는 바깥양반이나 내일모레 입사시험 쳐야 할 친구한테 놀러 가자고 조르는 철부지가 나잇값을 알 리 없다. 나잇살이나 먹어서는 매양 남의 흉이나 보고 자식 자랑에 돈 자랑을 낙으로 삼는 사람에게는 참된 벗이 없다. 남의 자랑에는 칠색 팔색을 하면서 제 자랑으로 날 새는 줄 모르는 위인(爲人)들이 의외로 많다.

노인은 나이에 비례하여 사회의 짐이 되는 듯하다. 가령 80세 노인의 인간다운 생활을 100이라고 하면 20%는 자력, 80%는 다른 누군가의 도움으로 채워지는 거라고 생각해본다. 자력도를 높이려면 젊어서부터 차근차근 노후 대비를 해야 할 터이다. 어쩌면 그것이 가장 현명한 '나잇값 하기' 아닐까. 뒷사람들한테 손 벌리지 않고 건강하게 살다가 고향 어머니의 젖무덤으로 돌아가는 것이 진정 아름다운 고종명(考終命)이라 생각해본다.

자신의 나이를 돌아다보는 사람은 어떻게든 나잇값을 해보려고 애를 쓴다. 설날 떡국은 나잇값을 상기시키는 양약이다. 나이에 걸맞은 구실이 바로 나잇값이다. 누군가가 나이에 걸맞은 구실을 하는지 못하는지는 주변 사람들이 정확히 판단하고 있지만 다들 쉬쉬하면서 본인이 스스로 깨달을 때까지 참을성 있게 기다려준다. 자칫하면 사이가 틀어져 버리기 십상인지라 뚱기거나 변죽을 울려주는 일은 없다. 끝내 깨닫지 못하면 사람들은 그의 나이를 몰수한다. 다들 나이대접을 하지 않으니 장유유서가 사라지는 순간이다. 희수, 미수가 아무짝에도 쓸모없다.

나잇값 하렸더니 우체부가 건강검진 결과를 던져놓고 간다. 어라, 신체 나이가 여섯 살이나 많다는 판정에 그만 말을 잊는다. 나잇값을 못한 탓이다.

놋수저와 낫

　내 소년 시절에는 식구대로 자기 수저가 있어 부모님 수저는 말할 나위 없고 형이나 동생 수저로 밥을 먹는다는 건 있을 수 없는 일이었다. 어느 날, 양푼에 밥을 비비다가 숟가락이 부러져버렸다. 잡을 곳이 마땅치 않아 부러진 숟가락으로 밥을 먹을 수 없었다. 어머니는 선반 동고리에서 어른 놋숟가락 하나를 내주셨다. 오는 장날에 숟가락을 사올 때까지 우선 그 숟가락으로 밥을 먹으라고 하셨다. 그런데 어른 숟가락인지라 술이 너무 커서 입을 한껏 벌려도 반밖에 들어가지 않았다. 그걸로 여러 날 밥을 먹다 보니 입이 무사하지 못했다. 얇은 방짜 숟가락 술 날에 양쪽 입꼬리에 생채기가 나서 물만 마셔도 쓰라렸다.
　지금도 나는 내 수저를 고집한다. 숟가락은 넘치지만 내 것만 놋수저이다. 놋수저는 시간이 흐르면 거무칙칙해진다. 안 되겠다 싶어 사포질로 광을 내보지만 얼마 지나지 않아 도로 빛을 잃는다. 내 꼴이 짠해 보였던지 아내가 웬 놋수저 두 벌을 꺼내놓았다. 금빛이 감도는 데다 앙증맞기도 하여 눈에 들었지만 숟가락의 술이 너무 작았다. 입 안이 흡족할 만큼 국물을 떠 넣으려면 서너 번은 숟가락질을 해야 할 것 같았다. 며늘아기의 혼수품이라고 했다. 참 일찌거니도 내놓는다. 며늘아기가 우리 가족이 된 지도 7년이 지났으니 말이다.
　설날이 다가오면 정지문(부엌문) 앞 양달에 멍석을 편다. 온 집안의 놋그릇을 다 꺼내놓고 식구대로 차고앉아서 물에 적신 짚북데기에 기왓개미를 묻혀 주발이며 대접, 수저를 닦았다. 오래된 기와 조각을 곱게 빻은 가루를 기왓개미라고 한다. 원시적인 연마제라 하겠다. 동록이 심하게 나 있거나 주발뚜껑처럼 닦기 까다로운 건 부모님이 닦으셨다. 형과 나는 내기라도 할 것처럼 각자 할당받은 그릇에 매달려 '겨울 땀'을 흘렸다. 주발 하나를 닦으면 어머니께 검사를 받아 합격판정을 받아야 했다. 이 나이 되도록 설날 차례상이 선연한 까닭은 정성스럽게 닦아 은은하게 빛나던 놋그릇 때문이지 싶다.

 식구대로 낫도 따로 있었다. 나는 일곱 살 때쯤에 내 낫으로 아버지께 낫질을 배웠다. 어른과 아이 수저가 따로 있는 것처럼 낫도 어른 낫은 크고 묵직한데 아이들 낫은 작고 가벼웠다. 집에서 나 혼자 왼낫을 썼다. 한가을에 나뭇가지를 치다가 낫날 중동이 나가버렸다. 도리 없이 봄이 올 때까지 어른 낫, 그것도 오른 낫을 써야 했다. 손에 익지 않고 무거워서 마음대로 낫질을 할 수 없었다. 손가락을 몇 번이나 베였다. 드디어 아지랑이 피어나는 봄이 왔다. 아버지는 작은 망태에 온 집안의 낫과 호미를 가지런히 담고 괴통에 박힌 자루를 빼낸 괭이까지 챙겨 넣으셨다. 농사에 시달린 낫과 호미는 날이 무뎌지고 끝이 모지라져 해마다 벼려 써야 했다. 대장간은 10리 상거의 장터에 있었다. 나는 여덟 살 때 아버지를 따라 그 대장간에 가본 적이 있었다. 나는 다시 아버지의 그림자를 따라나섰다. 대장간은 다시금 호기심 천국이었다. 풀무질에 불길을 토하는 화덕, 벌겋게 달아오른 낫을 꺼내 모루에 올려 망치질을 할 때 울려 퍼지는 맑은 쇳소리, 다 벼린 연장을 담금질할 때 솟아오른 허연 김이 온 대장간에 자욱하니 퍼지던 풍경은 아직도 내 머릿속에 생생하게 새겨져 있다. 새로 벼려온 낫을 숫돌에 갈아 엄지손가락으로 조심스레 날을 감지해본다. 예리하다. 자칫하면 손을 베일 것 같은 섬뜩한 감촉에 놀라 재빨리 손을 거둔다.

이상한 일이다. 하루에 세 번씩, 365일을 천 번 넘도록 부신 놋수저와 주발이 왜 금빛을 잃었을까. 낫도 그렇다. 쓸 때마다 숫돌로 날을 세웠는데 한 해가 멀다 하고 무뎌져서 아무리 갈아도 숫돌만 잡는 것일까. 나도 세 끼 밥 잘 먹고 노동도 하고 가끔 글도 쓰며 살아왔는데 어느 결에 놋수저처럼 빛을 잃고 칙칙해졌는가 보다. 다른 사람의 글도 읽고 사전도 열심히 찾아보며 나름대로는 상식을 넓히며 살아왔다고 생각했는데 착각이었지 싶다. 묵은 낫처럼 대장간에서 벼리지 않으면 고리타분한 '옛날 사람'이 되어버릴 게 자명하다.

놋수저를 문질러 닦을 때 오롯이 때만 빠져나가지는 않았을 것이다. 수저의 살갗도 함께 벗겨져 나갔을 터이다. 무딘 낫을 이글거리는 화덕에 달궈 쇠망치로 두들기듯 나도 그런 연단을 거치지 않으면 평생 '무딘 낫'을 벗어나지 못할 것이다. 나는 여태 내 눈이 예리하여 통찰력을 지녔다고 믿어 왔다. 신독에 면벽수행까지는 아니더라도 마음을 가다듬어 여린 빛이나마 간직해 왔다고 생각했다. 사서삼경이 무슨 책인지 알고 있으며 훈몽자회와 자산어보의 저자와 탄생과정도 잘 알고 있다고 자부하고 있었다. 그러다 문득 뒤를 돌아다보니, 사서삼경 가운데 어느 한 가지도 독파한 적이 없으며 자산어보도 훈몽자회도 심지어 그 유명한 열하일기조차 제대로 읽어본 적이 없다는 사실을 깨달았다. 어디 그뿐인가. 수많은 기능이 탑재되어 있다는 스마트폰도 문자나 주고받고 몇 가지 유용한 앱이나 겨우 활용하고 있는 수준이다. 실로 부끄러운 노릇이다.

설날이 기다려진다. 두 아들이 오면 새 한글 프로그램을 깔아달라고 해야겠다. 컴퓨터에서 감쪽같이 사라져버린 문서도 찾아달라고 해야겠다. 세금도 인터넷으로 좀 내달라고 해야겠다.

뎅젱이 생각

설이 두 달 앞으로 다가오면 아버지는 뒤꼍의 대밭에서 곧고 실한 대를 탕개톱으로 베어 가지를 추려내고 한 발 길이로 잘라 초가지붕에 올려놓으셨다. 어머니는 장에서 한지와 함께 빨간색, 파란색 염료를 사오셨다. 염료로는 연 만들 때 지네발과 국수발에 물을 들인다. 염료는 가루로 되어 있어서 끓는 물에 풀어 썼다. 참종이(한지)로 만든 연은 설에나 한 번 가져보는 귀중품이었다. 내 추억 속엔 뎅젱이를 갖는 게 꿈이었던 여남은 살 소년이 자리하고 있다.

뎅젱이는 지네발이 달린 온 장짜리 방패연을 가리키는 여수 말인데 삽살연(지네발연)이라고도 한다. 세찬 바람에 연을 날리면 붉게 물들인 지네발이 푸릇한 보리밭을 질주하는 삽살개의 털처럼 휘날리니 지금 생각해도 썩 어울리는 이름이다. 그 시절에는 삽살개를 흔히 볼 수 있었다. 한지 한 장으로 만든 연이 온장 연이다. 한지 한 장을 온이 살려야 하므로 연의 양쪽 모서리를 따라 붙이는 삽살(지네발)이나 아랫단에 붙이는 국수발은 따로 마련하였다. 한지 규격이 아리송하여 전통 한지를 찾아보니 그 시절 온장연을 만들었던 한지는 가로 63cm에 세로 93cm의 소발지로 짐작된다. 나는 초등학교 4학년 때까지 꼬리만 기다란 간제비(간자미연)에 만족해야 했다.

뒤돌아보면 오직 설을 쇠기 위해 모든 걸 쏟아붓는 설 대목 한 달이었다.

조청을 고고 부각과 과줄을 만들어 화롯불에 굽고 술을 익히고 두부를 만들었다. 설이 눈앞에 다가오면 가래떡을 뽑고 떡방아를 찧었다. 설빔이고 연이고 거의 모든 걸 자급자족하던 시절이었다.

요즘 방패연 만드는 법이 궁금하여 포털을 검색해보니 컴퍼스로 원을 그려 방구멍을 잘라내고 자를 대어 연살 붙일 곳을 연필로 표시하라는 소란에 그만 실소가 터졌다. 그런 건 쓸모없는 도구다. 방패연을 만들 땐 연 종이를 접어 살 붙일 자리를 나타내고, 가로와 세로로 절반씩 곱친 다음 그 꼭짓점을 중심으로 세 번 쯤 접어 뾰족해진 끄트머리를 5~6cm 잘라내면 지름 10~12cm의 방구멍이 생긴다. 잘라낸 원뿔은 펴기 전에 가위로 중간중간 네모나 세모 형태로 조금씩 베어 홈을 내고 가장자리도 요철을 내서 펴면 멋진 문양의 별꽃이 된다. 그걸 방구멍 위쪽에 붙이면 꼭지연이다. 방패처럼 직사각형으로 만들어 방구멍을 내었으니 방패연이고 달을 붙였으니 달연(꼭지연)이다. 삽살(지네발)을 달았으니 삽살연이요 액막이연이다. 정성을 기울여 만든 연은 바로 띄우지 않고 청 바닥에 고이 모셔 하룻밤 잠을 재운다.

요즘에야 가늘고 질긴 화학사가 널려있지만 60년대엔 고치를 물레에 자아낸 굵은 무명실에 풀을 먹여 연실로 썼다. 부피가 크고 무거운 것이 질기지도 못해 센 바람에 연을 날리다 보면 종종 끊어지곤 했다. 설날을 전후하여 마을 하늘엔 수십 개의 온갖 연이 날아올라 장관을 연출했다. 나는 하릴없이 성에 차지 않는 간제비를 띄우며 명년에는 위풍당당한 뎅젱이(방패연)를 갖고야 말겠다는 헛된 꿈을 다짐하곤 했다. 너도나도 연을 날리다 보니 줄이 서로 얽히는가 하면 연이 쓸리거나 찢어져 언쟁이 벌어지기 일쑤였다. 방패연들은 걸핏하면 싸움을 벌였다. 퇴김을 하며 이리저리 연을 조종하여 상대의 연을 떨어뜨리거나 뺨을 맞히는 쪽이 승자다. 상대방의 연줄을 끊어먹으면 더할 나위 없다. 퇴김질은 팽팽하게 당기다가 갑자기 한꺼번에 늦줄을 주는 기술이다. 검지와 중지에 연실을 걸어서 당겼다 늦췄다를 반복하는 걸 찐친다고 하는데 표준어로는 꼬드긴다고 한다. 찐치기는 연날리기의 기본이라 하겠다.

연싸움을 이기려고 아이들은 너나없이 연실에 개미를 먹인다. 초등학교 5학년 설에 내 연실에도 개미를 먹였다. 드디어 방패연을 갖게 된 것이다. 개미는 사금파리나 유리 조각을 주워 모아 몽돌로 곱게 빻아 체에 친 가루를 잘 이긴 밥풀에 고루 섞어 만든다. 유리병 조각도 구하기 어려운 시절이었다. 그렇게 마련한 개미를 헝겊에 싸고 그 속으로 연실의 실마리를 통과시켜 힘주어 뽑아내면 연실에 개미가 골고루 붙는다. 개미를 먹인 연실은 볕에 말려 다시 자세에 감는다. 사금파리나 유리 조각을 곱게 빻았다곤 해도 자칫 손가락에 생채기를 내거나 손에 박히면 귀찮아지므로 상대방의 연줄을 걸 만한 20~30m 구간만 먹인다. 서로 연줄을 걸어 재주껏 당기고 늦줄을 주면서 싸움을 벌이다 보면 개미가 상대방 줄을 쏠아 끊어버린다. 다들 개미의 위력을 잘 알고 있기에 승부욕이 강한 애들은 두 번이고 세 번이고 개미를 먹인다.

연이 한쪽으로 기울면 내려서 가만히 연의 수평을 맞춰본 다음 위로 올라간 쪽의 귓줄에 침을 묻혀가며 이로 쓴다. 침을 묻혀 이로 쓸면 줄이 조금 늘어나서 연이 평형을 이룬다. 많이 기울어진 경우에는 귓줄을 조금씩 풀어주거나 감아 매어 균형을 맞춘다.

설날 오후가 되면 온 동네가 연 날리는 아이들로 시끌벅적해진다. 간혹 상승기류를 탄 방패연은 날리는 사람과 수직을 이루며 솔개처럼 창공을 선회한다. 이때 연줄에선 아무런 압력도 전해지지 않는다. 무아지경이다. 우리는 그걸 가리켜 '꼰지뱅이를 섰다'고 했다. 곤두섰다는 말이다. 낯익은 내 연인데도 그 모양이 신비로워 한동안 넋을 잃고 하늘을 올려다본다. 연줄을 가만히 마루 앞 기둥에 묶어두고 한참 놀다가 와도 연은 여전히 꿈속을 유영하고 있다. 연줄에 귀를 대면 웅웅웅 귀청을 울리는 벌 소리가 오묘하다. 바람이 거센 날은 귀를 대지 않아도 벌 소리가 들려왔다. 벌은 망줄(활벌이줄)에 문풍지처럼 붙인 한지 조각이다.

  연줄이 끊어지면 연은 자유를 누릴까. 해방감을 만끽할는지 모르겠다. 그러나 얼마 지나지 않아 추락하고 말 것이다. 세월이 흘러도 마르지 않는 내 추억의 물줄기는 설날의 연날리기에서 발원한다. 연이 미지의 세계를 열고 싶은 내 마음이었거나 연줄이 내 삶의 궤적이었거나 아직도 내 욕망의 퇴김으로 허공을 배회하는 까닭이겠다.

밥돌과 고수레

나는 코흘리개 시절부터 꼬박꼬박 성묫길을 따라나섰다. 설날과 추석날엔 어김없이 안산 고조부모님 묘소를 시작으로 백모님 묘소까지 성묘를 하다 보면 한나절이 훌쩍 지나갔다. 제물을 진설하고 잔을 부어 절을 올리고 나면 모두 묘역에 둘러앉아 음복을 하기 전에 큰아버지께서 고수레를 지시하시면 사촌 가운데 맏이가 떡과 전붙이 등을 조금씩 떼어 사방에 던지며 "고수레"를 연발했다. 성묘 때면 이런저런 사연으로 굶주린 잡귀들이 모여든다고 했다. 고수레는 그런 잡귀들을 달래는 의식이었다.

성묘 때만 고수레를 하는 건 아니었다. 모내기나 벼 베기, 보리를 거두다가 들에서 점심이나 새참을 먹을 때도 고수레를 하고 나서 수저를 들었다. 그런 고수레는 내 마음을 편안하게 해주었다. 나는 고수레를 할 때면 공연히 들떠서 온갖 귀신들이 음식을 받아먹는 정경을 상상하곤 했다.

그러다가 나는 까마득히 잊고 있었던 '밥돌'을 떠올렸다. 우리 집은 밭이 여러 군데였는데 유독 자시랏골 너 마지기 밭에만 밥돌이 있었다. 밭 가운데에 자리 잡은 밥돌은 구들장처럼 넓적한데 밥돌이 놓여 있는 곳은 주변보다 한 뼘쯤 도드라졌다. 점심을 내오신 어머니가 상을 차리고 나면 으레 밥과 반찬을 조금 담은 보시기를 내게 건네시며 밥돌에 주고 오라고 하셨다. 나는 넓적한 밥돌을 일으켜 세우곤 밥과 반찬을 놓은 후 조심스레 밥돌을 도로 덮었다. 어머니는 토지신한테 풍년 농사를 부탁하며 밥과 찬을 드리는 것이라고 하셨다. 하면 왜 자시랏밭에만 밥돌이 있었는지 이 나이 먹도록 끝내 그 까닭은 알아내지 못했다. 다른 집 밭에도 그런 밥돌이 있었는지 모르겠다.

　오늘 추석 벌초를 마치고 부모님 영전에 잔을 올리고 절했다. 짧은 순간에 회한의 기억들이 꼬리를 물었다. 봉분을 적시고 남은 술을 사방에 뿌리며 '고수레'를 읊조린다. 초라한 제물에 눈독을 들이고 위험한 백주를 무릅쓴 귀신들이 있었을까. 올 추석에는 갖가지 제물을 넉넉히 마련하여 고수레에 힘을 실어보련다.

〈베트남 여행기〉

호이안과 바나힐

맏이가 베트남 여행을 선물했다. 변변한 효도 한번 못 해본 내 부끄러움이 아들에 의해 드러났다. 노아의 둘째 아들 함은 아비의 치부를 형제들에게 발설했지만 나는 아들의 무거운 입을 믿는다. 아무튼, 신앙도 매너리즘에 빠져들고 일상조차 탐탁지 않았는데 아들의 효심이 발걸음을 재촉한다. 몸 따로 마음 따로인들 어떠랴. 부랴부랴 사진을 찍어 시청 민원봉사실로 달려갔다.

아내와 함께 밤을 도와 서울행 고속버스에 몸을 실었다. 낯선 센트럴시티의 출구를 의심하며 느린 걸음을 떼고 있을 때, 저만큼에서 아들이 두리번거리며 다가오고 있었다. 여행사와 약속한 5시까지 4시간 남았으니 공항으로 가자고 해도 막무가내, 아들은 공항 근처 어느 호텔 앞에 차를 세웠다. 이미 예약을 해두었다고 하니 도리가 없었다. 아이는 어수룩한 부모 신경 쓰느라고 지쳤을 법한데도 제 어머니부터 전신 마사지를 해드린다. 자가 학습으로 체득한 실력이라고 하기엔 신통한 손놀림에 온몸이 가뿐해진다. 주차할 곳이 없어 우리와 헤어진 아들은 출국할 때까지 몇 번이고 문자로 확인을 한다. 추석 연휴의 인천공항은 끝없는 인파로 북새통을 이루며 새벽을 무색케 하고 있었다. 그야말로 '어디가 어딘지'였다. 여행사는 겨우 찾았으나 단체 미팅은 없었다. 손에 쥐어주는 서류를 가방에 욱여넣고 출국 수속하는 곳으로 다가가 보니 네댓 사람씩 짝을 이루어 늘어선 행렬의 끝이 보이지 않았다. 아마 300m는 걸어서 겨우 장사진의 꽁무니에 붙었던가 보다. 알고 보니 맞은편에도 그만한 행렬이 늘어서 있었다. 1시간 반이 지나서야 출국장에 발을 들여놓을 수 있었다.

  티웨이 항공의 T-125편은 4시간 반 걸려 다낭공항에 도착했다. 밖으로 나오니 피켓을 든 젊은 여성이 우리를 기다리고 있었다. 한숨을 돌리고 확인해보니 네 가족 13명이 전부이다. 벌써 한 가족이 된 분위기다. 다낭은 공항에서부터 개발 바람이 불어오고 있었다. 구도심은 우리의 전통시장 주변처럼 어수선하고 신도시 지역에는 곳곳에 고층건물이 세워지고 있었다. 노변의 야자수들이 열대기후를 깨우쳐준다. 베트남 하면 바로 떠오르는 이미지가 오토바이다. 1억의 인구가 한반도 1.5배 크기의 땅에서 1억 2천만 대의 오토바이를 제 몸처럼 부리며 살아가고 있다. 차와 오토바이가 로터리에 뒤엉켜 부르릉거리는 광경은 가히 무질서의 표본이다. 일삼아 몇 분을 지켜보았다. 지독한 혼란 속에도 어떤 질서가 흐르고 있다는 사실을 발견하게 되었다. 느림과 양보의 미학이다. 베트남에서는 차들이 저속으로 달린다고 한다. 간혹 눈에 띄는 자전거가 오히려 신기할 지경이다. 이 나라에선 자전거도 길 가운데로 유유히 통행하고 있었다. 우리나라 같으면 벼락이 떨어질 일이다. 온갖 탈것이 타작마당의 콩알처럼 어지러워 보여도 대형사고가 거의 없고 대부분 찰과상에 그친다고 한다.

  베트남 사람은 우리에게 이미 익숙한 용모인데도 본고장에서의 느낌은 사뭇 다르기만 하다. 살집이 없는 작은 체구와 가무잡잡한 피부에 다들 선한 눈빛을 지녔다. 열대의 게으름을 떠올리고 있던 내 눈에 그들은 뜻밖에도 바지런하고 상냥하게 비쳤다. 베트남에는 도시가 다섯 뿐이다. 하노이가 수도이고 호치민, 하이퐁, 다낭, 껀터는 직할시이다. 인구서열 네 번째인 다낭은 120만의 신흥도시이다. 일행은 시장함을 호소했지만 우리와 두 시간의 시차가 있는 베트남은 아직 점심시간이 아니었다. 가이드가 이끄는 대로 우리는 1시간 동안 전신 마사지부터 받아야 했다. 유명세만큼의 기대를 충족시켜주지는 못했으나 종사원들은 한결같이 밝고 친절했다.

  점심을 먹자마자 강행군이 시작되었다. 13명의 일행은 다낭에서 20인승 전세버스로 2시간을 남행하여 호이안에 도착했다. 버스는 비좁은 비포장 길을 터덜대더니 더는 갈 수 없다며 내리라 한다. 우리는 가이드나 선물한 베트남 전통모자 '농'으로 따가운 볕을 막으며 바구니 배를 타기 위해 비지땀을 흘리며 투본강 지류에 도착했다. 언뜻 수십 척의 회색빛 바구니 배가 회색빛 물 위에서 먼저 온 관광객들을 태우고 있었다. 모두 한국 사람들이었다. 노를 잡은 선장들은 모두 50~60대의 여성들이었다. 남자라곤 젊은이 두셋이 전부였는데 그들은 이 이상한 선단의 지휘자들이었다. 우리는 두 사람씩 짝을 지어 '할머니 선장'의 도움을 받아 자칫하면 엎어질 것만 같은 바구니 배에 올랐다.

  선장들의 배 부리는 솜씨는 경이로웠다. 작은 노를 이리저리 휘두르며 코코넛 숲이 우거진 좁은 여울을 능란하게 헤쳐나갔다. 배를 빙그르르 돌리기도 하고 일부러 옆의 배에 부딪쳐 우리를 경기 나게 하는가 하면 느닷없이 일어나 덩실덩실 춤을 추기도 하며 흥을 돋우었다. 그곳 어부들은 고기잡이를 접고 다들 관광업으로 바꾼 듯했다. 젊은 지휘자는 신나는 노래를 틀어 분위기를 고조시키고 있었는데 한국가요 일색이었다. 노래만 듣고 있으면 우리나라로 착각할 지경이었다. 배들이 일제히 투본강의 본류로 나아갈 때, 박상철의 〈무조건〉에 맞추어 광란의 바구니 쇼가 벌어졌다. 수십 척의 바구니 배 선장들이 일제히 일어나 빠른 곡조에 몸을 맡겼다. 그 한가운데서 젊은이가 묘기를 선보이기 시작했다. 우리 농악에서 자칫 쓰러질 듯 상모를 돌리며 가상의 원둘레를 따라 도약하는 모습과 흡사한 광경이다. 이를테면 상모를 돌리며 회전하는 사람이 묘기의 바구니 배라 하겠다. 우리는 박수갈채를 보내며 너도나도 팁을 건넸다.

　어지러운 촌락 호이안은 이상하리만치 관광객으로 넘쳐나고 있었다. 거리는 어수선하고 길은 비좁았으며 건물들은 낡고 허술했다. 덥고 습한 공기 때문에 내 발길은 무디고 옷은 땀에 젖어들었다. 명소라는 내원교의 거무튀튀한 물에서는 악취가 숨을 막았다. 아내는 포즈를 취하다 말고 질색을 했다. 한데도, 이 거리에 끊임없이 활기를 불어넣어 주는 정체불명의 손길이 작동하고 있는 것 같았다. 나는 다음 날 거리의 휘황한 연등이 소읍을 가로지르는 투본강에서 불야성을 이루는 장관에 휩싸이고서야 그것이 인간과 자연의 아름다운 하모니라는 걸 깨달았다.

　94세의 할머니가 찰흙으로 멋진 그릇을 단숨에 성형하는 광경이 이채롭다. 옆에서 구경하던 소녀에게 본대로 만들어보라고 권한다. 소녀는 정성을 다해보지만 말이 아니다. 그래도 칭찬을 아끼지 않으니 우리는 박수로 화답을 했다. 할머니는 국가가 인정한 도자기 장인이라고 한다. 깡마른 손가락을 이용하여 물레에서 도자기 굽을 만들고 떼어내는 솜씨는 신의 경지라고밖에 할 수 없었다. 중국인들은 사찰과 내원교 같은 유적에서 그들 선조의 자취를 찾으려는 듯 부산하게 움직이고 있었다. 한 도자기 가게에는 벽에다 투본강 홍수의 수위와 발생연도를 표시해놓고 있었다. 건물이 물에 잠긴 일도 여러 번이었다고 전한다. 흠뻑 젖은 강아지를 대야에 이고 입술까지 차오른 강물을 헤쳐 나오고 있는 젊은 여인의 모습을 담은 사진이 클로즈업되고 있었다. 그들은 왜 걸핏하면 범람하는 이 위험한 강을 떠나지 않는 것일까. 나그네는 베트남 전통모자 농을 벗어들고 강을 바라보며 생각에 잠겼다. 우리는 내친걸음에 호이안의 야경 속에 들기로 했다.

호이안은 마을 전체가 유네스코가 지정한 세계문화유산이다. 거리와 기슭에 어둠이 밀려오자 호이안은 전혀 다른 얼굴로 다가왔다. 투본강의 양안을 따라 펼쳐지는 야경이 그대로 강에 투사되어 화려함을 더하고 수많은 연등이 거리마다 은은한 빛을 발하고 있었다. 사람들은 형형색색의 빛에 휩싸여 거대한 물결을 이루고 있었다. 베트남의 전기사정은 나빠 보이지 않은 듯했다. 우리는 가족끼리 작은 나룻배를 타고 선주가 건네주는 소원 등을 강물에 띄워 보냈다. 나는 세상의 아무것도 염원하지 않았다. 물결을 따라 점점 멀어져가는 등을 바라보며 아내는 말이 없었고 웬일인지 내 눈에는 이슬이 맺히고 있었다.

모두 배에서 내린 일행은 2시간 동안 시내를 구경하거나 쇼핑을 할 수 있는 자유를 얻었다. 갑자기 앞서가던 한 가족이 시야에서 사라졌다. 골목이 여럿이다 보니 어느 길로 접어들었는지 종잡을 수가 없었다. 하는 수 없이 아내와 나는 강변을 따라 산책을 했다. 한참 돌다 보니 방향감각을 잃었다. 투본강을 건너는 다리는 딱 하나밖에 없었고 일행은 약속시간에 다리 건너편에서 만나기로 약속되어 있었다. 그런데 대체 다리 이쪽이 약속장소인지 저쪽이 약속장소인지 분간이 되지 않는 거였다. 아내는 저편이라 하고 나는 이편이라 우겼다. 나는 장을 지지겠다고 했지만 점점 자신감을 잃어가고 있었다. 정작 문제는 다른 데에 있었다. 이쪽이든 저쪽이든 약속시간이 임박해오는데도 누구도 눈에 띄지 않는다는 것이었다. 우리의 언쟁이 도를 더할수록 불안감은 커져가고 있었다. 아내는 아들에게 연락하여 도움을 청했다. 나는 아들한테도 억지를 부렸다. 아내는 안절부절못하며 경찰서를 찾아 도움을 받자고 채근하기에 이르렀다. 나는 소리를 지르며 아내의 제의를 물리쳐 버렸다. 약속시간이 지나도 어느 쪽에도 일행의 모습은 보이지 않았다. 우리는 졸지에 미아가 되어 공황상태에 빠져들었다. 결정을 내려야 했다. 이곳이건 저곳이건 다리 근처이니 기다리고 있노라면 틀림없이 가이드가 찾아올 거라고 아내를 강압하며 기다렸다. 드디어 구세주가 나타났다. 가이드가 우리를 발견하곤 숨을 헐떡거리며 잰걸음으로 다가오고 있었다. 결론은 버킹검, 아내가 주장하던 쪽이 정답이었다. 정확한 약속장소가 다리와 약간 떨어져 있어 근처에 가서도 일행을 찾지 못했던 것이다. 나는 밤을 탓하다가 벙어리가 되기로 하였다. 호이안의 밤은 야속하였고 이방의 나그네는 20여 분을 기다린 일행에게 깊숙이 고개를 숙였다. 그 밤에 우리는 투본강 상류의 '코이 리조트 앤 스파'에 여장을 풀었다.

 코이 리조트는 우리나라의 펜션과 유사했지만 강의 양안을 따라 수십 채의 건물이 도열한 186실의 대규모 단지였다. 야자수가 즐비한 남국의 풍광이 그림같이 아름다웠다. 비취빛 수영장은 아내에게 유혹의 눈길을 보내고 있었다. 우리는 이곳에서 사흘을 묵기로 했으니 아내는 챙겨온 수영복을 입을 기회가 있을 터이다.

 일행은 아침을 서둘러 바나산 국립공원을 향해 달려갔다. 바나힐은 해발 1,487m의 높은 산이다. 우리는 케이블카로 정상에 오르기로 했다. 케이블카로 정상까지는 무려 5,043m의 거리라고 한다. 나는 25분 동안 케이블카 안에서 발아래 펼쳐지는 수해(樹海)에 탄성을 지르기도 하고 멀리 안개 낀 산록을 배경으로 한눈에 들어오는 다낭시가지의 전경에 도취하여 몽롱한 행복감에 젖어들기도 했다. 정상이 가까워질수록 서늘해져 우리나라의 가을 날씨를 연상케 했다. 케이블카에서 내려 잠시 발길을 옮기자 눈앞에 새로운 세계가 펼쳐졌다. 과연 이곳이 지리산의 높이에 비견되는 산의 정상인지 의심스러울 지경이었다. 나는 지금 중세 유럽의 어느 도시에 와 있는 것이다. 이곳은 베트남을 식민지로 삼은 프랑스인들이 피서지로 개발했다고 한다. 가이드의 귀띔으로 레일바이크를 기대했었는데 차례를 기다리는 사람들이 장사진을 이루고 있어 고민할 일도 없이 포기하고 발길이 이끄는 대로 순행에 나섰다.

산꼭대기 일대는 베트남의 불교문화가 피어나고 있었다. 팔각정에서 내려다보니 사찰과 석탑이 한눈에 들어온다. 9층 석탑의 사면에는 대리석으로 빚은 사대천왕이 제석천과 불법을 호위하고 있었다. 칼을 잡은 증장천왕, 비파를 연주하는 지국천왕, 마귀를 제압하려는 듯 고리눈을 부릅뜨고 용의 목을 움켜쥐고 있는 광목천왕, 창을 지닌 다문천왕은 우리나라 사찰에서 흔히 볼 수 있는 사천왕과 다르지 않았다. 베트남도 우리와 같은 대승불교라서 그런지 불교문화는 조금도 낯설지가 않았다. 언덕에 자리 잡은 고찰에서 은은하게 흘러나오는 범종 소리가 주위의 고요함을 지휘하고 있었다. 호이안 대원교의 시궁창 냄새에 학을 뗐던 아내는 이곳 바나힐에서 만족한 표정을 감추지 못했다.

뺨 한 대

늦깎이 훈련병은 반복되는 각개전투가 힘겨워 봄의 숲속으로 숨어들어 잠이 들고 말았다. 누가 깨우는 소리에 눈을 떠보니 소대장님이었다. 왜 여기서 자고 있느냐고 했다. 늦게야 군복을 입었는데 몸이 따라주지 않는다고 대답했다. 그는 중대장과의 면담을 주선해주었다. 처자식이 살아갈 마련은 해놓고 왔느냐고 중대장님이 물었다. 실상 나는 별다른 대책도 없이 입대했었다. 갑자기 눈앞에 번갯불이 일었다. 중대장이 내 따귀를 올려붙인 것이다. 5분 후를 모르는 게 인생인데 준비가 없었다는 대답을 말이라고 지껄이느냐며 호통을 쳤다. 나는 지금도 의무 주특기를 받은 것이 순전히 중대장과 소대장의 배려 덕분이라고 생각한다.

대대에 전입신고를 마친 네 명의 훈련 동기에게 나는 한 가지 제의를 하였다. 우리가 선임이 되면 후임 병들을 구타하거나 기합을 주지 말자는 '강요'였다. 그들은 한동안 어리둥절한 낯으로 말이 없더니 이윽고 내게 다짐을 두었다. 나는 본부 중대 의무대에 배속되었다. 전역 4개월을 남겨둔 B 하사는 나를 친동생처럼 보살펴주었고 L 병장을 비롯한 선임병들은 나를 무던히도 참아주었다. 나보다 2주 전에 전입한 K는 전역하는 날까지 나를 선임으로 대접하며 온갖 궂은일을 도맡아주었다.

병장으로 진급하여 몇 달이 지나자 드디어 선임 반열에 들게 되었다. 그런데 동기들은 전입 때의 약속을 잊었는지 '상병, 열외 1명 없이 집합'을 남발하였다. 나는 후임 상병한테서 집합 시간과 장소를 알아내선 어김없이 공포의 '얼차려' 현장으로 달려가 입으로만 군기를 다잡는 체 하고는 내무반으로 돌려보냈다. 동기들은 후임병들의 군기가 엉망이 된다며 내게 거칠게 대들기도 하였다. 그러나 나는 단 한 번도 굽히지 않았다. 놀라운 일이 벌어졌다. 상병들의 '일병 집합'이 사라졌고 후임 들은 선임병들을 깍듯이 대하며 매사를 알아서 척척 처리하는 것이었 다. 선임들은 신바람이 났고 후임 병들의 얼굴에는 웃음이 피어났다.

내무반 어디에서 라면 냄새가 흘러나오고 있었다. 누가 라면을 끓여 먹었는지 식기를 씻지도 않은 채 침상 밑에 밀어 넣어둔 것이다. 범인 은 M 일병이었다. 오밤중의 응급 대기에 허기를 참을 수 없었다고 했 다. 나는 순간적으로 화가 치밀어 그의 뺨을 한 대 갈기고 말았다. 문 득 그의 눈에 눈물이 고였다. 나는 갑작스러운 후회에 당황하여 언성을 높였다. 그에게 사과는 했으나 세월이 흘러간 지금도 미안한 마음이 지 워지지 않는다.

훈련병 시절에 중대장이 때린 뺨 한 대에는 나를 향한 염려와 사랑 이 깃들어있었으나 M 일병을 후려친 나의 손길에는 미움만이 가득했 던 것이다.

《갈매기 학습법》을 학습하다

    시인은 뽕잎을 먹은 누에가 명주실을 토하듯, 가슴 깊이 끌어들인 풍경과 자연의 섭리를 해체하여 독특한 미학으로 재창조한다. 그것은 안개 걷힌 산록의 수채화로, 때로는 자연에 녹아든 수묵화로 탄생한다. 나는 《갈매기 학습법》을 눈여기려다 그만 박재삼 시인의 〈울음이 타는 가을 강〉의 한 소절이 떠올라 "저것 봐, 저것 봐"를 반복한다.

    시인의 산고는 시간의 조탁으로 모아온 지고의 금싸라기 천 조각들로 모자이크의 퍼즐을 맞춰나가는 인고의 작업이다. 이윽고 모자이크는 스테인드글라스로 완성된다. 시인의 풍경화는 정물과 소품을 어루만지다가 어느 결에 숙명의 바다로 나아가 서경의 파노라마로 펼쳐진다. 시인은 그 바다를 초대하여 함께 밥을 먹고 차를 나눈다. 시인의 바다가 바깥세상으로 나가려면 선뜻 갈매기의 날개가 소용된다. 63편의 시 가운데 바다를 소재로 한 작품이 한 자락에 이를 만큼 바다는 시인의 일상이자 가족이다.

    그의 노래에는 정치한 메타포들이 고갯마루마다에서 진기한 보석처럼 낯설어 야릇한 빛을 발한다. 성곽의 담벼락은 높이 쌓아 올리지 않았으나 사방을 둘러 꽤 넓은 해자가 있어 이방의 침입을 경계한다. 마법의 성은 전설처럼 그 바다에 있다. 시인은 바다를 익힌 한 마리 갈매기가 되어 자유롭게 우주를 넘나든다.

    나는 바다가 내려다보이는 언덕에 올라 시인의 낯익은 시계를 따라 하늘 자락과 맞닿은 예각과 둔각, 수평각 170도의 바다를 응시한다.

바다는 조금씩 언덕 위로 다가와 슬며시 내 손을 잡아끌며 수평선으로 가자 한다. 원근법의 실체를 보여주겠다고 유혹한다. 나는 야도에서 연단한 심장의 정화를 비춰보았을 시인의 거울, 경도를 바라보며 그제야 시인의 철학을 깨닫는 것이었다. 날마다 하루치의 일상을 사랑하는 것이 인생의 의미라는 사실을….

> 어머니는 오늘도 종로에 있는 오빠 약국에서
> 새벽같이 청소와 약품정리를 마치고
> 방송통신대 운동장을 가로질러 이화동 집으로 가신다
> 떨어진 나뭇잎 하나 함부로 밟지 않고
> 굽은 등으로 가신다
>
> － 《갈매기 학습법》 서문 일부

시인은 세상 누구보다도 그 어머니께 이 책을 보여드리고 싶다. 시인에게 어머니는 추억 속의 옛이야기가 아니라 언제나 미완의 오늘이다.

엄정숙 시인의 노래는 유교적 현실론과 불교적 세계관의 그 어디쯤에서 아나율 존자의 천안(天眼)과 공자의 예악(禮樂)이 조화와 타협을 모색한다. 이제는 바다를 떠나 살아갈 수 없는 시인의 영혼이 그대로 갈매기에 투영된 바다는 오늘도 시인의 생의 원천이요 까닭으로 자리를 잡는다.

별안간에 나는 내 안에 각인된 절대의 인장을 꺼내어 시인의 바다를 유영하는 생명들에게 표를 하고 싶은 것이다.

사이비 사기꾼

K는 술만 들어가면 개망나니가 되어 아무나 붙잡고 시비를 걸어대니 허구한 날에 싸움질이었다. 건설현장에 나가 어떻게 하루해를 보내는지 알 수 없지만 마을에만 들어서면 술집으로 직행하여 인사불성이 되도록 퍼마시곤 예의 주사로 밤을 어지럽히니 다들 더러워서 피해 다녔다.

그의 집 까대기 방에는 김 부잣집 머슴살이를 하는 M이 살고 있었다. 나는 종종 내 또래 친구인 M의 거처를 찾아들곤 하였다. 담배를 나눠 피우고 주전자의 막걸리를 축내며 무료한 밤을 견디었다. 그와는 오래 앉아 있을 수가 없었다. 진종일 힘든 머슴살이에 지친 나머지 어느결에 골아떨어져버리기 때문이었다.

하루는 일찍 기어들어온 집주인 K가 옆구리에 소주병을 차고 M의 방으로 건너왔다. 우리는 그의 뜬금없는 침입에 마뜩잖은 표정을 감추지 않았으나 K는 아랑곳없이 술을 권했다. 오징어 뒷다리가 안주였다. 2홉들이 술 두 병이 바닥날 무렵, K의 장광설이 수문을 열었다. 시골에 산다고 방구석에 틀어박혀 시시콜콜한 잡담이나 하다가 퍼질러 자고, 기껏 털털한 막걸리에 취해 젓가락 짝으로 애꿎은 술상이나 두들겨대면서 돼지 멱따는 소리로 모란봉아 을밀대야 하며 세월 죽여 봤댔자 평생 촌놈 아니냐. 그러니 댄스라도 배워야 한다며 생뚱맞게 사교춤을 가르쳐주겠다고 호기를 부렸다. 쇠뿔도 단김에 빼랬다고 바로 시작하자며 벌떡 일어나, 잘 보라며 시범을 보였다. 촌놈은 그 밤에 난생처음으로 양춤을 보았다. 좁은 방 안에서 뒤로, 앞으로 스텝을 밟으며 턴을 하는 동작이 예사로워 보이지 않았다. 우리는 밤이 깊어가는 줄도 모른 채 망나니 춤 선생을 따라 블루스의 기본동작을 배웠다. 온몸에 땀이 배었다. '춤 선생'은 우리의 아둔한 눈썰미와 핫바지 스텝을 원망하며 열의가 없다고 나무랐다. 자기비하의 늪에 빠져있던 나는 속으로 '개발에 편자요 가게 기둥에 입춘'이라 치부하였다. 블루스는 한때의 해프닝이 되고 말았다. 바쁘다는 핑계로 그가 다시는 방문하지 않았기 때문이었다.

K의 주사는 멈출 줄을 몰랐다. 몇 달이 지나자, 그가 큰 건설업체의 배관 분야 현장소장이 되었다는 해괴한 소식이 들려왔다. 인문계 고등학교를 나온 그의 학력이나 주사(酒邪)로 보아 아무래도 헛소문 같았다. 그러나 소문은 사실이었다. 배관 분야 현장소장은 기술 없는 잡부들 데리고 땅 파는 일이나 시키는 직책이 아니다. 전문기술을 갖추고 있어야 하는 자리이다. 나는 그가 뇌물이나 어떤 그늘에 기대어 그 자리를 꿰찬 거라고 단정했다. 동네 사람들도 수상하다며 수군거렸다. 내 눈에 드리운 의심의 그림자를 발견했던 것일까. 간만에 M의 방을 찾아온 그는 내게 할 말이 있다며 잠깐 밖에서 보자고 했다. 나는 그의 뒤를 좇아 대문 밖으로 나왔다. 그는 모처럼 내일은 쉰다면서 꼭 보여주고 싶은 것이 있으니 내일 낮에 들러달라고 했다.

나는 약속시간에 맞춰 그를 찾아갔다.

"사돈은 머리도 좋은 사람이 왜 그러고 사는가?"라는 그의 첫 마디에 나는 갑자기 망치로 뒤통수를 얻어맞은 것처럼 멍해져버렸다. 그의 무례한 물음은 예측불허의 기습이었다. '아니, 현장소장을 어디서 주웠는지, 알랑방귀로 꿰찼는지 수상하기 한량없는 판국에 나를 훈계할 자격이라도 있단 말인가?' 나는 치미는 울화를 억누르느라 부르르 떨었다. 그는 자리에서 일어나더니 선반에서 두루마리 뭉치들을 하나하나 내려놓았다. 고교 토목과 출신인 나는 열두어 개나 되는 두루마리가 청사진 도면이라는 걸 대뜸 알 수 있었다.

그는 두루마리 하나를 방바닥에 펼쳐 보였다. 도면에는 관로로 보이는 그림들이 정연하게 배열되어 있는데, 여기저기 뜻 모를 영문자들이 내 눈을 어지럽혔다. 나는 개가 꼬막을 내려다보듯 아무 대책도 없이 도면을 들여다보고 있었다. 이리저리 머리를 굴려보아도 '무식한' 그가 이런 수준 높은 도면을 보여주는 까닭을 짐작할 수 없었다. 그는 내 심중을 간파했다는 듯, 도면 속의 영문자들과 기호를 짚어나가며 무슨 뜻인 줄 알겠느냐고 했다. 물론 나는 대답할 수 없었다. 그는 하나하나 친절하게 설명해주었다. 나는 그가 사기를 친다고 생각했다. 그런데 설명이 이어질수록 그가 배관에 대한 해박한 지식을 갖고 있다는 사실을 깨닫게 되었다.

그는 도면을 거두어 다시 말아놓고는 저간의 곡절을 털어놓았다. 배관기술과 도면을 익히기 위해 때로는 새파란 젊은이들한테 비굴할 정도로 사정해가며 틈나는 대로 배우고, 현장 작업이 끝난 후에도 혼자 남아 기술을 연마했다고 했다. 기술도, 도면 보는 법도 선뜻 가르쳐주려고 하는 사람이 없었다고 한다. 스트레스가 쌓여가니 더욱 술을 가까이하게 되었다고 했다. 그러나 오기가 발동하여 아무리 술을 마셨어도 집에 돌아오면 참고서적을 펼치고 도면 익히는 일을 빼먹은 적이 없었다고 했다. 그는 다시 선반에서 대학노트를 한아름이나 안아 내렸다. 나는 그가 정리했다는 노트를 들춰보며 놀라움을 감추지 못했다. 남들은 짓고땡이라도 해서 현장소장 자리를 차지한 줄 알겠지만 속 모르는 소리라고 했다. 그는 내 두 손을 부여잡으며 당부했다.
"사돈총각, 내 말을 허투루 듣지 말고 무엇이라도 열심히 해보소."
그러나 나는 거짓말 같은 그날의 감동을 끝내 내 것으로 키워내지 못했다.

시골이니까

씨감자 세 상자를 주문했다. 20kg 한 상자가 택배비를 포함하여 2만 원이다. 이것저것 제하고 나면 몇 푼이나 남는지 짐작이 안 된다. 1,000상자면 무려 20톤인데 고작 2,000만 원어치이다. 그만한 감자를 캐려면 어림잡아 사방 100m의 밭에 감자를 심어야 한다. 본전을 건지지 못한 고추 농사가 눈에 밟힌다. 중국산이 국산의 절반 가격이니 천방지축 용을 써도 묘수가 없다.

감나무밭에 풀 베러 가다가 길모퉁이에 차를 멈추고 구멍가게에 들어섰다. 빵도 우유도 인사가 없는데 노파가 머리를 긁적이며 미안한 낯을 한다. 오래 두면 거시기한 것들은 들여놓지를 않는다 한다. 두 개 남은 초코파이와 생일이 묘연한 과자 한 봉지를 집어 들었다.

면 소재지 슈퍼에서 이것저것 챙기고 카드를 내미니 주인아주머니가 떫은 감 먹은 표정을 감추지 않는다. 신용카드 안 받는 곳도 있느냐며 열을 올리자, 어디서 더러 들어본 말을 한다. 카드 처리기가 고장 났다는 거다. 세월을 탄해도 기계는 고쳐지지 않을 터이다. 여기는 갈데없는 시골이니까.

LPG가 또 올랐다. 도시 사람은 무시로 값싼 도시가스를 쓴다. 촌사람은 밥 짓다 말고 가스 취급소에 사정을 해놓곤 목이 빠진다. 농장이 속한 마을 이장한테 친환경비료 주문을 부탁했더니 대번에 어깃장을 놓는다. 이장세도 내지 않는 주제에 생심부름 시킬 일 있느냐며 칼을 겨눈다. 이장도 벼슬이다. 시골에선 대통령보다 높은 사람이 이장이다.

시골 사람들은 대부분 동네교회에 나간다. 신앙은 둘째 치고 교회에 나가지 않으면 외톨박이 신세가 되기 때문이다.

경운기를 뒤따르는 자동차 행렬은 낯익은 풍경이다. 도로주행 실습을 하는 1톤 트럭의 당당함에 어이가 없어진다. 외줄기 시골길을 전세 내지 말아라. 마을 안길에서나 가당한 전동 휠체어가 찻길에 나서서 속을 썩인다. 아무리 시골이지만 심하지 않소이까. 시골 노인들은 자신의 걸음을 믿는 듯하다. 보행기에 매달려 찻길을 지르는 위태로운 몸짓이 안쓰럽고 짠하다.

시골은 쓰레기 같은 도시인의 쓰레기장이다. 한적하고 후미진 곳은 투기장이 되었다. 그들은 쾌적한 시골 산천에 쓰레기를 내버리고 더러워진 양심을 아무렇게나 주워 싣고 황급히 도망간다. 살아있는 쓰레기들의 발자국이 어지러운 이곳은 털 난 도시인의 만만한 시골이다.

조류독감의 전파경로는 감염된 닭·오리일까, 야생조수일까? 보균자가 야생조수인바에 '차단'이 무색하다. 날개 달린 청둥오리와 가창오리가 어디를 가지 못할까. 반경 500m나 3km 안에 있는 가금류를 몰살시키면 해결되는 일일까. 해결되고말고, 여기가 시골인 걸 벌써 잊었나.

도시의 검은 연기에 소방차가 법석이고 뜬금없는 봉화가 오르니 프로펠러 소리가 창공을 가르는데 산골에 연기가 스멀거리면 면 직원의 오토바이에 불이 붙는다. 날을 잡아 밭두렁을 태워보다가 산불을 내고 퍼렇게 떨기만 하던 청자 할아버지는 끝내 일어나지 못했다.

아파트 화단의 살구꽃은 이레가 지났건만 산촌의 봄소식은 늘어진 시조 가락이다. 멀쩡한 벽시계도 이곳에 오면 횡설수설하다가 반 시간은 지참(遲參)한다. 여기는 시골이니까. 진돗개가 쇠줄을 끊고 나가 이웃집 애완견을 물어 죽인 게 몇 번째인가. 대놓고 화를 못 낸 이웃집

사장님이 싸늘한 주검을 우리 농장 앞에 던져놓았다. 변상한다는 말을 못 하고 며칠 후 막걸리 여남은 병 싸들고 조문(?)을 한다. 화를 내지 않아도 속을 알고 변상하지 않아도 속을 아는 여기는 속없는 시골이다. 비료를 싣고 온 화물차가 구렁에 빠져 버둥대다가 숨이 넘어갔다. 아랫마을 이장님이 열 일 제쳐놓고 달려와서 염려를 해주고 오 리 밖 권 사장은 트랙터를 끌고 와서 1시간을 씨름한다. 대가를 바라지 않으니 그저 고맙다는 한마디에 손사래를 치며 시치미를 떼는 여기는 정겨운 시골이다.

여수 말 산책

 사람의 두드러진 솜씨나 습성, 직업과 신체 특징 따위를 표현하는 여수 말은 놀랄 만큼 다채롭다. 걸핏하면 울거나 큰 소리로 오래 우는 아이를 울보라 하는데 여수 사람들은 울업젱이라고 한다. 걸핏하면 악을 써대는 사람은 악젱이(악보)이다. 술을 탐하는 술보, 떡을 별나게 좋아하는 떡보, 유난히 밥을 많이 먹어대는 밥보, 수제비건 칼국수건 동지죽이건 가리지 않고 죽이라면 사족을 못 쓰는 죽보, 코주부는 코젱이(코보), 똥보는 똥뗑이, 얼굴이 박박 얽은 사람을 빡구라 하고 언청이를 째보라고 했다. 떡보, 밥보는 표준어이기도 하다.

 꾀를 잘 부리는 꾀보 또는 꾀꾼, 먹을 것을 밝히는 묵보 또는 묵돌이, 잠이 많은 잠보는 잠쳉이, 욕설을 입에 달고 사는 욕젱이(욕보), 슬금슬금 은밀히 움직이는 슬금젱이(씰무새), 매사에 삐치기를 잘하는 삐끔젱이, 살집이 짙은 살보, 사리를 분별할 줄 모르거나 약삭빠르지 못하여 생각이나 행동이 갑갑해 보이는 답답이는 깝깝수, 매사를 건성으로 보아 넘기거나 건성건성 일을 하는 건성젱이, 먼산바라기는 먼산베기, 말만 그럴싸하게 잘 하거나 남의 말을 과장하거나 잘도 지어내는 말젱이, 아편중독자처럼 누렇게 뜬 사람을 노랑이에 빗대어 구두쇠를 일컫는 애핀젱이(아편장이), 싸울 때 물어뜯기를 잘하는 물업젱이, 걸핏하면 사람을 꼬집어대는 찌겁젱이, 감정 기복이 심한 깨씬보(깨씬젱이), 투정을 잘 부리는 게탁젱이, 바람을 잘 잡는 바람제비, 언행이 실답잖은 씰답잔내, 걸핏하면 싸움질을 벌이는 싸움쟁이는 쌈젱이, 노름에 빠져

사는 노름젱이, 방귀를 자주 뀌는 방구쟁이는 방구젱이, 머리에 부스럼을 달고 사는 부시럼젱이, 팔이나 장딴지 등에 공곳(뾰두라지)이 자주 생기는 공곳젱이, 갈비씨는 빼뺏다리, 빼까리, 빼껭이. 빼까리와 빼껭이는 절간고구마를 이르는 여수 말인데 경상도 사람들은 빼때기라고 한다. 게으름뱅이는 게울박수, 거짓말쟁이는 공갈젱이, 구라를 잘 치면 구라젱이.

　뻥튀기 기계로 튀밥 튀기는 일을 하는 퇴밥젱이, 온돌방의 막힌 고래구멍을 틔워주는 고래젱이, 양철그릇 따위를 납으로 땜질하는 땜젱이, 금이 가거나 깨진 옹기그릇을 철사로 테메우는 테멘젱이, 방구들을 놓는 구들젱이, 목수는 대목젱이, 토수는 토젱이, 못줄을 잡는 줄잡이는 줄젱이(줄제비), 모잡이는 모꾼, 모제비(모잡이), 꿀벌을 치는 사람은 벌젱이, 재봉틀이 귀한 시절에 재봉틀을 다루던 사람은 틀젱이, 침을 놓는 침쟁이는 춤젱이, 춤꾼도 춤젱이라 한다. 석수장이는 돌젱이, 대장장이는 석냥젱이, 미련하기 짝이 없는 미런텡이, 바보는 벅수, 못난이는 엉구, 불고 닦고 되게 깔끔을 떠는 사람은 비단장시, 몸을 사리며 제 몸을 지나치게 아끼는 사람은 비싼내, 눈을 자주 깜빡거리는 눈깜잭이, 코를 자주 훌쩍이는 코홀쩍이, 수줍음을 잘 타는 열없쟁이는 여럼젱이, 숫보기는 수두베기, 팔푼이는 반펭이, 장난 좋아하는 장난젱이, 딸꾹질이 잦은 포깍젱이, 발동기 등 기계를 다루는 기개젱이, 깡을 잘 부리는 뗑깡젱이, 오기가 많은 오기젱이, 입성이나 몸가짐 또는 행실이 지저분한 짜잔내, 사물을 허투루 보고 다니는 벌처니 또는 벌쳉이, 언행이 같잖은 같잔내, 행동이 도섭스러운 도삽젱이, 눈이 유난히 큰 눈깔보, 좌중에서 사설을 잘 늘어놓는 새살젱이, 미련하게 북북 우겨대는 뻑뻑수, 이발사는 이발젱이, 양복 만드는 양복젱이, 사진사는 사신젱이, 평소에 기침을 자주 하는 지침젱이, 조금 모자라 보이는 모지리, 몸이 약하거나 의지가 굳지 못한 물컹이는 물켕이, 깍쟁이는 깍젱이, 응달에서 자란 호박처럼 얼굴이 둥글고 희멀건 사람은 응달호박, 볼일 없이 왔다 갔다 하거나 매일 변함없이 따분하게 출퇴근하는 사람은 시개붕알, 개처럼 쏘다니기를 좋아하는 벌개, 매구(풍물)를 잘 치는 매구젱이(주로 상쇠를 가리킬 때), 놈팡이는 놈펭이, 뭐든 잘 아는 것처럼 나서는 안다니, 사람들을 이간질하는 간살젱이, 엄살이 심한 엄살젱이, 유난히 땀을 많이 흘리는 땀보, 고의춤을 별나게 까뒤집고 다니는 곰말젱이 또는 곰말수. 이래저래 몹쓸 인간은 문뎅이다.

 키다리는 간짓개, 난장이는 딴또, 배가 불룩 튀어나온 배보, 유난히 머리가 커 보이는 대갈수, 이마가 크고 튀어나온 에망젱이(데망젱이), 뒤통수가 튀어나온 사람은 꽁치, 흰머리가 희끗희끗한 젊은이는 새치이다. 게걸들린 듯 늘 먹을 것만 찾는 껄뜩박수, 어리보기와 얼뜨기는 어주리, 골칫덩어리는 꼴통, 있어도 별 도움이 되지 않는 사람은 거무적, 겉보기엔 그럴듯하나 실속이 없는 사람은 쭉젱이, 지조가 없거나 행실이 더러운 걸래, 둥글납작하게 생긴 사람은 납세미, 덜떨어진 사람은 덜떼기, 장님 기름 값 당하듯 걸핏하면 덤터기나 쓰고 다니는 자는 물봉이다. 좀 어리석고 모자라 제구실을 못 하는 쪼다는 쪼대, 잔뜩 겁을 집어먹고 꼼짝도 못 하는 언삐가리(언삐젱이), 상대방의 언변이나 물리적인 공격에 패대기쳐진 개구리처럼 나가떨어진 사람은 깨구락지이고 뺀지리는 매사에 반드럽고 되게 말을 듣지 않으며 개개는 사람이다. 영감텡이나 영감젱이는 영감님을 낮잡아 이르는 말인데 할머니를 낮잡아 부르면 할멈텡이이다. 남들 앞에서 애 아버지를 낮잡아 이르는 말은 아붐텡이, 애 어머니를 낮잡아 이르는 말은 어멈텡이인데 부부간이 아니더라도 유부남, 유부녀를 홀하게 부르는 말이기도 하다. 이핀내는 여편네이다.

촐싹대며 금세 말을 물어 나르는 촉새, 누구의 수하가 되어 따라다니며 아부하는 자는 따가리라고 한다. 점쟁이는 점쟁이, 손금쟁이는 손금쟁이, 관상쟁이는 관상쟁이, 사주쟁이는 사주쟁이의 여수 말이다. 태주를 모신 무당은 애기점쟁이 또는 명도 점쟁이, 맹인 점쟁이는 판수라 한다. 청맹과니는 당달봉사라고 했다. 명도, 판수, 당달봉사는 표준어이기도 하다. 앞에 나서지는 않고 요리조리 눈치를 살피는 자는 빼꼼이, 걸핏하면 무슨 일에 나서서 방정을 떠는 사람을 초라니라 하는데 그렇게 떠는 방정을 초라니 방정이라고 한다. 세상물정을 잘 모르는 바보가 무대이다. 큰일이 벌어져도 남의 일인 양 태평한 사람을 무랑태수라고 비꼰다. 유난히 겁이 많은 겁쟁이는 겁보, 키가 아주 작은 사람을 일러 땅개 또는 똠박이라고 놀렸다. 속이 음흉하고 교활하며 눙치는 재주가 있는 자는 능구렝이, 글(문학)을 쓰는 사람은 글쟁이, 그림 그리는 사람은 환쟁이이다. 성격이 매우 세심하여 매사에 꼼꼼한 사람을 가리켜 꼼꼼쟁이라고 한다. 노는 여자는 논다니, 몸 파는 여자는 아리트리 장사, 떼를 잘 쓰는 사람은 떼빨쟁이, 사리에 맞지 않은 언행을 일삼는 또라이, 나무라거나 불러도 코대답도 없는 자를 가리켜 소잡아 묶은 구신이라 한다. 집안에서만 맴돌며 바깥출입을 하지 않는 사람은 방안통쇠이다. 단골무당은 당골내. 가무를 좋아하여 밖으로 나도는 여자는 사당년이었다.

행실이 사악하여 그 후손을 보아서는 아니 될 자는 씨받을 놈이다. 씨받을까 두려운 사람인즉 씨를 받으면 안 될 놈이라는 역설이다. 든부자난거지는 꽁알부자이고 털보는 터럭쟁이, 수염이 많거나 늘 수염을 기르고 다니는 사람은 씨염젱이, 영등할머니는 이월함쌔, 기독교인을 비하하는 예수젱이, 파계하여 승려답지 않은 승려를 낮잡아 이르는 땡추중을 여수 사람들은 때까중이라 하고 대처승은 씸중이라 일렀다. 중대가리는 대머리, 망나니는 망넹이, 주정뱅이는 주태베기, 펑크 때우는 일을 하는 사람을 가리켜 빵꾸젱이라고 한다. 반드러워 제 이익만 챙기면서 말도 듣지 않고 어수룩한 구석이라고는 없는 약은 자를 빤득새라고 불렀다.

 남들 노는 데 끼어드는 꼽사리, 곁다리는 갓다리, 어떤 일과 관계없는 사람 또는 불청객은 외꾼이라 한다. 이도 저도 아닌 어정쩡한 사람은 어중제비, 징거미처럼 수그리고 다니는 사람은 징검새비라 불렀다. 몸에 흉터가 많은 숭터젱이, 점이 많은 점보, 하는 짓이 거칠어 일 저지르기 딱 좋을 만한 사람은 감푸젱이이다. 어린 시절 벌거벗고 다니기를 좋아하는 아이를 깨댕이보라 했는데 벌거벗은 상태를 여수 말로 깨댕이라 한다. 그래서 어린 시절에 벌거벗고 함께 놀았던 친구를 깨댕이 친구라고 하는데 죽마고우와 같은 말이다. 윷놀이에 프로페셔널이면서 아마추어인 것처럼 속여 내기 윷에 붙은 사람은 위장꾼이라 불렀다. 용모나 실력이 한참 뒤떨어진 사람 또는 질이 아주 낮은 물건을 가리켜 미추리라고 한다. 멀쩡한 눈을 가지고 앞가림을 제대로 하지 못하는 사람을 폰수라고 이기죽거리기도 했다. 돈이 없어 지갑이 빈 사람은 빈보상, 버르장머리가 없는 자는 싸가지, 왼손잡이는 왼작제비 또는 짝제비, 변변치 못한 사람을 물짠내라고 불렀다. 매사에 꼬치꼬치 따지며 까다로운 사람은 옹구작데기, 눈치가 빠르고 교활하며 행동이 잽싸고 간사한 사람은 돌쪽제비, 아주 교활한 사람은 돌여꾸(돌여수)라고 했는데 주로 그런 여성을 비하하는 말이다. 걸핏하면 쟁을 치는 사람을 쟁

박젱이라고 하는데 갑자기 쟁(꽹과리)을 치는 것처럼 매사에 덤벙거리다가 시끄러운 일을 만드는 사람이라는 뜻인 듯하다. 턱이 뾰족하게 생겼거나 상대를 찌르는 말을 잘하는 사람은 쪼시개라고 했다. 쪼시개는 조새의 여수 말로 굴 껍데기를 쪼아 알맹이를 긁어내는 도구이다. 성격이나 외모, 언행 따위가 가족과 많이 다른 사람은 돌것이라고 불렀다. 얌전한 사람은 얌잔내, 점잖은 사람은 점잔내, 양반이다. 의심이 많아 눈치를 살피며 할 듯 말 듯 하는 삐깜셍이.

대사를 치르는 집의 정지(부엌)에서 부엌일을 하는 여자는 정지꾼, 혼례나 초상 등 대사를 치르는 집에서는 대개 한뎃솥을 걸어서 떡국을 끓여 손님을 대접하는데 떡국을 끓이며 국자로 떠주는 일을 도맡은 여자가 국장시이다. 이 국장시는 처음 온 손님과 재차 든 손을 구별하여 주발에 떡국을 떠 담았다. 드나드는 손님을 살펴서 직접 구별하기도 하지만 주로 술상 심부름하는 사람이 국장시에게 새 국과 헌 국을 주문하였다. 새 손님에게 대접할 새 국에는 가래떡과 고기 등 건더기를 넉넉히 넣었다. 대사를 치르는 집안의 과방(숙수방)에서 손님에게 내갈 상을 차리는 사람을 과방젱이라고 한다. 과일, 떡, 과자류, 굽거나 찐 생선, 수육이나 돈육, 생선회, 전, 회무침, 나물, 김치 등등 장만한 모든 음식은 과방에 진열하여두고 상을 차렸다. 오직 술만큼은 손님이 상을 받은 자리에서 시중이 따로 술을 쳤다. 주발이나 사발에 술을 담아 손님에게 올리는 것을 가리켜 술을 친다고 한다. 소주를 좋아하는 사람에게는 '말좃꼬푸'에 소주를 따라주었다.

장가든 신랑은 첫날밤에 처갓집 동네 장정들을 초청하여 대접하는데 이때 신랑을 대신하여 손님을 맞고 대접하는 일을 맡은 이가 인접이다. 인접은 대개 신부의 친인척이 맡았다. 그날 밤에 꽤 살벌한 신랑 다루기가 벌어진다. 상각은 상객이다. 상각을 대접하는 상각상은 그야말로 상다리가 부러질 정도로 호사스러운 진수성찬이지만 혼례식에 상각으로 선정된 이들은 신랑과 신부 집안의 어른들이므로 집안의 체면을 중시할 수밖에 없었다. 그러기에 상각상은 물릴 때에도 들일 때와 별로 변화가 없었다. 거의 손을 대지 않았다는 이야기다. 상각으로 갔다가 굶어 죽는 줄 알았다는 우스갯소리가 있을 정도였다.

마른 멸치처럼 빼빼 마른 사람을 멸따구라 부른다. 멸따구는 '멸치'의 여수 말이다. 어떤 분야의 오랜 터줏대감 같은 사람은 '무거리 장닭'이다. 주로 가금류의 오래된 걸 무거리라 하는데 사람으로 치면 늙다리와 같은 말이다. 도장공은 뺑끼쟁이, 옹기를 만드는 이는 옹구쟁이다. 첩은 작은각시, 품위나 지위가 낮은 사람이 '하바리'인데 여수 사람들은 하급품 즉 가재기를 '하빠리'라 부른다. 서당 선생은 접장이라 했는데 동학과 관계가 있는 용어인지 궁금하기도 하다. 말릴수록 무장 더하는 행위를 가리켜 '신접을 낸다' 하고 그런 자를 신접쟁이라고 한다. 말 머리처럼 얼굴이 길쭉한 사람은 몰대가리, 늙은 마소는 늙다리이다. 일은 않고 밥만 축내는 자가 밥벌거지인데 밥벌레, 밥버러지의 여수 말이다.

머리통이 유난히 큰 사람은 가분수, 들이받는 성질이 있는 소가 '부사리'이다. 하지만 여수에서는 황소를 가리켜 부사리 또는 부락떼기라고 한다. 목수는 대목쟁이, 벌꿀을 팔러다니는 이는 벌약장시이다. 침착하지 못하고 몹시 덜렁거리는 사람을 덜렁이 또는 덜렁쇠라고 하는데 여수 사람들은 '털펭이'라고 한다. 정수리까지 벗어진 대머리의 표준어는 '민머리'이고 '민대가리'는 그 속어인데 여수 사람들은 대개 '민대가리'를 쓴다. 빡빡 깎은 머리는 '중대가리'라고 하는데 역시 표준어이다.

얼굴이 유난히 검은 사람은 깜상, 간사스럽게 알랑거리는 사람을 가리키는 표준어는 '살살이'이다. 여수에서도 그렇게 부른다. 몸집이 작고 가냘프지만 검질긴 사람을 '땡끼'라 하는데, 땡끼는 작은 벌이지만 물속까지 쫓아온다고 할 만큼 악착같은 성질을 가지고 있다. 필자는 아직도 마땅한 표준어를 찾지 못했다. 무리의 우두머리는 '대빵'이고 입으로만 선을 베푸는 자를 '입보살'이라 한다. 차림새나 성격이 털털한 사람은 '털털바구', 이리저리 잘도 빠져나가는 사람은 '미꾸람지'이다. 몸집이 작고 가냘파 보이는데 의외로 야무지고 올찬 사람은 칭하는 표준어를 찾지 못했는데 여수 사람들은 '뽀딱젱이'라 한다. 표준어를 조합한다면 '당찬 사람'이다. 따라서 동사로 자주 쓰는 '뽀딱지다'는 '당차다'에 가깝다고 하겠다. 가령, 덩치가 큰 사람과 몸집이 작고 가냘파 보이는 사람이 씨름을 하면, 누가 보아도 금세 승부가 날 것 같은데 작은 사람이 의외로 잘 버티는 경우가 있다. 그렇게 잘 버티는 걸 가리켜 '뽀딱지다'라고 하고 그런 사람을 뽀딱젱이라고 부른다.

깍쟁이 중의 깍쟁이는 돌깍젱이, 사사건건 떼를 쓰는 사람은 떼빨젱이, 검질기게 들러붙는 사람은 거무락지 또는 진드까리라고 부른다. 거무락지는 거머리, 진드까리는 진드기의 여수 말이다. 귀가 얇아 유혹에 약한 사람을 문저리라고 비꼰다. 문저리는 빈 낚시를 던져도 덥석 무는 습성이 있는데 표준어는 문절망둑이다. 차돌처럼 야무진 사람은 차돌바구, 은근히 어른스러운 데가 있는 어린이는 영감, 그렇게 어른스러운 지혜나 언행을 보이는 아이를 가리켜 어른들은 "속에 영감이 들어앉았다"라며 감탄한다. 눈이 작은 사람은 단춧구녕 또는 뱁새라고 놀린다.

아귀처럼 입이 큰 사람을 아꾸라고 한다. 아귀의 일본식 한자 표기는 '안강(鮟鱇)'인데 조류를 따라 크게 벌린 아귀 입처럼 쳐놓는 그물을 안강망이라 하고 안강망 방식으로 고기를 잡는 배를 안강망 어선이라 하는데 70~80톤 규모의 근해안강망 어선은 여수 사람들이 말하는 '중선배'이다. 언행이 어설프고 들떠서 미덥지 못한 사람을 날라리라고 비하하는데 표준어이다. 남들이 미처 생각지 못한 소소한 기회나 여건을 놓치지 않고 제법 실속을 챙기는 사람을 떼깍수라고 한다.

60년대 농촌 마을에선 집집이 예사로 술을 담가 먹었는데 이를 단속하기 위해 세무서 직원들이 느닷없이 조사를 나오곤 했다. 그들을 가리켜 '술조사'라 했다. 땔나무 채취를 단속하는 사람은 산감인데 술조사나 산감한테 걸리면 벌금을 물어야 했다. 어느 날 갑자기 술조사가 나타났다는 소식이 전해지면 안방에 모셔놓은 술동이를 이고 지고 들로 내달아 감추는 진풍경이 연출되곤 했다. 산감이 출현하면 채취해 온 청솔가지나 장작을 감추느라 법석이었다. 마을 이장의 역할이 중차대한 시절이었다. 인간말종은 백정놈, 언행이 모질고 살기가 있는 사람은 독새, 어떤 사실을 정확히 지적하여 내거나 잘 알아맞히는 능력을 가진 족집게는 쪽직개, 땔나무를 하거나 꼴을 베는 일을 하는 어린 머슴을 꼴머슴이라 하는데 여수에서는 깔땀사리 또는 담사리라고 불렀다.

어딘지 조금 모자란 사람은 모지리, 지지리 못난 사람 또는 하찮은 사람을 잔바리라고 하는데 이에 대응하는 표준어는 잔챙이다. 얼굴에 살이 없고 뼈가 툭툭 튀어나온 사람은 마치 뱉아놓은 대추 씨 같다 하여 '뱉아논 대추씨'라 하고 좀팽이는 쫌펭이라 부르는데 몸피가 작고 좀스러운 사람을 이르는 말이다. 병에 걸려 늘 성하지 못하거나 걸핏하면 잘 앓는 병추기는 '빙치리'라 하고 꼬챙이처럼 몹시 여윈 사람을 속되게 이르는 말라깽이는 꼬젱이라 한다. 겉모습은 그럴싸하나 실속이 없는 사람을 놀림조로 '보리빵떡'이라 했다. 잘 씻지 않아 때가 많은 때꼽쟁이, 썩은 이엉처럼 다부지지 못하고 푸석한 사람은 썩은새, 싹수가 있고 사람다운 자를 가리켜 된놈이라 하고 난놈은 '난사람'의 속어인데 여수 사람들도 그대로 쓴다. 여수 사람들은 참매미를 와가리라고 부르는데 참매미처럼 언성이 크고 시끄러운 사람을 빗댄 말이다. 잔소리가 많은 잔소리쟁이, 사람답지 못해 포기한 상태의 자식은 '내논놈' 또는 '딜라분자석'이라 하는데 내놓은 자식, 내다버린 자식이라는 뜻이다. 친자식인데도 마치 어디서 데려온 자식인 양, 부모가 모질게 대하는 자식을 '디꼬온자석'이라 한다. 남 앞에서 말도 못하고 속절없이 당하기만 하는 못난이가 '엉구'다.

여위고 기운이 없는 사람을 갈쳉이라고 하는데 갈쳉이는 갯지렁이다. 모난 언행으로 판을 깨기 일쑤인 모개, 풀떼기처럼 물러터진 사람은 풀때죽, 철길 보수작업을 맡은 노동자는 고꾼이라고 불렀다. 리어카꾼은 니야까꾼, 땅꾼은 뱀꾼이라 했다. 골라내거나 잘라내고 남은 나머지를 지스러기라고 하는데 여수 말로는 찌시레기이다. 지스러기 같은 사람을 비유하는 말로 자주 쓴다. 찌꺼기의 여수 말 '찌끄레기'도 찌시레기와 비슷한 말로 쓴다. 겉만 번지레하고 실속이 없는 물건이나 사람은 나이롱, 점잖지 못하고 잡스러운 사람 즉 잡것은 '작것'이고 작것을 조금 우대하는 말은 작인이다. 아무 말이나 마구 퍼지르고 다니는 '씨다발내', 똑똑한 여자는 똑똑심이, 날름 잇속만 챙기고 토끼처럼 잽싸게 사라지는 사람을 가리켜 날람퇴끼라 했다.

모내기를 할 수 있도록 논을 미리 닦달하거나 모춤을 져 나르는 일꾼은 선일꾼, 모잡이 뒤에서 모가 모자라는 곳에는 모춤을 배치해주고 모춤이 너무 많이 별려진 곳의 모춤은 성긴 자리로 배치하여 모잡이들이 능률적으로 모를 심도록 시중을 들어주는 사람은 시중이라고 불렀다. 지금은 그런 모내기가 사라져 어느덧 호랑이 담배 먹던 시절의 이야기가 되어버렸다. 출상하기 전 묫자리의 토광을 마련하고 하관 후엔 성분을 하고 묘에 떼를 입히는 작업을 하는 일꾼을 가리켜 대뫼군이라 한다. 80년대까지만 해도 호상계 등을 무어 계군들이 상여도 메고 묫일도 했지만 요즘엔 장의업체가 장례 일체를 도맡아 처리한다.

　제법 어떤 구실을 하는 특이한 존재를 비유적으로 이르는 말이 '물건'인데 여수에서는 물겐이라 한다. 그날그날 정해진 시간 동안 일을 하는 일꾼을 날일꾼이라 칭하고 그런 일을 날일이라 한다. 소는 본시 말을 하지 않는 짐승이기에 죽어서도 말이 없다는 의미에서 무엇을 묻거나 추궁해도 입을 열지 않는 사람을 그에 빗대어 '쇠죽은 구신'이라 한다. 망나니는 망넹이, 엉큼한 짓을 잘하는 사람은 응큼수, 별 가치가 없는 하찮은 존재를 '흑싸리 껍닥'이라 하는데 흑싸리 껍질은 화투의 4월의 4장 가운데 흑싸리만 그려진 2장으로 화투의 전체 패 48장에서 볼 때, 별로 가치가 없는 존재이다. 피라미는 피레미, 올챙이는 올쳉이라 한다.

　같잖고 쉬운 상대를 가리켜 '한 주먹감'이라 비하한다. 뻗정다리처럼 융통성이나 멋이 없이 뻣뻣한 사람은 뻣뻣다리, 상거지는 그대로 상거지, 노가리 즉 거짓말을 밥 먹듯 하는 자를 노가리꾼이라 한다. 사람답지 못한 사람을 '인간'이라고도 하고 "저 인간이 언제 사람 되까" 따위로 쓰인다. 되놈은 때국놈이라 하는데 구두쇠를 욕으로 이르는 말이다. 갈보를 더욱 비하하는 말은 똥깔보, 들은 체 만 체하며 제 고집대로 하는 사람은 씩새, 순둥이는 순뎅이라 하는데 순한 사람뿐 아니라 순한 동물한테도 자주 쓰는 말이다. 머리가 나쁜 사람이 꼴통인데 여수 사람들은 문제아를 꼴통이라 한다. 행동이 느려터진 사람은 뎅구렝이, 키가 작은 사람은 쫄짱배라 부른다. 쫄짱배는 우리 재래종 벼로 만생종이고 키가 작아 바람에 잘 견딘다. '깨 폴로 간 사람'은 돌아오지 않으니 죽은 사람을 비유한 말이다. 깨는 홀딱 벗는다는 의미의 '깨벗다', 홀딱 벗은 몸이라는 뜻의 '깨댕이'와 연관된 말이 아닐까 싶다. 다시 말하면, '벗은 몸을 팔러 간 사람'이라, 알몸을 팔 곳은 저승밖에 없을 터인즉 깨 폴로 갔다는 말은 죽은 사람이 원망스럽고 짠하고 그리워서 하는 말이라고 생각한다. 혼혈인은 반조시, 걸귀는 걸구라 하는데 걸귀의 본뜻은 새끼를 낳은 암퇘지이다. 갓 새끼를 낳았으니 얼마나 배가 고프겠는가. 중매쟁이는 중신애비, 벽창호는 데쇠, 유난히 목이 긴 사람을 황새라고 부른다. 벅수는 바보, 엄살이 심한 엄살쟁이, 야바구는 야바위, 무엇을 방금 일러주었는데도 잘 까먹는 사람을 속된 말로 닭대가리라고 한다. 물을 무서워하거나 물을 매우 적게 먹는 사람을 염셍이라 하는데 실제로 염소는 물을 무서워한다. 함진아비는 함제비, 살아 있으나 죽은 것이나 진배없는 사람은 '송장'이다. 60년대에는 지역에 아이스케이크 공장이 있어 주로 청년층이 공장에서 50개, 100개, 200개들이 나무통(께끼통)에 아이스케이크를 받아 어깨에 메고 10리 안팎의 마을에 팔러 다녔다. 요즘으로 치면 계절 아르바이트라 하겠다. 그런 장사치를 께끼장사라고 했다. 께끼장사가 외는 소리는 '아이스 케이크'가 아니라 '아이쓰기게' 또는 '아이쓰게'였다. 마을 사람들은 대개 곡식이나 마늘 따위를 주고 께끼를 사 먹었다.

  말이나 행동이 다부지지 못하고 어리석은 사람을 어리보기라 하는데 여수에서는 어주리라고 부른다. 풍만하고 희멀건 여자를 속되게 '풍년 뚜부'라 한다. 마음이나 생각, 행동 따위가 바르지 못하고 조금 비뚤어져 있는 상태를 비유적으로 일러 '삐딱선'이라 하는데 여수에서는 삐딱선 언행을 '삐딱선을 탔다' 하고 그런 사람을 삐딱서니라 한다. 걸핏하면 토라지는 사람이 삐끔젱이인데 그렇게 토라지는 걸 가리켜 '삐끔낸다'고 한다. 비트리고둥처럼 비틀린 사람이 비트리이다. 미련퉁이는 미런텡이, 늙은이는 노타리라고 한다. 힘이나 대가 센 사람을 비유적으로 통뼈라고 부르는데 여수 사람들도 그대로 쓴다. '용가리 통뼈'라는 말도 심심찮게 쓰는데 '용가리'의 어원이 애매하여 여기에 적기 어렵다. 아무튼 통뼈를 강조하는 말인 듯하다.

　걸핏하면 누구의 애를 태우는 사람은 앳가심, 늘 노엽거나 분한 마음 곧 부아를 지르는 사람은 부앳가심, 어떻게든 일을 하지 않으려고 꾀를 부리며 게으름을 피우는 사람을 농뗑이라 하는데 표준어는 농땡이다. 앳가심이나 부앳가심, 농뗑이는 다 골칫덩어리들이다. 물멩이는 야무지지 못하고 흐리멍덩한 사람을 가리키는 말인데 꼼치가 표준어이다. 정작 '물메기'는 따로 있다. 수영을 못하거나 아주 서투른 사람을 맥주병이라 하는데 여수 사람들은 그런 사람을 뾧돌이라 부른다. 뾧돌은 '봉돌'의 여수 말이다. 딱 붙어 다니는 사람들은 지남철이라 한다. 지남철은 표준어로서 자석과 같은 말이다.

　참고로, 하나쌔, 함쌔, 압쌔는 각각 할아버지, 할머니, 아저씨를 가리킨다. 홀어미는 홀엄씨라 하고 홀아비는 홀에비, 아범은 아붐, 어머니는 '엄니' 또는 '어무이'라 부른다. 여자아이는 간내 또는 가이내, 남자아이는 멈마 또는 머이마, 머시마라고 한다. 아주머니는 아줌쌔이고 시집온 여성들은 친정 동네의 이름에 '떡'을 붙여 순천떡, 살겡이떡, 도두막떡, 세동떡 등으로 불렀다. '떡'은 '댁'의 여수 말이다.

당신 거기 있어줄래요

　오늘은 아내의 생일입니다. 어제 오후에 생일 케이크를 생각하다가 그 후의 스토리 구성이 탐탁지 않아 그만두었지요. 이 나이에 자질구레한 소품을 선물하기도 무엇했지만 지갑이 얇은 탓에 큰 것은 꿈을 꾸지 못했지요. 뒤 한 번 돌아보니 아내와 한솥밥을 먹은 지도 어언 40년 세월입니다. 장고 끝에 악수 둔다는 바둑 격언처럼 챙긴 거라곤 고작 마른미역 한 움큼과 콩나물 한 봉지, 미역국에 넣을 쇠고기 한 근이었네요. 어스름에 눈 비비며 찬물에 불려놓았던 미역을 치대어 씻고 냄비에 참기름을 둘러 볶아봅니다. 연기인지 김인지 아리송할 즈음 쇠고기와 함께 더 볶아보다가 국물을 부어 한소끔 끓여내니 스스로 대견하네요. 콩나물도 무쳐보고 여름에 삶아 말려두었던 아주까리 나물도 만들어보았습니다. 요리는 그것으로 끝이지만 오직 낯선 경험이었어요.
　제 어미 생신이라고 맏이가 영화표 두 장을 예매해놓았나 봅니다. 밤 9시를 겨냥하여 아내와 집을 나섰습니다. 주위를 둘러 흰머리 동지를 찾지는 못했지만, 우리 같은 중늙은이들한테도 팝콘과 음료는 소용이 되더군요. 2시간은 생각보다 길거든요.
　〈당신, 거기 있어줄래요〉. 기욤 뮈소의 원제 소설을 각색한 작품인데 저자가 영화제작을 쾌히 승낙했다는 뒷이야기도 있더군요. 느닷없이 캄보디아의 밀림이 전개되고 앙코르와트의 장관이 시선을 사로잡더니 이야기는 엉뚱한 방향으로 펼쳐집니다.
　2015년의 수현(김윤석)은 캄보디아 의료 봉사 활동 중 한 소녀의 생명을 구해줍니다. "소원이 있습니까?" 소녀의 할아버지는 신비한 알약 10개를 수현에게 선물합니다. 그의 소원은 사랑했던 여인 연아(채서진)를 만나보는 것이었지요. 호기심에 알약을 삼킨 수현은 순간 잠에 빠져들고 다시 눈을 떴을 때, 30년 전인 1985년의 젊은 자신(변요한)과 마주하게 됩니다. 시간여행이지요. 30년 후의 그는 체념어린 표정으로 과거는 흘러갔기에 돌이킬 수 없다며 운명을 이야기하고 30년 전의 젊은 그는 '미래는 내가 결정하는 것'이라고 언성을 높이고 있었습니다. 운명은 바꿀 수 있는 것일까요? 이 영화는 돌고래 사육사로 일하다가 불의의 사고로 죽어간 연인을 되살림으로써 그들 모두의 운명이 완전히 바뀌어버린 이야기로 달려갑니다. 남자는 연인을 살리기 위해 마음에도 없는 절교를 선언하고 다시는 만나지 않습니다. 단 한 번이라도 만나면 연인은 죽게 됩니다. 까닭을 알 수 없는 여인은 슬픔에 겨워 홀로 살아갑니다. 그러나 운명이 바뀐다 한들 어찌 그 사랑마저 떠날 수 있겠어요.

얼마 전에는 텔레비전에서 폴 뉴먼과 로버트 레드포드 주연의 〈더 스팅(The Steeng)〉을 만났지요. 내용이래야 신출귀몰한 사기꾼들의 이야기에 지나지 않지만 숨죽이고 있었던 고교 시절의 기억들이 밤하늘의 유성처럼 긴 꼬리를 남기며 스쳐 가는 거였어요. 찐빵값과 버스비를 아껴 주말이면 시내 영화관으로 달려가던 추억이 새롭네요. 그 시절에는 영화 〈벤허〉를 보지 않고는, 미우라 아야코(三浦綾子)의 《빙점》과 헷세의 《데미안》을 읽지 않고는 친구들과의 대화에 끼어들지 못했지요.

'기회'와 '후회'는 동의어 같기도 합니다. 농사에는 때가 있어서 씨뿌리기, 거름주기, 김매기, 물주기, 추수 등 어느 것 하나라도 때를 맞추지 않으면 농사를 망치기 십상이지요. 그래도 기회는 다시 옵니다. 농사는 한 해만 짓고 마는 일이 아니잖아요? 삶의 궤적에 남겨진 상처는 쉽게 아물지 않는 듯합니다. 혹은 아물지라도 그 상흔은 끝내 지워지지 않는가 봅니다. 그러나 시련도 고난도 피하고 싶었던 일들도 어쩌면 내 인생에 소중한 기회였을 거라는 후회가 가슴을 사무치게 합니다. 나는 세월이 흐른 후에도 그것들이 기회였다는 사실을 인정하기 싫었는지도 모르겠습니다. 나쁜 일도 기회였다는 것을. 지성으로 예배에 참석했던 소년 시절에 플래시를 도둑맞은 일도 내 신앙을 반석 위에 올려놓을 수 있는 기회였던 것을. 지나간 세월 속에서 내게 찾아왔던 기회들은 하늘이 내려준 은혜이고 사랑이었던 것을 나는 깨닫지 못했군요. 한때의 좌절과 슬픔도 기회였다는 것을 나는 알지 못했네요.

    나는 통속의 거리에서 잠시 〈과거는 흘러갔다〉를 흥얼거리다가 살아왔던 날들의 아쉬움과 미련을 내보내기로 작정합니다. 희망이 숨 쉬지 않는 낡은 그리움도 땅에 묻기로 합니다.

산을 자르고 들을 가르니

　사람들은 산을 자르고 들을 갈라 길을 내고는 그 길로 숨 가쁘게 차를 몹니다. 길을 가로지르던 고라니가 치여 죽고 너구리와 삵과 족제비도 죽고 남생이와 능구렁이도 깔려 죽습니다. 그러나 사람들은 참혹하게 찢기고 짓이겨진 채 싸늘하게 식어버린 주검들의 이름을 알지 못합니다. 그들은 그저 '이름 모를 짐승'일 뿐입니다. 우리는 코끼리와 원숭이, 사자와 표범과 펭귄은 훤히 알고 있지만 정작 '우리 것'은 잘 모릅니다. 많은 야생동물의 씨가 말라버렸거나 멸종위기에 놓이고 소쩍새와 스라소니와 삵이 우리 곁에서 가뭇없이 멀어져 가듯, 살가운 우리말은 세계화의 거센 물살에 소쿠라져 멍이 들고 '영어'라는 괴물한테 짓눌려 몸부림을 칩니다.

　낯선 동리로 이사를 하면 마을 사람들의 낯을 익히고 이름 아는 일을 게을리해서는 안 되지요. 온전히 낯을 익히고 이름을 외우면 '낯설다'라는 핑계는 얼추 사라지게 됩니다. 사람들은 서로 얼굴을 알고 이름을 알게 되면 금방 친해지게 마련입니다. 옛날 옛적부터 우리 조상님과 함께 이 땅을 지켜온 온갖 나무와 풀은 말할 나위 없고 길짐승과 날짐승, 작은 벌레들을 만나 생김생김을 익히고 낱낱이 이름을 불러주는 순간 그들은 모두 새로운 사랑으로 다가옵니다. 그들의 이름은 거의 모두 토박이말로 되어 있습니다.

　지난주에는 아내와 함께 어느 야생화 단지를 구경했습니다. 아내는 친정어머니 병구완하느라고 골병이 들었는지 온 삭신이 아파 제대로 갱신을 못 하면서도 설레발치는 내 속내를 마냥 모르는 체할 수 없어 짐짓 따라나선 눈치입니다. 그 야생화 단지에는 틀림없이 여러 가지 우리 꽃과 이 땅의 풀들이 자리를 잡고 있었지요. 또 귀한 풀과 꽃의 표본도 잘 마련되어 있었지요. 하지만 그곳에 다정한 내 이웃들은 없었습니다. 마을 빈터와 개울가와 길섶에서 스스럼없이 만나는 망초와 가막사리, 쇠비름과 바랭이, 사위질빵과 환삼덩굴과 며느리배꼽, 명아주와 쇠무릎은 아예 보이지 않았습니다. 이 땅의 진짜배기 주인들을 다 어디로 귀양 보내고 왕가와 귀족 가문의 족보만 한껏 내걸어 놓았는지 도무지 영문을 모르겠습니다. 문득, 허황한 사람들이 우리말을 쓰자며 묵무덤을 마구잡이로 파헤쳐 '죽은 말'을 꺼내서는 살려내자고 같잖은 신소리를 해대는 뇌꼴스러운 세태를 보는듯하여 영 마뜩잖았습니다. 그래쌓는다고 '미르'나 '즈믄'이 되살아날 리 없건만 죽은 아이 고추 만지기를 멈추지 않습니다.

  묵무덤은 그대로 내버려 두고 폐와 심장과 신장에 시달리는 허파와 염통과 콩팥을 구하고, 백혈구와 모세혈관의 올무에 걸려 헐떡거리는 흰피톨과 실핏줄을 구해야 합니다. 그러나 먼저는 우리 조상님을 대물림하여 우리와 함께 숨 쉬고 땀 흘리며 살을 섞어 살아가고 있는 토박이말 넉장거리도 만나고 허방도 짚고 때로는 몽짜도 부리고 해감내도 맡으면서 살아가야겠지요.

기다리는 산

 낙엽이 지고 나니 발가벗긴 쓰레기가 독감을 앓는다. 검은 비닐봉지가 아까시나무 가시에 쥐어뜯기며 허공을 원망하다가 까무러친다. 바위틈에 거꾸러진 목 꺾인 소주병은 눈을 감지 못한다. 찢어진 플래카드가 자연을 사랑하자며 막춤을 추고 있다. 최첨단 등산화에 살점 발린 뿌리가 앙상하여 애처롭다. 철삿줄에 목을 맨 빨강 리본이 파르르 떨고 있다. 겨울 산은 속곳마저 벗어던지고 산에 오른 사람들의 알몸을 강요한다.

 히말라야를 다시 찾은 산악인들이 베이스캠프 주변에 모여들었다. 그들의 목적지는 에베레스트가 아니었다. 에드먼드 힐러리 경이 에베레스트를 정복한 이래 오랫동안 그들 자신이 버려온 쓰레기를 모아가려는 양심의 걸음이었다. 네팔의 세르파들이 에베레스트에서 쓰레기를 수거했다는 소식이 그들의 마음을 움직였는지도 모른다. 바위틈 깊숙한 곳의 녹슨 깡통과 빈 병에는 손끝이 닿지 않는다. 금발의 키 큰 남자가 허리를 펴며 길게 한숨을 토한다. 이 산에 올랐던 많은 사람이 바위틈에 깡통과 빈 병을 쑤셔 넣고 자신의 양심을 돌무더기 속에다 감추었었다. 신들의 거처에 쓰레기를 내버린 도구는 산을 사랑하는 사람들의 손이었다. 베이스캠프 주변에서 모은 쓰레기가 산더미 여섯을 만들어냈다.

 참 오랜만에 산을 만났다. 겨울 가뭄에 지친 산길은 질 좋은 등산화에 짓밟히는 아픔을 참지 못하고 내 허벅지로 소스라쳐 올랐다. 여남은 젊은이들의 어지러운 발길이 흙먼지를 일으킨다. 사스레피나무 아래 검불에 싸여 있는 페트병을 보았다. 나는 망설이다가 발길을 돌렸다. 어느 못된 작자의 짓일 거다. 나는 세기의 문화인답게 과자부스러기 하나도 버리지 않았다. 산마루에 퍼지르고 살짝 얼려 온 병어회를 꺼냈다. 오늘따라 병어가 상해 있었다. 은근한 문내가 후각을 자극하자 속이 다 울렁거렸다. 1시간 전에만 먹었더라도 괜찮았을 것을. 누가 볼세라 배낭을 챙겨 하산을 서두르는데 불명의 악취가 코를 찌른다. 산이 내 뒷덜미를 잡아채며 질책을 한다. 너는 왜 내 산에 쓰레기를 버렸느냐며 호통을 친다. 빨강 리본도 부르르 떨며 "자연을… 사랑합시다!"라고 훈계를 한다. 실오라기 한 올도 버린 일이 없노라 항변하려다 엄숙한 눈빛에 입을 열지 못했다. 내가 버린 것이 거기 있어 '사랑'이었다. 산길이고 고샅이고 아무렇게나 버리다 보면 내 안의 사랑은 거덜 나고 말 것이다. 베풀지 않은 채 내버린 사랑이 가장 더러운 쓰레기임을 깨닫는다. 내버린 사랑은 내 속에 썩어서 오물이 된다. 그것이 바로 '미움'이라는 자각이 전율을 일으킨다.

산이 나하고 키를 맞추어 내가 사는 곳을 내려다본다. 저토록 낮은 곳에 엎드려 사는 내가 뭐 그리 분을 내고 비판하며 살았을까. 너는 살기 어린 회칼과 섬뜩한 독설을 내게 버리고 가라 한다. 저속한 배알과 짐승의 이빨도 이 산에 묻어두고 가라 한다. 네 속의 쓰레기들을 다 쏟아라. 내가 다 받아 주리라. 너는 정녕 투명한 가슴으로 이 산을 내려가라 한다.

나는 네 날숨의 찌꺼기를 생명으로 가꾸어 너의 들숨으로 돌려주지 않았느냐. 네가 외면해버린 저 빈 병엔 네 미움이 칠흑의 어둠으로 채워졌구나. 빈 병과 깡통과 과자부스러기를 내게 버린 사람들을 탄하여 네 사랑을 버리지 마라. 누가 버린 미움을 네가 거두면 그 미움이 사랑으로 바뀔 것이다.

  봄이 오고 녹음이 짙어지면 우리의 치부는 다시 숲속에 묻히리라. 우리의 나신을 잎사귀가 가려주면 부끄러움 잊어버린 우리는 한동안 의젓한 걸음으로 태연히 이 산을 활보하고 있으리라. 산은 함께 살아갈 사람만 오라 하는데 산과 더불어 살아갈 사람이 없다. 사람들은 기를 쓰며 산에 올라갔다가 세상의 미련으로 서둘러 내려간다. 산은 그런 사람 오지 말라 하는데 그런 사람 기를 쓰고 산에 오른다. 산을 정복했노라고 마루에 버텨 서서 짐승처럼 포효한다. 되돌아오는 메아리를 깨닫지 못하고 자꾸만 외쳐 댄다.

꽃게 발을 들고

모처럼 꽃게찜을 포식했다. 객지에 나가 있는 두 아들이 왔다는 이야기다. 애들이 자주 집에 왔으면 좋겠다. '꽃게 파'들은 사흘 만에 떠나고 나는 남은 꽃게 찜을 챙긴다. 큼지막한 꽃게 발을 치켜들고 불현듯 열두 살 소년이 된다.

어머니가 못품을 앗는 집의 사립 밖에서 곁두리 못밥이 나가기를 기다렸다. 놋그릇이며 오곡밥 대야를 실은 발채 지게를 짊어진 동네 아저씨를 앞세우고 크고 작은 동이를 인 아주머니들이 사립문을 나서면 나는 아이들과 함께 줄을 지어 따라갔다. 가난한 아침은 보리방귀 몇 방에 꺼져버린 지가 옛적이니 오곡밥과 꽃게탕의 새참을 무엇에 비할 수 있을까만 다들 어려운 시절이었다. 어느 모잡이네 아이가 따라왔건 말건 고봉밥 한 주발과 반 마리 꽃게탕으로 그만이었다. 어머니는 주먹밥부터 하나 만들어놓은 다음 거짓꼴로 몇 숟갈 뜨는 둥 마는 둥 주발을 내게 안기시고는 꽃게 발을 주먹밥과 함께 챙겨 주셨다. 집에 돌아오는 동안 주먹밥과 꽃게 발은 끊임없이 소년을 유혹했다. 그러나 주먹밥을 입술에 대보고 꽃게 발을 두어 번 핥아보는 데 까지였다. 나는 집에 돌아오자마자 몽돌로 꽃게 발을 자근거려 속살을 조금씩 발라내어 누이한테 먹여주었다. 주먹밥은 누이의 손에서 벌써 게눈을 감추었고 늦은 봄날에 소년이 흘리는 군침에는 죄가 없었다.

경풍이 잦은 막냇동생으로 놀란 적이 한두 번이 아니었다. 갑자기 쓰러져 혼절하는 날에는 눈앞이 캄캄해졌다. 골목길 200m 훈장 댁은 애

터지게 멀었다.

"훈장님, 훈장님! 우리 동생 죽어요!"

열세 살 소년은 늙은 훈장님 소맷자락을 부여잡고 내달렸다.

"이놈아, 내가 넘어지겠다. 네 동생 안 죽는다."

때로는 침통을 챙겨 든 훈장님을 업고 사생결단으로 달음박질을 놓았다. 훈장님은 화타요 편작이었다. 세 치도 더 되어 보이는 무서운 장침에 콧김을 쐬어 내 동생의 머리에 찔러 넣는 광경은 아찔하고도 신기했다. 그래도 깨어나지 않으면 인중에다 놓았다. 장침이 어디로 다 들어간 것인지 짐작조차 할 수 없었다. 훈장님이 인중에 침을 놓으면 동생은 한숨을 내쉬며 틀림없이 깨어났다.

얼굴과 온몸에 발진이 돋은 손아래 누이의 신음을 보듬고 형과 나는 노란 양은주전자를 들고 가재잡기에 나섰다. 뒷골 개울부터 앞산 골짜기까지 모래를 헤집고 돌부리와 씨름하며 한나절이 걸려서야 주전자 가득 가재를 잡았다. 암갈색의 가재가 선홍색으로 익어 시장을 자극했다. 어머니는 삶은 가재 국물까지 죄다 누이한테 먹였다. 그해에 홍진으로 우리 동네에서는 아이 둘이 죽었는데 가재 덕분이었는지 누이는 홍진을 이겨냈다.

생질의 결혼식이 있어 아내와 함께 서울에 갔다. 겨우 재워놓고 사립문 나서다 돌아보면 빤히 쳐다보던 둘째 누이의 막내가 장가가는 날이다. 폐백을 마치고 늦게야 식당에 들어선 매제부부가 맞은편에 자리를 잡았다.

"형님, 나는 참 복이 많은 사람이에요."

내 누이가 무엇 하나 내세울 것 없는 자기와 결혼해서 온갖 곡절 겪어 내며 집안을 일으키고 자식들을 잘 키워 이렇게 막둥이까지 장가를 보내게 되니 말할 수 없이 고맙다고 한다. 한잔한 매제의 불콰한 고백에 속절없이 눈물이 어리는 까닭은 그의 조강지처가 내 누이이기 때문이리라. 통통한 꽃게 발의 유혹을 끝내 이겨내고 속살을 발라 오롯이 먹여주었던 내 누이인 까닭이리라. 그러나 뭉게구름으로 피어났던 소년의 짝사랑은 빛바랜 흑백사진 앞에서 홀로 애달파 핏줄의 애틋함이야 차마 잊힐 리가 없다며 눈을 감는다. 그것이 숙명의 사랑이면 푸시킨의 시처럼 삶이 그를 속였을 뿐이다. 어린 누이와 막내의 노트에는 꽃게 발의 인내도, 접장님을 업고 내닫던 한밤의 초급함도 새겨져 있지 않았을 것을.

  사람 없는 개울에 나가 공연히 돌덩이를 들춰본다. 개울은 낯설어 형도 없고 온몸에 열꽃이 피어 신음하던 누이의 고향도 없다. 사람 속도 모르고 가재 한 마리가 나와 뒷걸음을 놓는다. 거기 백발의 소년이 꽃게 발을 들고 망연히 서 있었다.

진남관 바라보며

　이성계의 역성혁명에 반기를 든 사람들은 많았다. 포은 정몽주는 선죽교에서 살해되었고 두문동 72현도 비명횡사하였다. 그러나 지역민이 수령과 함께 고려왕조에 대한 충절을 지킨 유례는 오직 여수에서 찾아야 한다. 조선을 개국한 이성계는 사자를 보냈으나 여수현령 오흔인은 석창성의 문을 열어주지 않았다. 오히려 사자를 잡아 가두었다. 오흔인은 5년을 버텼으나 결국 체포되었고 조선은 그를 성에 유폐하여 아사시켰다. 이성계는 반역향이라 하여 여수 현을 폐하고 여러 부곡을 순천부에 복속시켜버렸다. 세조는 오흔인의 지조를 높이 평가하여 호조판서를 추증하였다. 그러나 여수현은 조선의 명운이 사위어가는 고종 때에야 복현되었다. 조선왕조는 오흔인보다는 여수 현의 거민을 반역의 뿌리로 보았던 것일까. 사람들은 이구동성으로 말한다. 복현은 여수 사람들의 끈질긴 노력이 거둔 결실이라고. 복현을 위해 뜻있는 선비들이 각고의 노력을 기울인 것은 사실이다. 그러나 복현의 결정적 계기는 따로 있었던 듯하다.

　1895년 조선은 대대적 군제개편을 단행하였다. 이때 전라좌수영이 혁파되었다. 관아 곧 행정관청이 없었던 여수 지역에서 관아 역할을 해온 전라좌수영이 사라졌으니 조정에서는 이 공백을 메워야 했다. 복현은 불가피한 결정이었다고 판단한다. 그때 조선은 사실상 일본의 손아귀에 들어간 상태였고 10여 년 뒤에는 대한제국의 군대가 완전히 해산되고 말았다.

삼도수군통제영 겸 전라좌수영은 객사에 전패를 모시고 매월 두 차례 망궐례를 올렸다. 이러한 객사는 지방수령이 정무를 보던 동헌보다 격이 높았다. 선조는 관아가 없는 전라좌수영에 웅장한 다목적 건물을 세워 이순신과 함께 필사의 각오로 왜적을 물리친 지역민을 위무하고 임금을 상징하는 전패를 모셔 관민이 매월 두 차례 망궐례를 올리도록 함으로써 여수 지역민도 엄연한 조선의 백성임을 천명한 것이다. 관아가 있었다면 따로 객사를 지을 필요는 없었을 터이다. 진남관은 숙종 42년(1716년)에 소실되었고 2년 후 95대 수사 이제면이 재건하였다.

여수는 일찍이 조선에는 반역의 땅이었으나 그 여수 사람들이 목숨을 돌보지 않고 이순신과 혼연일체가 되어 연전연승으로 왜적을 격파하여 나라를 구하였으니 조선왕조에 있어 여수는 더 이상 반역향이 아니라 빛나는 구국충절의 땅으로 떠올랐다. 선조임금은 임란으로 소실된 진해루를 복원하기보다는 시급히 대규모 객사를 짓도록 함으로써 세세토록 여수의 구국충절을 기리게 하고 오랜 세월 소외되고 고통받아 온 여수 사람들의 한을 위로해준 것이다. 그러므로 진남의 대상은 남방의 왜국이 아니라 바로 지난날 반역의 고을이었던 여수현이라고 볼 수 있다. 여수의 반역은 올곧은 충절의 역사였음을 세월은 말없이 증언하고 있다.

'진해'는 바다를 진압한다는 뜻이다. 중국 광저우에는 바다에 출몰하는 왜구를 물리치기 위해 세운 진해루가 있고 강화도에도 진해루가 있다. 전라좌수영의 진해루에서는 작전 회의가 열리고 활쏘기가 행해졌다. 예부터 우리의 바다에는 왜구가 출몰하였고 나라에서는 왜구 격퇴에 심혈을 기울였다. '진해'는 단순한 방어 차원을 넘어 바다를 제압하는 데 초점을 맞춘 전략이다. 일부 학자연하는 사람들은 근거도 없이 강변해 왔다. '진남'은 남쪽의 왜구를 진압한다는 말이라고. 여수는 정체모를 '진남'에 취하여 축제도 시장도 건물도 상호도 학교도 교회도 단체도 온통 '진남'에 빠져들었다. 그러나 나는 불민한 탓인지 우리 역사에서 '진남'을 남쪽의 왜를 진압한다는 의미로 썼다는 기록을 보지 못했다.

　현존하는 '진남'을 찾아보았다. 고려시대 구주성의 남문이 진남루인데 구주성은 지금의 평안북도 구성시이다. 고려의 수도 개경의 북쪽 내륙에 있는 진남루의 의미가 쉽사리 읽히지 않는다. 남한산성에도 진남루가 있다. 공주시에 있는 공산성의 남문도 진남루이다. 공산성의 진남루는 조선시대 때에는 삼남의 관문이었다. 진남루는 제천시에도 있고 진주의 북장대에도 있다. 경주의 기림사에도 진남루와 진남문은 있고 전주객사에도 진남루가 주관으로 버티고 있다. 화성행궁의 남문도 진남루이다. 어디 그뿐인가. 서산시 해미읍성에는 진남문이 있다. 대구 팔공산의 가산산성과 문경 석현성과 고모산성에도 진남문이 있다. 보령시 오천성에도 진남문은 있고 황해남도의 연안읍성에는 진남문은 물론이고 진동문, 진서문도 있다.

　곳곳에 산재한 진남루는 성읍의 남문이라는 공통점을 지니고 있다. 성읍의 남문인 진남루에 대응하는 북문은 '공북루'이다. 조선은 구한말에 이르기까지도 350여 개의 성읍국가였고 공북과 진남은 성읍의 정형이었다. '공북(拱北)'은 임금이 계시는 북쪽을 향하여 공손하게 절을 올린다는 뜻이다. 임금에게 충성을 다하겠다는 신하의 예이다. 따라서 '진남'이 '왜구진압'이라는 해석은 '공북'에도 어울리지 않는다. '진남'이 남쪽의 왜구 진압이면 허다한 진동루와 진동문, 진서루와 진서문은 누구를 진압한다는 의미인가. 1910년 병탄 직후 조선의 성읍 말살에 나선 일제가 그들을 진압한다는 '진남'을 남겨두었겠는가.

　임금의 신하된 자는 누구를 막론하고 북문을 드나들면서 예를 갖추며 충성을 다짐하고 남문을 출입하면서 임금의 통치권에 순종하는 자세를 가다듬었다. 그 북문이 한양도성의 북문이든 경복궁의 북문이든, 그 남문이 숭례문이든 광화문이든 달라질 일은 없다. 국태민안을 바라는 임금의 통치권은 한 글자 곧 '진(鎭)'에 수렴하니 진(鎭)은 다름 아닌 임금의 덕치에 의한 나라의 안정과 평안이다. 그러므로 평안도에 진남루가 있다 하여 결코 이상한 일이 아니다. 북쪽은 임금의 자리이니 임금이 굽어보는 방위는 남쪽이고, 임금이 둘러보는 좌우는 두 말할 나위 없이 동과 서다. 임금의 입장에서는 동, 서, 남이 다 통치대상이니 동서남의 삼방을 진무(鎭撫)하여 평화와 안정을 기함이 당연지사이며 신하의 처지에선 임금이 계시는 북쪽을 향해 공경의 예를 표함이 마땅하다. 임금은 북좌남면하였다. 임금의 자리는 신의 자리와 같다. 임금은 좌청룡과 우백호와 남 주작을 거느리고 다스린다. 동서와 남방은 모두 신하와 백성이다.

　왜구는 삼국시대에도 발호하였으며 특히 여말에는 극에 이르렀다. 조선왕조도 왜구 때문에 많은 우여곡절을 겪었다. 왜구는 비단 삼남 지방뿐 아니라 서해와 동해, 심지어 내륙을 가리지 않고 곳곳에 출몰하여 살인과 약탈과 납치를 자행하였다. 그러나 왜구가 한양도성 남방의 대마도를 근거지로 활동했다 하여 뚜렷한 사료의 제시 없이 '진남'을 '왜구진압'으로 단정하는 것은 비약이라고 할 수 있을 터이다. 왜구는 바다에 출몰하였으니 '진해(鎭海)'가 어김없다 하겠다.

　진남관은 여수의 실질적 행정기관이었다. 전패를 모셨으며 교지가 수교된 객사이다. 객사이니 사신이나 중앙관리의 숙소로도 제공된 다

목적 건물이다. 객사는 관찰사의 동헌(감영)보다 격이 높았다. 조선팔도에 진남관의 위용에 견줄만한 객사가 없을뿐더러 웅장한 본관에 '진남'이라는 명칭을 부여한 사례도 없다. 선조는 태조대왕 때의 반역 향이었던 여수를 아주 특별한 지역으로 승격시켜준 것이다. 여수 현이 복현된 배경을 되짚어보면 같은 결론에 도달한다. 여수 현은 전라좌수영이 혁파된 후에 복현되었다. 선조임금은 그 어느 곳에서도 볼 수 없는 웅장한 객사를 하사하여 여수백성의 구국충절을 기리고 여수의 평안을 축원해준 것이다. 아울러 전패를 모시도록 허락함으로써 태조 이후 200년 동안 소외되었던 여수가 더는 버려진 고장이 아니라 왕조의 엄연한 통치권역이며 여수 지역민이 자랑스럽고 어엿한 임금의 백성임을 확인해준 것이다. 진남관은 우리나라 최대의 목조건물이다.

　오늘도 진남관은 충무공의 '약무호남 시무국가'의 중심이 여수임을 묵묵히 증거하고 있다. 충민사도 오충사도 타루비도 대첩비도 일제히 고개를 끄덕인다. 진남관은 오늘날의 도청보다 격이 높았다는 사실을 기억해야 한다. 여수 지역민은 비록 행정구역상으로는 순천부에 속하여 오랜 세월 갖은 굴욕과 고통을 받아 왔지만 삼도수군 통제영과 전라좌수영의 아주 특별한 백성이었음을 잊지 말아야 한다. 고려왕조에 대한 절개를 지키고 풍전등화의 조선왕조를 구해낸 아주 특별한 백성 말이다. 이러한 백성은 고금동서에 없다. 여수는 고려 백성의 절개를 지켰으며 조선을 구하였다. 마침내는 파현된 여수를 팔도의 감영보다 더 높은 성읍으로 회복하였던 것이다.

　진남관, 가만히 웃고 계신다.

천로역정

※ 등장인물은 모두 가명입니다.

담임 선생님의 '골뗑이' 재건 복이 신기하기만 하던 시절에 우리는 '재건합시다!'로 뜻 모를 인사를 외치며 초등학교를 보냈다. 들녘에 보리가 배동을 차릴 때부터 볏논의 허수아비가 무서리에 떨 때까지 집집이 소먹이기는 으레 내 또래 소년의 몫이었다. 손목시계를 구경하기도 어려운 시골이었다. 아침나절에 없는 풀을 뜯기다가 점점 마을로 다가서는 앞산의 그림자로 어림하여 소와 함께 집으로 달음박질을 치며 학교 갈 차비를 서둘렀다. 방과 후에는 마루에 책보를 던져놓기 바쁘게 소를 몰고 나가 저물도록 풀을 뜯겼다. 우리들의 '과외수업'은 소 먹이는 일이었다. 여름방학 때엔 마을 앞의 민둥산은 온 동네 소들로 숫제 벌겋게 물이 들 지경이었다. 그곳에서 소들은 한나절이나 풀을 뜯어도 배를 채우지 못했다. 아이들은 부모님께 꾸중이라도 들을까 봐 소한테 억지로 물을 먹여보지만 애꿎은 물배만 불룩하여 왼쪽 풀 배 진구리는 무장 홀쭉해 보였다.

욕심쟁이 석이는 오 선 댁 말림갓에 소를 들여놓고 또래들과 말타기 놀이를 하다가 골짜기를 감돌아 나타난 오 선이 소를 붙잡는 바람에 경을 쳤다. 석이는 붙들린 소 앞으로 꼼짝없이 불려갔다. 감때사나운 오 선은 소의 굴레와 목줄과 고삐를 자르고 코뚜레마저 빼내서 부러뜨리더니 큼지막한 돌멩이를 소의 등짝에 내던졌다. 돌에 맞은 소는 혼비백산하여 천방지축 날뛰며 들판을 휘저었다. 석이도 뺨을 얻어맞고 입고 있던 옷을 다 벗기었다. 송아지가 되어버린 소는 콩이고 옥수수고 고구마 넝쿨이고 닥치는 대로 뜯어 먹으며 들녘을 짓밟았다. 벌거벗은 석이도 소의 꽁무니를 쫓아 들녘을 날뛰었다.

골목대장 용규는 휴가 나온 형의 군용벨트를 자랑하고 다니다가 끝내 버클을 풀지 못해 바지에 똥을 싸고 말았다. 그러거나 말거나 은하수가 부엌문을 바라보고 속삭이는 계절이 오면 우리는 어김없이 햅쌀밥을 먹었다. 기름기가 흐르는 살진 전어구이는 올게심니(올벼신미)의 풍성한 제물이었다. 동구 할머니가 돌아가신 때에도 나는 운아(雲亞)는 고사하고 흔한 조기(弔旗) 하나 천신하지 못했다. 운아삽이나 조기를 들고 장지에 따라간 아이들은 저마다 백 환짜리 동전 한 닢을 받았다. 조기나 운아삽을 차지하려면 아버지의 입김이 절대적이었는데 내 아버지는 늘 발인 상의 진설을 도맡고 있어서 나를 챙겨주실 겨를이 없었다. 땡끼벌집을 건드린 수철이는 웅덩이 물속으로 몸을 숨겼지만 벌떼는 웅덩이 위를 윙윙거리며 수철이가 숨을 쉬려고 머리를 내밀 때마다 득달같이 공격했다. 바다리(쌍살벌)와 달리 땡끼벌(땅벌)은 물속까지 쫓아온다고 어른들이 일렀다.

밤마다 들어도 물리지 않던 '반 쪼가리' 이야기. 수숫대가 빨갛게 된 사연과 강원도 포수 이야기, 하늘에서 내려온 별 문곡성(文曲星) 강감찬 장군 이야기…. 밤이 이슥해지면 어머니는 늘 똑같은 말로 철부지의 채근을 내려놓으셨다.

"이 이약이 저 이약을 물고 삼십 리 바람벽을 올라가다가, 올라가다가 툭하고 떨어져부렀단다. 인자 그만 자자꾸나."

겨울밤은 깊어가고 보리 마당의 늙은 멀구슬나무에서 부엉새가 울면 나는 무서워 이불을 뒤집어쓰곤 하였다.

"제끼초가 뭐냐?"

"수수제끼 시초."

깎을수록 커지는 것은 구멍이고 세상에서 제일 큰 새는 '하늘과 땅 새'라는 싱거운 수수께끼들을 주고받으며 눈가에 잠 꽃이 피어날 즈음이면 '제끼초가 뭐냐, 수수제끼 시초' 하면서 다시금 흥을 돋우던 아득한 날들을 동기들도 그리워할 것이다.

외모리 저수지에서 멱을 감던 갈수 형이 물에 빠져 죽었다. 축 늘어진 채 동네 어른의 등에 업혀 오던 형의 모습이 지워지지 않는다. 살구나무 고목에 목을 맨 영구 삼촌의 구레나룻과 하얀 두루마기가 밧줄에 매달려 흔들거리던 으스스한 광경도 눈에 선하다. 창백한 얼굴로 마루 끝에 앉아 햇볕을 쬐던 마당 넓은 뒷집의 청자 누나는 어느 날 피를 많이 토하고 죽었다.

정(精)과 신(神)이 쇠진해져 자리보전하던 한낮의 비몽사몽에 내 영혼이 작고 검은 가방을 들고 이별을 고하고 있었다. 나는 어찌할 바를 몰라 허공에 손만 내젓고 있는데 그는 열린 방문 앞으로 거침없이 걸어가고 있었다. 그가 문 앞에 이르렀을 때 갑자기 쾅 하고 문이 닫혔다. 소스라쳐 눈을 떠보니 꿈속에서처럼 방문이 큰 소리를 내며 닫히고 있었다. 천우신조로 죽음을 모면한 것이다. 삶과 죽음은 신의 소관이겠으나 나를 창조한 신이라면 나의 허망한 죽음을 수수방관하지는 않을 것이라는 야릇한 믿음이 생기(生氣)를 불러오는 순간이었다.

텔레비전의 바둑과 드라마에 시간과 등판을 빼앗기고 시도 때도 없이 스마트폰을 열어 메시지와 메일을 확인하고 마이피플과 페이스북과 카톡을 살핀다. 좀 더 여유가 있을 때는 유튜브와 트위터를 뒤진다. 티

끌 같은 궁금증조차 참지 못하여 검색엔진에 시시콜콜한 질문을 퍼붓는다. 어느 가수의 인기곡을 어지간히 따라 부르게 될 즈음 내 마음은 이미 변절의 길을 걷고 있었다. 온갖 메시지와 정보가 일상을 괴롭혀 짜증을 유발하지만 뜸한 날엔 오히려 소외감에 당황한다. 별수 없이 나의 골짜기로 발길을 서두른다. 태풍이 지나가고 바람 한 점 없는 하늘가에 석양이 이채롭다. 몇 번의 심호흡에 어느덧 황혼이 깃들고 골짜기에는 어둠이 내린다. 어둠은 찻잔 속에 스며들어 폐부 깊숙이 짙은 외로움을 잉태한다. 우리는 종종 이 골짜기에서 타협을 모색한다. 내 안의 나에게 나는 혐오의 대상일 뿐이지만 아이러니하게도 우유부단하고 맥없는 나 때문에 또 하나의 나는 삶의 핑곗거리를 찾아내곤 한다.

  우리가 함께 누벼온 산과 들, 함께 웃고 부여안고 울었던 그 숱한 세월의 영상들이 아름다운 추억의 빛을 발하며 행복을 선사한다. 천로역정의 종착역에서 우리는 서로 손을 잡고 밤새워 춤을 추리라. 춤이 끝나기 전에 길은 이어질 것이니 이 종착역은 다시 간이역이 되어 우리의 인연을 오래오래 갈무리할 것이다.

〈오감도〉 생각

한국 최초의 난해 시는 1930년대 이상의 시로서 대표된다. 1934년에 발표된 〈오감도(烏瞰圖)〉는 '제일(第一)의 아해(兒孩)가 무섭다고 그리오'로부터 시작, '제십삼(第十三)의 아해(兒孩)도 무섭다고 그리오'까지 13번 '아해가 무섭다고 그리오'만 반복, 시 독자들을 당황케 했다고 한다.

이상 문학에 대한 평론과 해석은 시중에 차고 넘친다. 그러나 이것저것 읽어보아도 딱히 손에 잡히는 것이 없다. 참 이상한 현상이다. 이상의 시는 너무 난해하여 잘 이해할 수 없는 상황인데도 사람들은 그를 천재 시인이라 떠받들고 문학상까지 만들어 기리고 있다. 비단 이상의 시에 그치지 않고 현대시는 대체로 난해하다. 문학은 난해해야 하는가, 난해해도 되는가, 난해해서는 안 되는가? '난해'라는 말도 어쩌면 극히 주관적인 표현이다. 가령 대다수 시인이 난해하다고 말하면 난해한 시이고 많은 소설가가 난해한 소설이라고 입을 모으면 난해한 소설인가? 아니면 장르를 대표할만한 원로 문인이 난해하다고 평하면 난해한 작품인가? 문학은 대중이 쉽게 이해할 수 있어야 한다는 의무를 지고 있는가? 아니면 시는 이해하기 어려워도 되고 수필이나 소설은 쉬워야 하는가? '문학의 진보'라는 면에서 보면 문학은 그 시대의 보편적 독자의 지적 수준보다는 조금이라도 차원이 높아야 하지 않은가?

다시 〈오감도〉 시제1호이다.

시제1호
13인의아해가도로로질주하오.
(길은막달은골목이적당하오.)

제1의아해가무섭다고그리오.
제2의아해도무섭다고그리오.
제3의아해도무섭다고그리오.
제4의아해도무섭다고그리오.
제5의아해도무섭다고그리오.
제6의아해도무섭다고그리오.
제7의아해도무섭다고그리오.
제8의아해도무섭다고그리오.
제9의아해도무섭다고그리오.
제10의아해도무섭다고그리오.

제11의아해도무섭다고그리오.
제12의아해도무섭다고그리오.
제13의아해도무섭다고그리오.
13인의아해는무서운아해와무서워하는아해와그렇게뿐이모였소.
(다른사정은없는것이차라리나았소.)

그중에1의아해가무서운아해라도좋소.
그중에2인의아해가무서운아해라도좋소.
그중에2인의아해가무서워하는아해라도좋소.
그중에1인의아해가무서워하는아해라도좋소.

(길은뚫린골목이라도적당하오.)
13인의아해가도로로질주하지아니하여도좋소.

1910년에 출생한 이상(김해경)은 스무 살인 1929년부터 1934년까지 조선총독부에서 건축기사로 일했다. 질병으로 퇴직한 후엔 다방이나 카페를 운영하기도 했지만 실패했다. 스물일곱의 젊은 나이에 병사하였는데 의도적인 단식으로 죽었다는 이야기도 있다. 오감도는 1934년에 신문에 연재하였으나 그 난해성으로 인하여 독자들의 항의가 빗발쳐 연재가 중단되었다.

    그가 오감도를 발표한 지 어언 80년의 세월이 흘러갔으나 오늘날의 문학인들은 아직도 그의 이상한 작품들과 씨름하며 갑론을박을 멈추지 못하고 있다. 일제강점기에 신문을 구독하고 시를 감상하는 수준이라면 당대의 지식인들이었을 것이다. 그들이 이해하지 못한 '오감도'였으니 비록 80년이 지났다 한들 크게 달라질 것이 없을 터이다.

    이상의 〈오감도〉를 이해하기 위해서는 그의 전공과 직업, 가정환경과 시대 상황을 둘러보아야 한다. 그는 일제강점기에 태어나서 건축을 공부하였고 조선총독부에서 건축기사로 일한 지식인이다. 건축기사로 일하다가 발병하자 퇴직하여 온천을 찾아 휴양하고 다방과 카페를 경영한 것으로 미루어 경제적으로는 안정된 가정환경이었던 듯하다. 따라서 별다른 고생을 겪지 않으며 성장하였을 것이다.

    그의 작품은 건축과 긴밀한 관계가 있을 것이다. 오감도를 비롯하여 삼차각이니 육면체니 사각형이니 하는 용어만 보더라도 그렇다. 그의 필명이 '상(箱 = 상자)'인 점만 보아도 그의 의식세계는 평생 상자 속에 갇혀 탈출하지 못한 무기력과 자포자기로 점철되었다고 짐작할 수 있다. 상자는 그의 은신처이자 감옥이었는지도 모르겠다. 그는 성장 과정에서 만세운동도 보았고 광주 학생의거 소식도 듣고 애국지사들의 항일투쟁 소식도 들었을 것이다. 그는 지식인이었으나 조선총독부 즉 일제의 공무원이었다. 그는 당시 다수의 문학인처럼 용기 없는 지식인이었다고 짐작된다. 그가 할 수 있는 일은 그저 생각나는 대로, 되는대로 끄적거리는 것이 전부였는지도 모른다. 그러나 어차피 그런 행위가 탈출구가 될 수는 없지 않은가.

한 마리 검은 까마귀가 되어 공중에 올라 자신의 구차한 삶을 내려다본다. 자신이 속한 저 아래 땅은 바로 자신의 울타리 없는 감옥이다. 자의식의 까마귀는 그렇게 탈출구가 없는 거대한 감옥의 조감도에 갇혀 신음하는 자신의 모습을 슬퍼한다.

제	1	의	아	해	가	무	섭	다	고	그	리	오
제	2	의	아	해	도	무	섭	다	고	그	리	오
제	3	의	아	해	도	무	섭	다	고	그	리	오
제	4	의	아	해	도	무	섭	다	고	그	리	오
제	5	의	아	해	도	무	섭	다	고	그	리	오
제	6	의	아	해	도	무	섭	다	고	그	리	오
제	7	의	아	해	도	무	섭	다	고	그	리	오
제	8	의	아	해	도	무	섭	다	고	그	리	오
제	9	의	아	해	도	무	섭	다	고	그	리	오
제	10	의	아	해	도	무	섭	다	고	그	리	오
제	11	의	아	해	도	무	섭	다	고	그	리	오
제	12	의	아	해	도	무	섭	다	고	그	리	오
제	13	의	아	해	도	무	섭	다	고	그	리	오

위의 방안지에 나타난 그대로 '13'이라는 의식적인 정방형의 구도는 완전한 감옥이다.

그 감옥은 하나이다가 4개가 되었다가 169개가 되기도 한다. 가로로 달려보아도 "제0의아해가무섭다고그리오"이고 사선으로 달려보아도, 벽에 부딪혀 튕겨 나와도 역시 "제0의아해가무섭다고그리오"일 뿐이다. 영원한 미로이다. 가로 달리고 모로 달려보아도 탈출구는 보이지 않고 마침내 거대한 'x'가 어서 너의 인생에 가새표를 하라고 채근한다. 절망적이다. 까마귀는 그 가위표의 교차점인 중앙의 '무'에 머리를 처박고 죽어야 한다. 누가 무서운 아이이건 무서워하는 아이이건 무슨 상관이랴. 도로를 질주하든 질주하지 아니하든 달라질 것은 없다. 막다른 골목이건 뚫린 골목이건 결과는 마찬가지 '탈출 불능'이다. 그렇다. 그는 사각의 틀, 상자 안에 갇혀 있다. 방도 사각이고 현관문도 대문도 사각이고 엘리베이터도 버스도 기차도 사각의 틀이다. 네모난 상자를 겨우 벗어나도 또 다른 네모상자가 입을 벌리고 그를 삼킨다. 벌판에 서 있어도 '모진 세상'에 갇혀 있을 뿐이다. 유일한 탈출은 까마귀가 되어 허공으로 사라지는 것이다. 나는 그가 발표한 〈오감도〉 15편의 시 가운데 이 작품만이 정리된 의식에 의해 쓰였다고 생각한다.

바람아 바람아

덕망 높은 어른이 별세하였다. 자식들은 당대의 지관이 물색해준 명당에 아버지를 모시기로 하였다. 발인 날 새벽부터 억수가 쏟아져 그치지를 않았다. 불어난 냇물을 건널 수 없어 궁여지책으로 냇가에 유택을 마련하였다. 세월을 따라 근동 사람들은 냇가의 산소에 예를 올리며 어른의 생전을 그리워하였다. 그곳을 지나던 이름난 지관이 어른의 유택과 주변의 경개를 유심히 둘러보더니 무릎을 쳤다던가.

나는 좋은 일을 한 가문이 길지(吉地)를 차지하도록 안배되어 있다는 '적선지가 필유여경(積善之家 必有餘慶)'을 고집한다. 이 땅에 명당 요처가 따로 있지 않으니 순천자(順天者)가 묻힌 곳은 길지로 화하고 역천자(逆天者)가 묻힌 곳은 비록 고인이 말하는 명당이라 할지라도 폐지(廢地)로 변질된다는 것이 나의 지론이다. 악덕한 자가 명당을 차지하면 그 신성한 땅이 더럽혀질 따름이다. 사람들은 그가 묻힌 땅에 침을 뱉고 그 땅을 저주하게 되니 죽어서도 죄를 짓는 셈이다. 사람 사는 세상에도 천국과 지옥이 있으니 그 땅에 사는 사람들의 마음과 행실이 땅을 성지로 만들기도 하고 오염시키기도 한다.

'명당(明堂)'은 풍수지리설에 근거하여 장차 좋은 일이 자주 생긴다는 집터나 묏자리이다. 집터로는 주 건물의 전방이고, 묏자리로는 무덤 앞에서 안산(案山)과의 사이 공간을 말하며 좌청룡(左靑龍)·우백호(右白虎)에 둘러싸인 부분이다.

백옥처럼 깨끗하고 아름다운 집에 들어가 사는 자가 '짐승'이라면 그

집의 되어갈 형편이 어떻겠는가. 초라하고 지저분한 집이라 해도 입주자의 행실이 향기로우면 그 집은 성소(聖所)로 탈바꿈할 것이다. 명당 혈처가 있다고 한들 갈데없는 비렁뱅이는 아흔아홉 칸의 주인 노릇을 감당하지 못하며 산골의 초부가 꿈속의 곤룡포를 떨쳐입어도 왕 노릇 한 시를 감당할 수 없다. 예부터 땅은 그곳에 있었으되 오직 그 땅에 더불어 사는 사람의 격에 따라 길지(吉地)가 되기도 하고 흉지(兇地)가 되기도 하는 것이다. 나는 땅에 묻힌 백골이 후손의 화복을 좌우한다는 묘리를 알지 못하나 부조 생전의 행실이 후손의 인생에 감응하는 것이라는 깨달음을 얻었다. 나 자신이 선을 행하여 덕을 쌓아올림으로 자손이 평안을 누린다면 족하지 않은가. 그러므로 명당은 땅에 있지 않다. 적선한 부조(父祖)가 명당이요 대를 이어 선을 행하는 사람이 명당이다. 그곳에 생명이 있고 사랑이 있다.

　'풍수(風水)'란 집, 무덤 따위의 방위와 지형이 좋고 나쁨과 사람의 화복이 절대적 관계를 가진다는 학설이며 중국 후한말의 음양오행설에 바탕을 두고 있다. 풍수(風水)는 '장풍득수(藏風得水)'에서 온 말이다. '장풍'이란 바람이 들어오지 못하도록 막는 방풍이 아니라 생기가 흩어지지 않도록 불어나갈 바람을 갈무리하는 것이다. 기(氣)는 바람을 타면 흩어지고 물을 만나면 멎기 때문에 기가 흩어지지 않도록 바람막이가 되어 있어야 한다는 논리이다. 임자 있는 몸에 바람이 나거나 자동차 바퀴에서 바람이 빠져나가는 건 불리한 현상인 줄은 알겠는데 멀쩡한 땅에서 바람이 불어 나가는 일이 있으니 그 바람을 잡아두어야 한다는 이야기의 본질이 궁금하다. 바람은 무엇이며 언제까지 붙잡아 두어야 하는가?

사람이 죽으면 혼백(魂魄) 가운데 혼은 하늘로 날아가고 백은 백골에 남아 땅에 묻히게 된다. 땅속에 들어간 백골이 생기를 받으면 축적된 생기가 동일 유전자를 가진 자손에게 감응이 되어 자손이 행, 불행을 받게 된다고 한다. 이것이 '동기감응(同氣感應)'이니 죽은 자의 백골이 받은 지기(地氣)가 후손에게 그대로 이어진다는 묏자리 풍수 이론이다. 그러나 조상의 백골이 지하의 생기를 받아 내게 복 주기를 바라는 마음은 선하지 못하다. 부조(父祖)가 적덕하면 남은 경사가 있기 마련이니 자손이 받게 된다. 이런저런 잘못을 저질러도 용서와 위로를 받는다. 부조가 악업을 쌓으면 그 자손의 과오가 가중 처벌되고 저주마저 받게 된다. 한마을 두 아이가 함께 수박 서리를 하다가 붙잡혀도 누구네 자손인지에 따라 밭 임자의 대우가 달라진다. 적덕한 집안의 아이는 오히려 덕담을 듣고 잘 익은 수박까지 받아간다. 악덕한 집안의 아이는 싸다듬이를 당하고 온갖 악담을 듣는다. 이것이 바로 옛사람이 후세에 전하고자 한 '동기감응'의 이치이리라. 그러나 동기감응의 지극한 깨달음은 따로 있다. 나 자신의 선한 행실이 흠향되어 지하에 있는 조상의 죄업이 씻음 받는 것이다. 개천에서 용이 나면 개천도 아름다운 이름을 얻게 되며 자손이 나라에 큰 공을 세우면 조상의 오욕은 지워지고 자랑만이 드높다. 산 자만이 죽은 자의 명을 바꿀 수 있다. 이것이 진정한 사대봉사(四代奉祀)이다.

  나는 조상의 유택을 길지에 조성하려는 근본 사상이 불교의 윤회법이라고 생각한다. 12운성의 포태법에 따라 세상에 다시 태어나기를 염원하는 종교의식이다. 좋은 묏자리로 후손이 복을 받는다는 동기감응의 이론은 설득력이 없다고 본다.

  산에는 형세가 있고 산의 정기 즉 맥이 있으니 산은 생명체이다. 간

룡이란 명당 주위의 지세 곧 네 생명체의 형상과 역할을 살펴보는 법이다. 북현무는 주산이요 남주작은 안산과 조산이며 좌우에서 청룡과 백호가 주산과 조산을 호위한다. 그러므로 간룡의 이치는 사신(四神)의 참모습을 깨닫는 데 있다. 산은 생명체이나 세상의 동물이 아니라 하늘의 신이다. 그러기에 청룡, 백호, 주작, 현무를 '사신(四神)'이라 한 것이다. 사신은 하늘의 질서를 세우고 호위하는 영물인데 어찌하여 땅의 명당을 수호하는 네 동물 곧 산으로 현신한 것일까. 혹은 천하의 명당 길지이언정 죽은 자의 육체가 묻힐 혈처를 하늘의 신들이 지키는 이치를 설파할 자가 누구인가. 혈(穴)은 우주의 중심이자 점지한 땅의 가운데이니 사단(四端) 곧 인의예지(仁義禮智)의 결정체 '신(信)'이다. 지극정성의 섬김을 바탕으로 하는 생명의 본향인 창조주의 보좌이며 땅에서는 임금의 자리이다.

한 송이 꽃의 암술과 수술, 씨방과 꽃받침과 꽃잎을 떠올린다. 계란의 겉껍질과 속껍질, 흰자와 노른자를 생각한다. 벌과 나비는 수꽃가루를 암술머리에 날라 꽃의 수정을 성사시킨다. 구름이 비를 내리니 여자는 잉태를 기뻐한다. 수탉이 증거 하는 달걀만이 그 속에 씨를 지니고 있다. 만물의 씨는 혈(穴)을 통하여 자궁과 씨방과 알 속에서 잉태된다.

새 차를 장만하여 무당으로 치성을 올리면 무사고가 보장되는가? 목욕재계(沐浴齋戒)를 하면 그 사람의 속이 깨끗해지는가? 하나같이 참된 의식이 아니다. 새 차의 행로를 부끄럽게 하지 않으며 모든 운전자를 내 몸처럼 아끼겠다는 그 좋은 첫사랑을 지키는 것이 진정한 고사이다. 내 속에 가득한 악하고 더러운 것들을 씻어 그 마음을 순결하게 가꾸는 것이 목욕재계의 참뜻이다. 쓰레기를 함부로 버린 손도 쓰레기이듯 사람의 더러운 행실이 땅을 더럽힌다. 땅속의 일은 보이지 않으나 땅위의 일은 해 아래 적나라하여 숨길 수 없다. 생기를 받아야 하는 대상은 땅속에 묻힌 부조의 유골이 아니다. 그 속에 생기가 없어 죽은 자와 방불한 나 자신의 백골이다. 나의 뼈에 힘줄을 두고 살을 입히고 가죽으로 덮고 나를 다시 살아나게 하는 그 생기는 무엇이며 어디에서 오는 것인가.

  나는 좌청룡 우백호의 골짜기에 빠져 혈 찾기에 집착하지 않고 주산을 넘어 생기의 발원지 곧 평원에 나아간다. 청룡과 백호의 실체가 연합하여 공수의 예를 갖추는 성스러운 그곳에 귀를 대고 생명을 듣는다. 줄탁동시(啐啄同時)를 그리며 삼칠일을 품는다.

참고) 12운성의 포태법
장생-목욕-관대-건록-제왕-쇠-병-사-묘-절-태-양
사람이 생명을 받아 세상에 태어나(長生), 훈육을 받고 자라나서(沐浴), 의관을 정제하여 사람의 틀을 갖추어(冠帶), 나아가 벼슬(직장)을 갖게 되고(建祿), 인생의 황금기를 누리다가(帝王), 쇠퇴하고 쇠약해져서(衰), 병으로 신음하다가(病), 죽어(死), 땅에 묻히니(墓), 마침내 세상과 완전히 단절되나(絶), 다시 생기를 받아 잉태하게 되고(胎), 어머니의 자궁에서 양육을 받아(養), 세상에 다시 태어나는(장생) 생명의 순환을 이루니 불교의 윤회론과 상통한다고 봄. 따라서 명당에 묻히고 싶은 것은, 어머니의 자궁에 다시 들어가 부활하기를 염원하는 인간의 본능이라고 생각함

6.
맞춤법 연습

맞춤법 연습

* 틀린 곳이 있으면 바로잡아주십시오.

1. 애개, 고작 두 개뿐이야?
2. 임마, 체신머리없이 뭐 하는 거냐?
3. 그 일은 내가 할께.
4. 주착없이 무슨 짓인가?
5. 생떼같은 자식을 가슴에 묻었다고 하더군요.
6. 마굿간과 외양간은 같은 말일까?
7. 사흘을 굶었다더니 어째 어리버리해 보였다.
8. 늴니리야 늴니리야, 잃었던 낭군이 다시 돌아온다.
9. 고향을 떠나온지도 10년이 지났는가 보다.
10. 고맙다고 하기는새로에 보따리 내놓으라 하네.
11. 내 막내동생도 벌써 불혹에 접어들었어.
12. 햇님과 달님은 오누이랍디다.
13. 내 님은 누구일까, 어디 계실까.
14. 허락하든 승락하든 알아서 하시오.
15. 맨 앞에 있는 이가 맏상주라네.
16. 우리의 역활은 분쟁조정이지요.
17. 대금 결재일이 바로 오늘이다.
18. 성공율이 극히 낮아 보였다.

19. 산수갑산을 가더라도 부디 살아서 오너라.
20. 녀석은 끈질기게 임팔라를 노리고 있었다.
21. 뒷칸에 탄 사람은 누구일까?
22. '알맞는 답'보다는 '맞는 답'이 맞다.
23. 그 일을 하기에 걸맞는 사람을 찾아보세요.
24. 귀기가 감도는 게 어째 온몸이 으시시했다.
25. 어차피 복궐복이니까 아무 데나 던져 봐!
26. 큰 자랑거리도 아닌 걸 가지고 으시대기는.
27. 해군의 세라복은 언제 보아도 멋있어요.
28. 오는 길에 우리 가게에 잠깐 들렸다 가세요.
29. 그래도 아직 춥지 않는가 말이다.
30. 그그저께 2천만 원을 결제해서 가까스로 위기를 넘겼다네.
31. 눈을 부비며 부시시 일어났다.
32. 그 말을 들은 박 선생은 그만 얼굴이 벌개졌다.
33. 이따가 술 한 잔 합시다.
34. 장딴지에 큰 생채기가 나서 아홉 바늘이나 꿰맸다더라.

1. 애개 → 애걔
   ※ 애개개 → 애걔걔, 에게 → 에계, 에게게 → 에계계
2. 체신머리없이 → 채신머리없이
3. 할께 → 할게
4. 주착없이 → 주책없이
5. 생떼같은 → 생때같은
   ※ 생때같다: 아무 탈 없이 멀쩡하다.
6. 마굿간 → 마구간
   ※ 사이시옷 규정은 너무 까다롭다는 느낌

7. 어리버리해 → 어리바리해

8. 늘니리야 늘니리야 → 늴리리야 늴리리야

9. 떠나온지도 → 떠나온 지도

　※ 지: '동안'을 나타내는 의존명사이므로 띄어 씀

10. 새로에 = '고사하고, 그만두고, 커녕'과 같은 뜻의 조사

11. 막내동생 → 막냇동생

　　※ 오히려 '막내동생'이 무난해 보임

12. 햇님 → 해님

13. 틀린 곳 없음

14. 승락 → 승낙

15. 맏상주 → 맏상제, 상주

16. 역활 → 역할

17. 결재일 → 결제일

18. 성공율 → 성공률

　※ 모음과 ㄴ 받침 뒤에 오는 '률'만 '율'로 적음

19. 산수갑산 → 삼수갑산

20. 이런저런 동물을 '녀석'은 근거 없는 용례이므로 표제어로 추가하면 좋을 듯함

21. 뒷칸 → 뒤칸

22. 알맞는 → 알맞은

23. 걸맞는 → 걸맞은

　※ 형용사 어간+은, 은지, 은가

24. 으시시했다 → 으스스했다

25. 복궐복 → 복불복

26. 으시대기는 → 으스대기는

27. 세라복 → 세일러복

28. 들렸다 가세요 → 들렀다 가세요

　　※ 들르다 ○, 들리다 ×

29. 춥지 않는가 → 춥지 않은가

　　※ 동사 어간+는, 는지, 는가

30. 그그저께 → 그끄저께

31. 부비며 → 비비며, 부시시 → 부스스

32. 벌개졌다 → 벌게졌다

33. 한 잔 → 한잔

　　※ 한잔하다: 간단하게 한 차례 차나 술 따위를 마시다

34. 생채기 → 상처

　　※ 생채기: 손톱 따위로 할퀴이거나 긁혀서 생긴 작은 상처

35. 덤프트럭이 일부러 부딪혔다더군요.

36. 이 문제의 답을 맞춘 학생은 하교해도 좋다.

37. 영원히 잊혀지지 않을 것 같다.

38. 자꾸 울어싸면 어쩌란 말이냐.

39. 물을 여 나르는 아낙과 짐을 져 나르는 사내

40. 꼭 참석할려고 했는데 사고가 났다.

41. 아랫층에는 부모님이 사신다.

42. 이 싯점에서 문제의 촛점을 외면해서는 안 된다.

43. 걸리적거리는 손그을음을 조심스레 잘라냈다.

44. 손바닥에 못이 박히도록 일했다.

45. 귀에 못이 박히도록 들은 말이었다.

46. 어서 오십시요. 안녕히 가셔요.

47. 아침햇살이 비추면 온 누리에 생기가 넘친다.

48. 목이 메인 이별가를 불러야 옳으냐.

49. 설레이는 내 마음을 어떻게 전할까.

50. 그것은 우리의 바램이었어.

51. 조기와 갈치, 서대를 통털어서 얼마에 팔 거요?

52. '김장 담기'는 틀린 말이고 '김장 담그기'가 바른 말이다.

53. 뜸을 들이려고 밥을 재겼다.

54. 그 부부는 금슬 좋기로 소문이 났다.

55. 온 산이 아카시아나무 일색이었다.

56. 잣나무에 잣이 열고 가시나무에는 가시가 연다.

57. 대체 무슨 일인가 모르겠다.

58. 부처님도 알아내지 못한 생노병사의 비밀을 밝힌다고?

59. '꺼진 불도 다시 보자.'라는 표어가 생각난다.

60. 우리는 맡은바 소임에 충실해야 합니다.

61. 띄어쓰기와 맞춤법은 생각만 해도 머리 아프다.

62. 머리말과 머릿방과 머리방

63. 이제부터는 한 단계 수준을 높혀 강의하겠습니다.

  35. 틀린 곳 없음

  36. 맞춘 → 맞힌

  37. 잊혀지지 → 잊히지

  38. 싸면-쌓으면

  39. 틀린 곳 없음

  40. 참석할려고 → 참석하려고

     ※ 갈려고, 올려고, 줄려고, 먹을려고 → 가려고, 오려고, 주려고, 먹으려고

  41. 이랫층 → 아래층

  42. 싯점, 촛점 → 시점, 초점

     ※ 한자어 중에서는 '숫자, 횟수, 셋방, 툇간, 곳간, 찻간'에만 사이시옷 허용

43. 걸리적거리는, 손그음음 → 거치적거리는, 손거스러미

44. 박히도록 → 박이도록

45. 틀린 곳 없음

46. 오십시요 → 오십시오

47. 비추면 → 비치면

48. 메인 → 멘(메다, 메어, 메, 메니)

49. 설레이는 → 설레는(설레다, 설레어, 설레, 설레니)

50. 바램 → 바람(바라다, 바라, 바라니)

51. 통털어서 → 통틀어서

52. 김장담그기 → 김장하기

　　※김장: 겨우내 먹으려고 김치를 한꺼번에 많이 담그는 일 또는 그렇게 담근 김치

53. 재졌다 → 잦혔다

54. 금실 = 금슬

55. 아카시아나무 → 아까시나무

56. 틀린 곳 없음

57. 일인가 → 일인지

　　※ ~는가: 종결어미, ~는지: 연결어미(종결어미로도 쓰임)

58. 생노병사 → 생로병사

59. 보자. → 보자

　　※ 마침표는 문장에 쓰임(표어는 문장이 아님)

60. 맡은바 소임 → 맡은바, 소임

61. 띄어쓰기와 맞춤법 → 맞춤법 특히 띄어쓰기

　　※ 띄어쓰기는 맞춤법의 일부

62. 틀린 곳 없음

　　※ 머릿방: 안방 뒤에 딸린 작은 방
　　　　머리방: 미용실

63. 높혀 → 높여

64. 내가 이렇게 물팍을 꿇고 빌겠다.

65. '빼앗았다'의 준말은 '뺏었다'이다.

66. '바뀌었다'의 준말은 '바꼈다'이다.

67. 도서관에는 사람들이 많고 너덜밭에는 돌멩이들이 무수히 많다.

68. 곳곳에서 물줄기들이 쏟아졌다.

69. 약 백여 명의 학생들이 삽시간에 모였다.

70. 오랫만에 만난 친구한테 변변히 인사도 못 했다.

71. 우리 국민들 대다수가 통일을 바라고 있다.

72. 법안이 통과되려면 제적의원 과반수 이상이 찬성해야 합니다.

73. 답안 작성에는 흑색 볼펜과 청남색 볼펜만 허용됩니다.

74. 산후에 몸을 잘 추스리지 못해서 생긴 병이랍디다.

75. 피로회복에는 ○○이 최고죠.

76. 신청서를 접수하고 왔지요.-내고 왔지요.

77. 무엇이 그리 재미있는지 마냥 히히덕거리고 있었다.

78. 빨강색 치마에 파랑색 저고리가 '녹의홍상'인가요?

79. 수탉 벼슬은 제법 위엄이 있어 보이죠.

80. 멧돼지 어금니는 아주 위험하답디다.

81. 그 사람은 굉장히 작아보였다.

82. 눈병이 났는지 걸핏하면 눈꼽이 낀다.

83. 솜씨는 뛰어나고 말씨는 부드럽고 발씨는 서투르고 눈씨는 매섭다.

84. 호수에 잔잔한 파문이 일 듯 내 가슴에 잔잔한 감동이 일었다.

85. 분을 삭히느라고 애쓰는 모습이었다.

86. 갑작스런 추돌사고를 일으키곤 안절부절하는 김 과장.

87. 요즘에는 책가우를 하는 사람을 찾아보기 어렵지.

88. 얘야, 재털이하고 쓰레받이 좀 가져오너라.
89. 홀몸도 아닌데 그 무거운 걸 이고가세요?
90. 술래잡기와 숨박꼭질은 무엇이 다르지?

64. 물팍 = 무르팍
65. 준말이 아니고 과거형으로서 '빼앗다 → 빼앗았다, 뺏다 → 뺏었다'
66. 줄일 수 없음
67. 돌멩이들이 → 돌멩이가
68. 물줄기들이 → 물줄기가
69. 약 백여 명 → 백여 명, 약 백 명
    ※ 여: 그 수를 넘음을 뜻하는 접미사
70. 오랫만에 → 오랜만에
71. 국민들 = 국민
72. 제적의원 → 재적의원, 과반수 이상이 → 과반수가
73. 청남색 → 청람색
74. 추수리지 → 추수르지
75. 피로회복 → 피로해소
76. 접수하고 → 내고, 제출하고
    ※ 접수하다: 신청이나 신고 따위를 구두나 문서로 받다.
    신청서는 3번 창구에서 접수합니다(접수받습니다 ×)
77. 히히덕거리고 → 시시덕거리고
78. 빨강색, 파랑색 → 빨간색, 파란색
79. 벼슬 → 볏
80. 어금니 → 엄니
81. 굉장히 작아 → 매우 작아, 아주 작아
    ※ 굉장히: 아주 크고 훌륭하게, 보통 이상으로 대단하게
82. 눈꼽 → 눈곱

83. 발씨: 길을 걸을 때 발걸음을 옮겨놓는 모습

   눈씨: 쏘아보는 시선의 힘

84. 잔잔한 파문 → 자잘한 파문, 잔 파문

   ※ 잔잔하다: 바람이나 물결 따위가 가라앉아 잠잠하다.

   잠잠하다: 분위기나 활동 따위가 소란하지 않고 조용하다.

   ※ '잔잔한 감동'은 바른 표현

85. 삭히느라고 → 삭이느라고

   ※ 삭히다: 음식물을 발효시켜 맛이 들게 하다.

   삭이다: 긴장이나 화를 풀어 마음을 가라앉히다(다른 뜻도 있음)

86. 안절부절하는 → 안절부절못하는

87. 책가우 → 책가위, 책가의

88. 재털이 → 재떨이, 쓰레받이 → 쓰레받기

89. 홀몸 → 홑몸

90. 숨박꼭질 → 숨바꼭질

91. 국기 계양대 옆에는 큰 계시판이 있었다.

92. 새로 생긴 도로라서 그런지 도로 표식판(標識板)도 산뜻했다.

93. 글쎄, 기어이 간다는 거에요. 그 사람은 지훈이에요. 우리는 쌍둥이에요.

94. 보리갈이 하기엔 시기가 너무 빠른 것 같아요.

95. 송 씨도 왕년에 한가닥 했다지.

96. 거드름을 피우며 되게 잰체합디다.

97. 가는 곳마다 온갖 프랑카드가 눈을 어지럽혔다.

98. 거울 속에 비쳐진 내 모습을 바라보면서.

99. 총알이 비켜갔기 망정이지 하마트면 큰일 날 뻔했다.

100. 가시 돋힌 말에 그만 홧병이 나고 말았다.

101. 얼마 전에 우연히 그 어르신을 뵀습니다.

102. 이래뵈도 최고급 인견으로 만든 옷이야.

103. 6.25 전쟁 때엔 수많은 피난민이 부산으로 몰려들었다.

104. 창문으로 들어오는 빛을 막으려고 암막 커텐을 쳤습니다.

105. 말레이지아와 싱가폴은 인접국이다.

106. 그 당시, 차마 눈뜨고는 볼 수 없는 목불인견의 참상이 벌어졌다.

107. 아침부터 물을 들이키더니 급기야 담벽에다 실례를 하더라니까.

108. 소총으로 전투기를 격추시킨 병사의 영웅담이 전해지고 있었다.

109. 이 코스모스가 참 고와요. 정말 아름다와요.

110. 그는 붉으레한 노을 속으로 걸어가고 있었다.

111. 아무리 애를 써도 만날 제자리만 맴돌고 있다.

112. 우리가 만났던 날이 그저께인지 그그저께인지 헷갈린다.

113. 잔등에 난 상처가 너무나 흉칙스러웠다.

114. 보리갈이를 마치기까지 사나나달이 걸릴 듯하다.

115. 오늘은 웬지 아침부터 날 듯이 상쾌했다.

116. 밤늦은 포장마차에서 따끈한 우동 한 그릇과 만나는 소박한 일상.

117. 떳떳하고 자랑스런 국민이 돼야지.

118. 내노라하는 기라성 같은 명사들이 차례로 소개되었다.

119. 이번 수능은 난이도가 굉장히 높은 문제들이 출제되었다.

91. 계양대 → 게양대, 계시판 → 게시판

92. 표식판 → 표지판

93. 거에요 → 거예요, 지훈이에요 → 지훈이예요, 쌍둥이에요 → 쌍둥이예요

94. 빠른 → 이른

95. 한가닥 → 한가락
96. 잰체합디다 → 젠체합디다
    ※ 젠체하다: 잘난 척하다.
97. 프랑카드 → 플래카드
98. 비쳐진 → 비친
99. 비켜갔기 → 비껴갔기, 하마트면 → 하마터면
100. 홧병 → 화병[화:뼝]
101. 뵀습니다 = 뵈었습니다
102. 이래뵈도 → 이래봬도
103. 피난민 → 피란민
    ※ 피난민: 재난을 피해 가는 백성
    피란민: 난리를 피해 가는 백성
104. 커텐 → 커튼
105. 말레이지아 → 말레이시아, 싱가폴 → 싱가포르
106. 그 당시 → 그때, 당시
    차마 눈 뜨고는 볼 수 없는 참상이~, 목불인견의 참상이~
107. 들이키더니 → 들이켜더니, 담벽 → 담벼락
108. 격추시킨 → 격추한
    ※ 소개시켜주다 → 소개해주다, 교육시키다 → 교육하다
109. 아름다와요 → 아름다워요
110. 붉으레한 → 불그레한
111. 만날 = 맨날
112. 그그저께 → 그끄저께
113. 흉칙스러웠다 → 흉측스러웠다
114. 사나나달: 사나흘이나 네댓새
115. 웬지 → 왠지
    ※ '왠'은 오직 '왠지'로만 쓰임.

116. 우동 → 가락국수
　　※ 일본말일지라도 널리 쓰는 말은 외래어처럼 우리말로 흡수해도 될 듯
117. 자랑스런 → 자랑스러운
118. 내노라하는 → 내로라하는
119. 난이도가 굉장히 높은 → 난도가 무척 높은
　　※ 난이도: 어려움과 쉬움의 정도

120. 그는 궁중요리의 매니아입니다.
121. 그 따위 어줍잖은 지식으로 강단에 선단 말인가?
122. 그렇찮아도 가려던 참이었지.
123. 날씨가 화창해보여 가벼운 차림으로 나섰는데 강추위가 찾아왔더군.
124. 사고를 미연에 방지하고 화재도 미리 예방한다.
125. 그들은 갑작스런 돌풍을 미처 피할 겨를이 없었을 터이다.
126. 담배가 한 개피라도 있고 라이터가 없는 사람은 '불만 없는 사람'이다.
127. 동이 트자, 주위가 환해지기 시작했다.
128. 밀가루 200푸대를 실고 나니 점심때가 되었다.
129. 밤을 주으러 가려는데 많이 떨어져 있을런지 모르겠군.
130. 누가 비난하던 말던 나는 꼭 가겠다.
131. 우승이야 따놓은 당상이지.
132. 그 많은 사람이 죄다 한패가 되어서 떼거지로 달려들었다.
133. 멋모르고 덤볐다가 온 집안이 풍지박산이 나고 말았다.
134. 아무리 울어싸도 소용없다.
135. 또아리를 머리에 올릴 테니 물동이 좀 이여주고 가시오.

136. 앰블런스가 쏜살같이 달려가고 있었다.

137. 하늘을 날으는 양탄자보다 알라딘의 요술 램프를 갖고 싶다.

138. 그가 도둑질까지 할지는 미처 몰랐다.

139. 비둘기는 구구구 울고 병아리는 삐약삐약 운다.

140. 이번에 벼르고 별렸던 고급 커피셋을 장만했다.

141. 암행어사 출도

142. 등나무로 뒤덮인 파고라에서 쉬고 있었다.

143. 지도와 나침판만 있으면 어디든지 찾아갈 수 있다고 합니다.

144. 세상사가 참 아이러니컬하지요. 그러니 별아별 사람이 다 있지요.

145. 나는 음악에도 문외한이지만 농사에도 쑥맥이다.

146. 저리 두터운 책을 언제 다 읽을거나.

147. 내가 밟고 있는 땅은 한없이 넓고 내 옷은 얇디얇다(발음문제).

148. 불감청고소원이라니 그러려므나.

120. 매니아 → 마니아

121. 어줍잖은 → 어쭙잖은

122. 그렇찮아도 → 그렇잖아도, 그러잖아도

123. 강추위: 바람도 불지 않고 눈도 오지 않으면서 매우 매운 추위
　　　　강(强)추위: 눈이 오고 매운바람이 부는 심한 추위

124. 미리 예방한다 → 예방한다, 미리 막는다

125. 갑작스런 돌풍 → 돌풍

126. 개피 → 개비

127. 환해지기 시작 → 훤해지기 시작
　　　※환하다: 빛이 비치어 맑고 밝다.
　　　　훤하다: 조금 흐릿하게 밝다.

128. 푸대 → 부대, 포대, 포

129. 주으러 → 주우러, 있을런지 → 있을는지

　　※ 올른지, 갈련지, 할런지 → 모두 '~는지'로 바루어야 함

130. 하던 말던 → 하든지 말든지(하든 말든)

131. 따 놓은 당상 = 떼어 놓은 당상

132. 떼거지 → 떼거리

　　※ 떼거지: 떼를 지어 다니는 거지

　　떼거리: 떼(목적이나 행동을 같이 하는 무리)

133. 풍지박산 → 풍비박산

134. 울어싸도 → 울어쌓아도(쌓아, 쌓으니, 쌓는, 쌓소)

135. 또아리 → 똬리

136. 앰블런스 → 앰뷸런스

137. 날으는 → 나는

138. 할지는 → 할 줄은

　　※ '줄'은 방법, 셈속, '지'는 막연한 추측을 나타낼 때 씀

139. 삐약삐약 → 삐악삐악

140. 별렸던 → 별렀던, 커피셋 → 커피세트

141. 어사출도 → 어사출또, 어사출두

142. 파고라 → 퍼걸러

143. 나침판 → 나침반

144. 아이러니컬 → 아이로니컬, 별아별 → 별의별

145. 쑥맥 → 숙맥

146. 두터운 책 → 두꺼운 책

　　※ 두텁다: 신의, 믿음, 관계, 인정 따위가 굳고 깊다.

147. 밟고[밥꼬], 넓고[널꼬], 얇디얇다[얄띠얄따]

148. 그러려므나 → 그러려무나

149. 까치발을 딛고 높은 등잔에 불을 댕기려니 장딴지가 땅긴다.

150. 그는 입맛 당기는 대로 게걸스럽게 먹어댔다.

151. 몇 날 몇일이고 물 한 모금 마시지 않을 테다.

152. 비록 물질적으로는 돕지 못했지만 마음적으로는 항상 응원하고 있었다.

153. 네가 있음에 내가 있고 내가 있음에 네가 있다.

154. 네가 성공하기를 바래.

155. '희노애락 애오욕'을 칠정이라 한다.

156. 나랏말이 중국과 달라… 훈민정음을 창제한 나랏님이 세종대왕이시다.

157. 나는 육개장보다 개장국을 더 좋아하고 짜장면은 항상 곱배기를 주문한다.

158. 석수장이와 점장이가 말다툼을 벌이고 있었다.

159. 밤새 한숨도 붙이지 못했는지 핼쑥한 몰골로 나타났다.

160. 중대한 사명을 띠고 집을 나서는데 새벽 공기가 찬 기운을 띠고 있었다.

161. 붙여먹을 땅 한 평 없었다.

162. 저를 성원해주신 팬 여러분께 너무 너무 감사드려요!

163. 누가 뒤에서 나를 미트는 바람에 물에 빠진 사람을 구하게 된 것입니다.

164. 애먼 사람이 누명을 썼는지 알아보고 앰한 사람 잡지 않도록 해라.

165. 아침 햇발은 싱그럽기도 하더니 한낮의 햇빛은 너무 뜨거웠다.

166. 이러구러 10년이 흘러갔다. 허나, 그의 10년은 실패의 연속이었다.

167. 기죽을 필요 없어.

168. 형색은 꾀죄죄한데 어쩐지 돈깨나 있어 보였다.

169. 2018.10.25

170. 아휴, 무얼 이리 안심찮게 안다미로 주세요!

171. 여지껏 공부를 하고 있다고?

172. 초강력 태풍 허리케인이 기어이 플로리다에 상륙했다.

173. 애개, 그게 뭐야?

  149. 틀린 곳 없음

  150. 틀린 곳 없음

  151. 몇일이고 → 며칠이고

  152. 마음적 → 마음속, 심적

  153. 있음에 → 있으매, 있음에 → 있으매

      ※ 으매: 어떤 일에 대한 원인이나 근거를 나타내는 연결어미

  154. 바래 → 바라

  155. 희노애락 → 희로애락

  156. 나랏님 → 나라님

  157. 곱배기 → 곱빼기

  158. 점장이 → 점쟁이

  159. 핼쓱한 → 해쓱한, 할쑥한

  160. 띄고 → 띠고

  161. 붙여 먹을 → 부쳐 먹을

      ※ 부치다; 논밭을 이용하여 농사를 짓다.

  162. 너무 너무 감사드려요 → 너무 너무 감사합니다, 정말 고맙습니다

      ※ '너무'는 '일정한 정도나 한계를 훨씬 넘어선 상태로'라는 뜻이므로 자신의 의지와 상관이 없음

163. 미트는 → 밀트리는, 밀뜨리는

164. 틀린 곳 없음

　　※ 애먼: 일의 결과가 다른 데로 돌아가 억울하게 느껴지는

　　앰하다(애매하다): 아무 잘못 없이 꾸중을 듣거나 벌을 받아 억울하다.

165. 한낮의 햇빛 → 한낮의 햇볕

166. 허나 → 하나

167. 필요 없어 → 것 없어

　　※ 필요: 반드시 요구되는 바가 있음

168. 돈꽤나 → 돈깨나

169. 2018.10.25 → 2018.10.25.

170. 틀린 곳 없음

171. 여지껏 → 여태껏

172. 태풍 → 폭풍

　　※ '태풍'은 거센 바람이라는 일반명사가 아니라, 북태평양 서남부에서 발생하여 아시아 대륙 동부로 불어오는, 폭풍우를 수반한 강력한 열대 저기압

　　※ 허리케인: 대서양 서부의 카리브해, 멕시코만과 북태평양 동부에서 발생하는 강한 열대성 저기압

173. 애개 → 애걔

　　※ 애개개 → 애걔걔, 에게 → 에계, 에게게 → 에계계

174. 저 쌍둥이는 국화빵이라지만 찬찬히 뜯어보면 틀린 구석도 많다.

175. 방죽이 빠른 시일 안에 복구되지 않으면 더 큰 피해가 예상된다.

176. 이곳은 불법쓰레기 무단투기 금지구역입니다.

177. 이곳은 불법 주정차 금지구역입니다.

178. 지난번에 발급받은 면허증을 반납하라는 통지를 받았다.

179. 전기마저 끊킨 사이판 시내는 암흑천지였다.

180. 할머니, 부디 건강하셔요.
181. 평생 동안 땀 흘려 모은 400억 원을 학교에 기부한 노부부 이야기가 잔잔한 감동을 불러일으키고 있다.
182. 산봉오리마다 눈이 쌓였다.
183. 하수도관이 메일 때까지 방치한 결과였다.
184. 두 집 다 쌍둥이인데 한 집은 쌍둥아들이고 또 한 집은 쌍둥딸이지.
185. 사기를 돋구기는커녕 찬물을 끼얹고 있었다.
186. 물이 고이도록하려면 아무래도 냇바닥을 더 깊혀야겠다.
187. 슬쩍 답을 알으켜 준 학생은 정학처분을 받았다.
188. 그는 곶자왈 가는 길을 가르켜준다며 선뜻 앞장을 섰다.
189. 생선회를 먹고 나면 으레 서더리탕이 나왔다.
190. '졸이다'와 '조리다'를 설명하시오.
191. 미싯가루로 끼니를 해결한 지도 닷새가 지났다.
192. 판문점 미류나무 도끼만행 사건이 원인이었다.
193. 할아버지의 구렛나루 수염은 언제 보아도 멋이 있었다.
194. 오뚝 오뚝 오뚜기 놈이 넘어질 듯 비틀거리다가 여봐란 듯이
195. 산 넘어 남촌에는 누가 살길래 해마다 봄바람이 남으로 오나.
196. 이왕이면 다홍치마요, 기왕이면 잘 익은 사과를 먹어야지요.
197. 왕겨에 불을 붙이려고 풍구로 바람을 일으키곤 했다.
198. 여름에는 뭐니 뭐니 해도 등물이 최고였다는구만.
199. 판무식꾼 말이라고 허투로 들어서는 안 된다.
200. 너스레와 쳇다리는 다른 물건인가?

174. 틀린 → 다른

175. 빠른 → 이른

　　※ 빠르다-느리다, 이르다-늦다

176. 불법 쓰레기 무단 투기 금지구역 → 쓰레기 무단 투기 금지구역

　　※ 금지구역에 무단으로 투기하는 쓰레기가 '불법 쓰레기'

177. 불법 → (삭제)

　　※ 주정차 금지구역에 주정차를 하면 불법 주정차가 됨

178. 틀린 곳 없음

179. 끊킨 → 끊긴

180. 건강하세요 → 건강하시기 바랍니다

　　※ 건강하다, 행복하다 따위는 형용사이므로 직접 명령형, 청유형으로 쓰는 것은 바람직하지 않음(다만, 현실적으로 자주 쓰는 표현이므로 검토 필요)

181. 틀린 곳 없음

182. 산봉오리 → 산봉우리

183. 메일 → 멜

184. 쌍동아들 → 쌍둥아들, 쌍동딸 → 쌍둥딸

185. 돋구기는 → 돋우기는

186. 깊혀야겠다 → 깊여야겠다

187. 알으켜 → 알려

188. 가르켜준다며 → 가르쳐준다며, 알려준다며

189. 서더리 탕 → 서덜 탕

　　※ 서덜: 생선의 살을 발라내고 난 나머지 부분, 뼈, 대가리, 껍질 따위를 통틀어 이르는 말

190. 졸이다: 찌개, 국, 한약 따위의 물을 증발시켜 분량을 적어지게 하다.
　　조리다: 양념한 고기나 생선, 채소 따위를 국물에 넣고 바짝 끓여서 양념이 배어들게 하다.

191. 미싯가루 → 미수가루

192. 미류나무 → 미루나무

193. 구렛나무 → 구레나룻

194. 오뚜기 → 오뚝이

195. 넘어 → 너머

196. 틀린 곳 없음

197. 틀린 곳 없음

198. 등물 = 등목 = 목물

199. 허투로 → 허투루

200. 다름(설명 생략)

201. 선생님께옵서 우리 집에 오셨어요.

202. 가을내 거둔 곡식을 곳간에 넣었다.

203. 내 꿈은 산산이 부숴지고 말았답니다.

204. 친구가 맘을 바꾸는 바람에 오밤중에 바라다줘야만 했다.

205. 영판 틀려먹은 작자예요.

206. 그는 최고의 서예가가 되고저 밤낮을 가리지 않았다.

207. 김 노인이 입버릇처럼 되뇌이는 말은 '통일'이었습니다.

208. 어찌나 뿔따구가 나든지 물팍으로 짓이겨버렸지요.

209. 푸르른 하늘에 무심히 떠가는 구름을 쳐다보고 있었다.

210. 이녁 몸뚱아리 하나 건사하지 못했단 말이오?

211. 동네 챙피한 줄도 모르고 허구한 날 해꼬지를 해댄다.

212. 들녘에는 마치 가리마처럼 길이 나 있었다.

213. 우리는 서로 사랑해야 하고 또한 서로를 배려하며 살아가야 한다.

214. 시간이 없으니 가능한 빨리 해주세요.

215. 피로회복에는 ○○이 제일이고 원기회복에는 ××가 좋다.

216. 여섯 시간쯤 되는 시간이다.

217. 세 살배기 꼬마가 차돌배기를 어떻게 먹을 수 있겠어?

218. 우뢰와 같은 박수를 치는 청중들 사이로 그가 등장했다.

219. 주사를 맞은 궁둥이가 아직도 아릿하다.

220. 림프관종, 루게릭병은 희귀병이라던데?

221. 걸핏하면 삐지는 바람에 대접하기가 여간 어렵지 않았다.

222. 귀이개로 모처럼 귓밥을 파냈더니 속이 다 시원하다.

223. 귀고리를 하려고 귓볼에 구멍을 뚫었다.

224. 맛뵈기로 주는 것이라고 생각해선 안 돼.

225. 기계에서 나는 열을 물로 식히는 방식을 '수냉식'이라고 한다.

226. 약속시간 지난 지가 오래되었는데 그렇게 느직하니 오나.

227. 온화한 표정과는 달리 무척이나 야멸찬 사람입니다.

228. 맏아들이 당연히 맏상주가 되는 것이지.

229. 어째 수상타했더니 결국 사단이 났어.

230. 미리 마련해둔 댓가지로 광주리를 엮었다.

201. 틀린 곳 없음
202. 가을내 → 가으내
203. 부숴지고 → 부서지고
204. 바라다줘야만 → 바래다줘야만
205. 틀린 곳 없음(영판 = 아주)
206. 되고저 → 되고자
　　 ※ 하고저, 처리코저 → 하고자, 처리코자
207. 되뇌이는 → 되뇌는
208. 틀린 곳 없음

209. 틀린 곳 없음(푸르른 = 푸른)

210. 몸뚱아리 → 몸뚱이

211. 챙피한 → 창피한, 해꼬지 → 해코지

212. 가리마 → 가르마

213. 틀린 곳 없음

214. 가능한 → 가능한 한

215. 피로회복 → 피로해소

216. 여섯 시간 → 여섯 시

217. 차돌배기 → 차돌박이

218. 우뢰 → 우레

219. 궁둥이 → 엉덩이

　　※ 궁둥이: 볼기의 아랫부분. 앉으면 바닥에 닿는, 근육이 많은 부분이다.

　　엉덩이: 볼기의 윗부분. 둔부, 히프

220. 틀린 곳 없음

　　※ 일부에서는 '희소병'이 옳다고 주장하고 있음

221. 틀린 곳 없음

222. 귓밥 → 귀지

　　※ 귓밥: 귓바퀴의 아래쪽에 붙어 있는 살 = 귓불

223. 귓볼 → 귓불

224. 맛뵈기 → 맛보기

225. 수냉식 → 수랭식

226. 느직하니 → 느지거니

227. 틀린 곳 없음

228. 맏상주 → 상주, 맏상제

229. 사단 → 사달

230. 댓가지 → 대오리

231. 아무리 쌍둥이라지만 너무나 빼박았어.

232. 웬간하면 자네가 참게나.

233. 손가락을 잽싸게 오므린다고 해서 잡힐 놈이 아니란다.

234. 저지난해, 그러니까 재작년에 갔던 그 큰 호수가 다 말라버렸다는군.

235. 헛된 공약은 집어쳐라고 아우성이었다.

236. 고향 논들길을 걸었던 추억을 꺼낼 때마다 향수에 젖어든다.

237. '옥의 티'라는 말도 있듯 '완벽'이란 없다.

238. 커튼을 제치고 창문을 열었다.

239. 낯설은 타향 땅에 내가 왜 왔나.

240. 내려쬐는 한낮의 태양을 피하지 않고 마냥 걸어갔다.

241. 눈구석이고 눈꼬리고 흠잡을 데 없이 아름다운 눈이었다.

242. 사람마다 눈쌀을 찌푸리는 이유를 알 수 없었다.

243. 길다란 장대를 받쳐 들고 외줄타기를 시도하는 남자를 보았다.

244. 건넌마을에 최 진사 댁에 딸이 셋 있는데 그중에서도

245. 오랜동안 만나지 못했습니다.

246. 뇌졸증으로 나타나는 증세는 손발마비, 언어장애, 의식불명 등 다양하다.

247. 남은 쌀을 되어보니 네 말 서되였다.

   ※ 표준어규정 제17항
   서, 너-돈, 말, 발, 푼
   석, 넉-냥, 섬, 자, 되

248. 거칠은 벌판으로 달려가자.

249. 부임하자마자 진학반 담임을 맡게 되었습니다.

250. 너무 장황해서 무슨 내용인지 모르겠으니 간단히 요약해서 가져오게.
251. 생각컨대 그를 그렇게 보내는 게 아니었다.
252. 학부모들이 당번제로 근무하는데도 등교길 교통사고가 끊이지 않는다.
253. 장밋빛 스카프만 보면 내 눈은 빛나네.
254. 그저 깝친다고 일이 잘 되는 건 아니야.
255. 늦깎이로 합격해서 그런지 그다지 기뻐하는 기색이 없더군.

231. 빼박았어 → 빼쏘았어
232. 웬간하면 → 엔간하면
233. 오무린다고 → 오므린다고
234. 저지난해 → 지지난해
   ※ 저지난해: 2~3년 전의 해
235. 집어쳐라고 → 집어치우라고
236. 논들길 → 논둑길
237. 옥의 티 → 옥에 티
238. 제치고 → 젖히고
239. 낯설은 → 낯선
240. 내려쬐는 → 내리쬐는
241. 틀린 곳 없음
   ※ 우리 몸의 세부 명칭을 공부합시다(숫구멍, 발제, 살쩍, 회목, 허구리…).
242. 눈쌀 → 눈살
243. 길다란 → 기다란
244. 건년마을 → 건넛마을

245. 오랜동안 → 오랫동안

246. 뇌졸증 → 뇌졸중(腦卒中)

247. 서 되 → 석 되

　　※ 너, 서/돈, 말, 발, 푼

　　넉, 석/냥, 되, 섬, 자(표준어 규정 2장 4절 17항)

　　전통적인 수관형사는 그에 걸맞게 전통적인 도량형 단위와 짝을 맺음(따라서 '세', '네'는 위에 보인 단위와 어울러 쓸 수 없다)

　　※ 구별하는 요령: '너 냥, 서 냥, 너 섬, 너 자, 서 섬, 서 자'로 쓰면 어색하고 '넉 돈, 넉 말, 넉 발, 넉 푼, 석 돈, 석 말, 석 푼'도 어색하다. 조금 헷갈리는 '되'만 유의하면 됨

　　※ 위에 보인 단위 외에는 '세/네'를 쓰면 됨(근, 마리, 대, 척, 그루, 개, 그릇, 자루, 묶음, 마디, 토막, 알, 집…)

248. 거칠은 → 거친

249. '담임하다'는 표제어가 있지만 '담임을 맡다'는 표현이 일반적임

250. 간단히 요약해서 → 요약해서

　　※ 남은 여생, 넓은 광장 → 여생, 광장

251. 생각컨대 → 생각건대

252. 등교길 → 등굣길

253. 장미빛 → 장밋빛

254. 깝친다고 → 재우친다고

255. 늦깍이 → 늦깎이

256. 시멘트 반죽으로 쥐구멍을 메꾼 뒤로는 창고에 쥐가 보이지 않는다.

257. 아름드리 삼나무 숲에서 산림욕을 즐기던 시절이 그립다.

258. 그런 행동은 삼가하시기 바랍니다.

259. 사흘밤낮을 한숨도 자지 않았는데 졸립지가 않다니 놀랍구나.

260. 막걸리 한 사발을 단숨에 들이키더니 빈 사발을 다시 내밀었다.
261. 멀지않아 겨울이 오려는가보다.
262. 이것으로 축사에 갈음합니다(○○ 회장님의 축사 마무리에서).
263. 우리 집이 그 집보다 몇 갑절은 비싸다.
264. 아등바등해봐도 제자리걸음이다.
265. 라면 불기 전에 빨리 먹자. 아직은 안 불었다.
266. 학교폭력, 더 이상 방치할 수 없다.
267. 여러분, 불초 소생은 이제 정계를 떠나고자 합니다.
268. 조간신문 가정난과 스포츠란에 별난 기사가 실렸더라.
269. 군자란, 거미란 등은 난의 종류이다.
270. 경우 바른 그 사람이 그런 경우 없는 짓을 했을라고.
271. 노래를 잘 부르고 또한 춤도 잘 춘다.
272. 글쎄 공부 좀 하라고 닥달했더니 학교에 나오지 않겠다지 뭐야.
273. 애들 뒤치닥거리 하느라고 시간 가는 줄도 몰랐다.
274. 작년까지만 해도 빈털털이였던 사람이 언제 저리 돈을 모았담.
275. 옛부터 우리민족은 흰옷을 즐겨 입었다고 한다.
276. 아무 안주도 없이 그렇게 깡소주를 마시면 안 되지.
277. 그 두 사람은 이제 뗄래야 뗄 수 없는 사이가 되었어요.

256. 메꾼 → 메운
257. 산림욕 = 삼림욕
   ※ 삼림: 나무가 많이 우거진 숲
   산림: 산과 숲, 또는 산에 있는 숲
258. 삼가하시기 → 삼가시기
259. 졸립지가 → 졸리지가

260. 들이키더니 → 들이켜더니

　　※ 들이키다: 안쪽으로 가까이 옮기다.

261. 멀지않아 → 머지않아

　　※ 한 낱말이 아닌 '멀지 않은' 따위의 형식으로는 쓸 수 있다.

262. '갈음하다'는 '다른 것으로 바꾸어 대신한다'는 뜻인데 제대로 축사를 하고서는 "축사에 갈음합니다"라고 하면 말이 안 된다.

263. 몇 갑절 → 몇 곱절

　　※ 갑절: 어떤 수나 양을 두 번 합한 만큼(배, 곱, 곱절)

　　곱절: 일정한 수나 양이 그 수만큼 거듭됨을 이르는 말

　　※ 배가 되는 수나 양인 경우 '갑절, 곱, 곱절'을 쓸 수 있으나 배가 되는 수나 양이 거듭되는 경우에는 '세 곱절, 네 곱절, 몇 곱절'로 쓴다.

　　※ '갑절'은 단독으로 쓰이기 때문에 '두 갑절, 네 갑절 등으로 쓸 수 없다.

264. 아둥바둥 → 아등바등

265. 불기 전에 → 붇기 전에

　　※ 붇다: 물에 젖어 부피가 커지다(불어, 불으니, 붇는)

　　붓다: 살가죽이나 어떤 기관이 부풀어 오르다.

266. 더 이상: '더'와 '이상'은 비슷한 말이라서 가급적 쓰지 않는 것이 바람직하겠지만 어법상 그리 문제가 되지는 않음

267. 불초 소생 → 소생

　　※ 불초: 아들이 부모를 상대하여 자기를 낮추어 이르는 일인칭 대명사

268. 스포츠란 → 스포츠난

269. 거미란 → 거미난

　　※ 고유어, 외래어+난, 한자어+란

270. 했을라고 → 했으려고

271. 틀린 곳 없음

272. 닥달 → 닦달

273. 뒤치닥거리 → 뒤치다꺼리

274. 빈털털이 → 빈털터리

275. 옛부터 → 예부터
276. 깡소주 → 강소주
277. 뗄래야 → 떼려야

278. 누래진 창호지를 새 걸로 바꾸기만 했는데도 새집 분위기가 났다.
279. 군부는 국민의 생사여탈권을 쥐고 무소불위의 권력을 휘둘렀다.
280. 얼레리꼴레리, 얼레리꼴레리!
281. 이런 악천우에는 집안에 틀어박혀있는 게 상책이다.
282. 조심스레 소매깃을 걷어 올리고 냇물에 손을 담갔다.
283. 구렁이 담 넘어가듯 어물쩡 넘어가려고?
284. 자초지종을 듣더니 그제서야 오해를 푸는 것이었다.
285. 복강과 흉강 사이에 있는 횡경막은 호흡을 돕는다.
286. 10시로 예정되었던 친목회는 그 일로 파토가 나고 말았다.
287. 이 양반이, 어따 대고 반말이야!
288. 우리는 돼지껍데기 요리를 맛보았다.
289. 구석에서 궁시렁거리지 말고 이리 나와서 이야기해보게.
290. 유도심문에 걸려 나도 모르게 비밀을 털어놓고 말았다네.
291. 독보적인 지식과 탁월한 식견으로 자문해주셔서 감사합니다.
292. 옷거리가 좋았는데 딱딱거리며 껌을 씹어대는 바람에 정나미가 떨어졌다.
293. '목로주점'의 '목로'가 무슨 뜻일까?
294. 딱다구리가 오동나무 곳곳에 구멍을 내놓았다.
295. 혼자서 짭잘한 음식을 먹고 있으려니 쓸쓸하기만 했다.
296. 참혹한 총기난사 사고에 아들을 잃은 어머니의 가슴은 갈갈이 찢어졌다.

297. 조개껍질 엮어 그녀의 목에 걸고.
298. 늙으막에 단촐하게 살아야지 싶어 이것저것 내다 버렸다.
299. 무려 다섯 번이나 헹가래를 쳐주는 바람에 하늘이 빙빙 도는 것 같았다.
300. 고질병을 나순다고 방방곡곡 안 가 본 병원이 없다대.
301. 해안을 따라 비단결 같은 모새밭이 펼쳐졌다.
302. 아구, 쭈꾸미, 깔다구, 고도리, 몽어는 생선이다.
303. 새고막보다 맛있나?
304. 조금도 서슴치 말고 안으로 들어가거라.
305. 숫가락과 젓가락을 수저라고 한다.
306. 케익을 보고도 어째 시큰둥한 게 배지가 불렀나 보다.
307. 오곡백과가 만발하게 피었고
308. 고무줄을 한껏 늘리다가 갑자기 놓아버리면 어떡해.

    278. 누래진 → 누레진
    279. 생사여탈권 → 생살여탈권
    280. 얼레리꼴레리 → 알나리깔나리
    281. 악천우 → 악천후
    282. 소메깃 → 소맷귀
    283. 어물쩡 → 어물쩍
    284. 그제서야 = 그제야
        ※ 이제야, 이제서야, 그때야, 그때서야
    285. 횡경막 → 횡격막
    286. 파토 → 파투
    287. 어따 대고 → 얻다 대고

288. 껍데기 → 껍질

　　※ 껍데기: 달걀이나 조개 따위의 겉을 싸고 있는 단단한 물질

　　껍질: 물체의 겉을 사고 있는 단단하지 않은 물질

289. 궁시렁거리지 → 구시렁거리지

290. 유도심문 → 유도신문

291. 자문해주셔서 → 자문에 응해주셔서

292. 틀린 곳 없음

293. 주로 선술집에서 술잔을 놓기 위하여 쓰는 널빤지로 좁고 기다랗게 만든 상

294. 딱다구리 → 딱따구리

295. 짭잘한 → 짭짤한, 씁슬하기만 → 씁쓸하기만

296. 갈갈이 → 갈가리

297. 조개껍질 = 조개껍데기

　　※ 예외적으로 두 가지 다 표준어로 인정

298. 늙으막 → 늘그막

299. 행가래 → 헹가래

300. 나순다고 → 고친다고

301. 틀린 곳 없음

302. 아구 → 아귀, 쭈꾸미 → 주꾸미, 깔다구 → 껄떼기, 몽어 → 모쟁이

　　※ 껄떼기: 농어 새끼, 모쟁이: 숭어 새끼, 고도리: 고등어 새끼

303. 새고막 → 새꼬막

304. 서슴치 → 서슴지

305. 숫가락 → 숟가락

　　※ 숟가락을 수저라고도 함(한 숟가락, 두 수저, 세 숟가락…)

306. 케익 → 케이크

307. 오곡백과 → 백화, 만발하게 피었고 → 만발했고, 활짝 피었고

308. 늘리다가 → 늘이다가

309. 개나 고양이를 마구 두드려 패면 당연히 동물학대죄에 해당되지.

310. 새로 얻은 전셋방이 비좁아 장농 놓을 데도 없구나.

311. 귀한 동양란 화분을 떨어뜨려 깨트려버렸다.

312. 개가 말을 타고 다닌다고? 세상에, 그런 희안한 일이 다 있담.

313. 이 마을의 도랑 살리기 운동이 좋은 결실을 맺었으면 한다.

314. 서로가 서로에게 사랑으로 다가가면 행복의 꽃이 피어날 것입니다.

315. 종달새 높이 떠 우지짖는 곳.

316. 그는 정오에 온다는 친구를 기다리며 하릴없이 정류장 주위를 배회했다.

317. 햇볕에 그을은 그의 구릿빛 얼굴에선 건강미가 넘쳐났다.

318. 덜 마른 오징어를 연탄불에 그슬러 먹는 맛이 쏠쏠하다.

319. 압력솥에 쌀을 앉힌 지가 언제인데 아직 밥이 안 됐어?

320. 사람만 쌍둥이가 있는 줄 알았더니 밤도 쌍둥밤이 있네.

321. 금치산자나 한정치산자는 공무원에 임용될 수 없지요.

322. 일곱 빛깔의 아름다운 저 무지개 좀 보아요!

323. 렌트카의 미등을 켜둔 채로 주차해놓았더니 밧데리가 완전히 방전되었다.

324. 머지않아 로봇이 인간을 타켓으로 삼을 것이야.

325. 요즘은 네비게이션 탓에 다들 '길치'가 되었다니까요.

326. 그 집 한식 부페는 값도 싸고 맛도 좋더군.

327. 컨닝 때문에 넓은 운동장에서 시험을 치른 학교도 있었다.

328. 알콜 중독을 막기 위한 이 팜플렛은 홍보효과가 클 것이다.

329. 저 친구는 오지랍이 넓어서 참견하지 않는 일이 별로 없다네.

330. 알타리무 때문에 수모를 당했던 일을 되갚음했다.

331. 지난날을 뒤돌아보니 후회밖에 남는 게 없다.

332. 그 교회는 일주일에 네 번씩이나 예배를 본다고 하데.

333. 덕지덕지 때꼽자기가 낀 얼굴을 들이밀며 히죽이 웃었다.

334. 엄나무를 넣은 닭백숙도 별미로군.

335. 통역사였던 아내는 올해 쉰둘이지만 6개 국어에 능통한 재원(才媛)이다.

336. 여러분, 침착하세요. 놀라실 필요 없어요.

337. 낙엽이 우수수 떨어질 때 겨울의 기나긴 밤 어머님하고 둘이 앉아

338. 그의 작품 속에는 평화를 기원하는 메세지가 담겨있다.

339. 인도네시아의 루왁은 세계 5대 코피 원두 가운데 하나이다.

309. 두드려 → 두들겨

310. 전셋방 → 전세방, 장농 → 장롱

311. 깨트려버렸다 = 깨뜨려버렸다

312. 희안한 → 희한한

313. 틀린 곳 없음

314. 서로가 서로에게 → 서로

315. 우지짖는 → 우짖는

316. 하릴없이: 달리 어떻게 할 도리 없이

317. 틀린 곳 없음

318. 틀린 곳 없음

319. 앉힌 → 안친

320. 쌍둥밤 → 쌍동밤

321. 금치산자 → 피성년후견인, 한정치산자 → 피한정후견인

322. 일곱 빛깔의 아름다운 저 → 저 일곱 빛깔의 아름다운

　　※ 관형사가 이어질 때는 '지시관형사+수관형사+성상관형사'순으로 배치하는 것이 일반적이지만 순서가 바뀌었다고 해서 틀린 것은 아님

323. 렌트카 → 렌터카, 밧데리 → 배터리

324. 타켓 → 타깃

325. 네비게이션 → 내비게이션

326. 부페 → 뷔페

327. 컨닝 → 커닝

328. 팜플렛 → 팸플릿

329. 오지랍 → 오지랖

330. 알타리무 → 총각무, 되갚음했다 → 대갚음했다

331. 뒤돌아보니 = 되돌아보니

332. 본다고 하데 → 본다고 하대

　　※ 남한테 들은 걸 말할 때는 '대', 자신의 경험이면 '데'를 씀

333. 때꼽자기 → 때꼽재기

334. 엄나무 → 음나무

335. 재원이다 → 인재이다

　　※ 재원: 재주가 뛰어난 젊은 여자

336. 놀라실 필요 없어요 → 놀라실 것 없어요

　　※ 필요: 반드시 요구되는 바가 있음

337. 사실 관계 오류로 판단함

　　※ 낙엽이 우수수 떨어지는 때는 가을

338. 메세지 → 메시지

339. 코피 → 커피

340. 사랑하는 그녀에게 어떻게 프로포즈를 해야 할지 모르겠다.

341. 여수의 아쿠아룸에 갈려던 계획이 빌빌 꼬이기 시작했다.

342. 워크샵 때마다 오찬은 으례히 우리가 대접했다.

343. 심볼은 성모 마리아상일까?

344. 바베큐 파티는 역시 밤에 해야 제격이지.

345. 쿠션이 좋은 쇼파에 몸을 묻고 장갑이며 브로치 등 악세사리를 만지작거렸다.

346. 카운셀러는 아무나 하는 게 아니더군.

347. 우리는 가끔씩 밤거리를 거닐며 낭만을 이야기한다.

348. 행사에 참석지 못한 회원들에게도 기념타올을 선물했다.

349. 패기 넘치게 '화이팅'을 외치고 나갔지만 예선에서 탈락하고 말았다.

350. 놋그릇 귀한 줄 모르고 스테인레스 그릇하고 맞바꾸던 시절이 있었다.

351. 장내가 떠나가도록 외치는 '앵콜'에 호응하여, 그는 세 곡을 더 불렀다.

352. 소홀히 관리했다가 큰 곤혹을 치렀던 적이 있다.

353. 오늘따라 하늘이 유난히도 파랗네그려.

354. 시골 마을의 비좁은 골목길이나 골목 사이를 고샷이라고 한다.

355. 무작정 나무래지만 말고 잘 타일러라.

356. 그는 어른들께는 시종일관 깎듯한 존댓말을 썼다.

357. 얼마나 놀랬는지 간이 떨어졌다.

358. 반란군한테 들리는 날에는 끝장이니 꼭꼭 숨어요.

359. 바짓가랑이가 사타구니 근처까지 따져 낭패를 보았다.

360. '못자리'가 맞는 말인지 '묫자리'가 맞는 말인지 아리송하다.

361. 다섯 살짜리 우리 손주는 귀여운 공주님이라네.

362. 어디선가 비릿한 내음이 풍겨오고 있었다.

363. 그 사람은 만날 걸리적거리기만 할 뿐 영 도움이 안 돼.

364. '30퍼센트'와 '30프로'는 같은 말일까?

365. 아옹다옹 싸우다가 한 해를 보냈다오.

366. 권력자 앞에서 굽신거리는 꼴이 영락없는 소인배였다.

367. 크게 한턱낸다더니 째째하게 2만원을 던지고 달아난다.

368. 아무리 국화빵 같은 쌍둥이라도 찬찬히 뜯어보면 틀린 데가 많다.

369. 발바닥은 참겠는데 겨드랑이를 간지르면 참을 수가 없어.

370. 공부는 젠병인데 인사 하나는 깍듯이 한다.

371. 나랏돈 돌라가는 놈이 한둘이어야 말이지.

    340. 프로포즈 → 프러포즈
    341. 아쿠아룸 → 아쿠아리움, 갈려고 → 가려고, 빌빌 → 배배
    342. 워크샵 → 워크숍, 으례히 → 으레
    343. 심볼 → 심벌
    344. 바베큐 → 바비큐
    345. 쇼파 → 소파, 악세사리 → 액세서리
    346. 카운셀러 → 카운슬러
    347. 가끔씩 → 가끔
    348. 기념타올 → 기념타월
    349. 화이팅 → 파이팅
    350. 스테인레스 → 스테인리스
    351. 앵콜 → 앙코르
    352. 곤혹 → 곤욕
    353. 파랗네그려 → 파라네그려
    354. 고삿 → 고샅
        ※ 고삿: 초가지붕을 일 때 쓰는 새끼

355. 나무래지만 → 나무라지만

356. 깎듯한 → 깍듯한

357. 놀랬는지 → 놀랐는지

　　※ 놀래다: '놀라다'의 사동사로 '놀라게 하다'는 뜻

358. 들리는 → 들키는

359. 틀린 곳 없음

360. 못자리 = 묏자리

361. 틀린 곳 없음

362. 내음 → 냄새

　　※ 내음: 코로 맡을 수 있는 나쁘지 않거나 향기로운 기운. 주로 문학적 표현에 씀

363. 걸리적거리기만 = 거치적거리기만

364. 퍼센트 = 프로

365. 아응다응 → 아웅다웅

366. 굽신거리는 = 굽실거리는

367. 째째하게 → 쩨쩨하게

368. 틀린 데 → 다른 데

　　※ 틀리다/맞다, 다르다/같다

369. 간지르면 → 간질이면

370. 젠병 → 젬병

371. 틀린 곳 없음

372. 조문 갈 형편이 아니라서 인편에 부주를 했다.

373. 가시오갈피나무가 효험이 있다더군요.

374. 곰곰히 생각해보니 그가 너무 깊숙히 개입한 것 같다.

375. 밑술에 물을 조금씩 부어가며 체에 받쳐냈다.

376. 그래봤댔자 도토리 키 재기라, 오십보백보요 도진개진이다.

377. 설거지를 하고 나니 비가 올듯하여 비설거지를 했다.

378. 적어도 그 정도 실력이래야 정답을 맞힐 수 있다.

379. 겉잡아 이틀이면 끝날 일이었는데 이젠 걷잡을 수 없게 되었다.

380. 하느라고 한 게 이 모양이다.

381. 시계가 거꾸로 도네.

382. 당신의 하루가 온통 기쁨이였으면 좋겠습니다.

383. 항아리에 길게 테가 나서 테메우기를 했다.

384. 그 집 음식은 개미가 있다.

385. 어제 시험 치러 갔다더니, 무난히 합격할 수 있을 것 같아?

386. 탁구를 치고 박수를 치고, 술을 치고 장구를 치고, 내린 눈을 치고….

387. 5m 떨어진 지점에 표시를 했다.

388. 나한테 10억 원 좀 빌려줄래?

389. 기다 아니다 말만 하지 말고 증거를 내놔라.

390. 돈을 거둬, 걷어?

391. 새롭게 달라지겠습니다.

392. 그가 도둑질을 할 거라고 미리 예단해서는 안 된다.

393. 그는 뒤로 계속 후진하여 주차를 했다.

394. 도시락 여분이 많이 남아서 다른 사람들에게 나눠주었다.

395. 아버지와 삼촌의 친구 분은 지리산으로 향했다.

396. 나는 오늘 철수와 영희를 만났다.

   372. 부주 → 부조

   373. 가시오갈피나무 → 가시오가피나무

374. 곰곰히 → 곰곰이, 깊숙히 → 깊숙이
375. 받쳐냈다 → 밭쳐냈다
　　※ 밭다(밭치다): 건더기와 액체가 섞인 것을 체나 거르기 장치에 따라서 액체만 을 따로 받아내다.
376. 도진개진 → 도긴개긴
377. 틀린 곳 없음
378. 실력이래야 → 실력이라야
379. 틀린 곳 없음
　　※ 겉잡다: 겉으로 보고 대강 짐작하여 헤아리다.
　　걷잡다: 한 방향으로 치우쳐 흘러가는 형세 따위를 붙들어 잡다(주로 '없다'와 함께 쓰임).
380. 하느라고 = 하노라고
381. 틀린 곳 없음
　　※ '까꾸루'는 표준어
382. 기쁨이였으면 → 기쁨이었으면
383. 테가 나서 → 태가 나서
　　※ 태: 질그릇이나 놋그릇의 깨진 금
384. 개미 → 가미(佳味)
385. 치다 = 치르다
　　※ 치다: 시험을 보다.
　　치르다: 무슨 일을 겪어 내다.
386. 틀린 곳 없음
387. 5m → 5 m
　　※ 수와 미터법 도량형 단위를 띄어 쓰는 것은 국제규약
388. 틀린 곳 없음
389. 틀린 곳 없음
　　※ 기다: '그것이다'가 줄어든 말
390. 거두다 = 걷다

391. 새롭게 달라지겠습니다 → 새로워지겠습니다

392. 미리 예단해서는 → 예단해서는

393. 뒤로 → (삭제)

394. 여분이 많이 남아서 → 여분이 많아서, 남은 것이 많아서

395. (비문) 아버지하고도 친구이고 삼촌하고도 친구인 한 사람인지, '아버지 그리고 삼촌의 친구' 이렇게 두 사람인지 알쏭달쏭하므로 명확히 기술해야 한다.

396. (비문) 내가 철수와 함께 영희를 만난 건지, 철수와 영희를 만난 것인지.

397. 태권도를 아주 잘하는 친구의 여동생이 왔다.

398. 나도 몰래 실수했던 일이 떠올라 웃음이 났다.

399. 전국에 걸쳐 강풍과 천둥이 칠 것으로 예상됩니다.

400. 이사 오면서 욕실 두 개와 싱크대를 바꾸고 장판과 도배를 새로 했다.

401. 나는 밤이면 라디오나 책을 읽는다.

402. 그날에 약속을 도저히 잊을 수 없다.

403. 흑치상지는 베트남 총독이었는데 늦게야 백제의 멸망소식이 전해졌다고 한다.

404. 그 분도 그게 맞는다고 고개를 끄덕이셨다.

405. 감독을 전격 경질하고, 당분간 후임 감독 없이 코치진이 팀을 관장토록 했다.

406. 아까운 물이지만 밖으로 흘러보내야 했다.

407. 일본 직장인들은 퇴근 후, 편의점 등에서 새로 나온 만화나 잡지, 책을 읽다가 집으로 귀가 하는 게 보통입니다.

408. 칠흑 같은 어둠 때문에 돌뿌리에 걸려 넘어지고 말았다.

409. 그는 여러 가지 다양한 주제로 이야기했습니다.

410. 말없는 침묵의 시간이 흘러가고 참석자들은 모두 눈물을 흘렸다.

411. 새하얀 백설이 쌓인 들녘을 바라볼 때면 나타샤와 흰 당나귀가 그려집니다.

412. 둘째 아들네가 손녀를 낳았다.

413. 그녀의 아름다운 미모와 쌍벽을 이룰만한 얼굴이었다.

414. 20Kg짜리 배낭을 메고 15Km 구보에 나섰다.

415. 굳이 일일이 열거하지 않아도 모두들 잘 알고 있다.

416. 고모부가 직접 운전하는 승용차를 타고 왔다.

417. 추돌사고를 미연에 예방하는 주의력이 필요하지요.

418. 몰래 숨겨두었던 꿀단지가 감쪽같이 사라졌다.

419. 우리 모두 다함께 손뼉을, 짝짝짝!

420. 노인 회관에 탁구 치러 가나요, 탁구 하러 가나요?

421. 정신분열병은 불치병인가?

422. 수많은 물줄기들이 그 호수로 흘러들고 있었다.

423. 천여 명에 가까운 사람들이 모여들었다.

424. 우리나라 국민들은 성격이 급하다고 한다.

397. (비문) 친구가 태권도를 잘하는지, 친구의 여동생이 태권도를 잘하는지.

398. 몰래 → 모르게

399. 강풍과 천둥이 칠 것으로 → 강풍이 불고 천둥이 칠 것으로

400. 욕실 두 개와 → 욕조 두 개와

　　장판과 도배를 새로 했다 → 장판을 바꾸고 도배도 새로 했다

401. 라디오나 책을 읽는다 → 라디오를 듣거나 책을 읽는다

402. 그날에 → 그날의

403. 멸망소식이 전해졌다고 → 멸망소식을 들었다고

404. 맞는다고 → 맞다고

405. 후임감독 없이 → (삭제)

406. 흘러보내야 → 흘려보내야

407. 집으로 귀가 → 귀가

408. 돌뿌리 → 돌부리

409. 여러 가지 다양한 → 다양한

410. 말없는 침묵의 → 침묵의

411. 새하얀 백설 → 백설, 새하얀 눈

412. 손녀 → 딸

　※ 아들 입장에서 기술해야.

413. 아름다운 미모 → 미모

414. 20Kg → 20kg, 15K → 15km

　※ 수량과 단위는 띄어 쓰고 단위는 소문자로만 표기해야 함(국제규약). 다만, 숫자와 한글 단위는 붙여 쓰고, 수관형사와 한글 단위는 띄어 쓴다. (2킬로그램, 5미터, 20주, 세 마리, 다섯 개, 서 말)

415. 일일이 → (삭제)

416. 직접 → (삭제)

417. 예방하는 → 방지하는, 막는

418. 몰래 → (삭제)

419. '우리 모두 다함께'는 중복의 전형 같기도 한데 우리말에서 과연 중복을 어디까지 허용해도 되는지 애매한 실정

420. 탁구 치다 = 탁구하다

421. 정신분열병 → 조현병

422. 물줄기들이 → 물줄기가

　※ 들: (셀 수 있는 명사나 대명사 뒤에 붙어) '복수'의 뜻을 더하는 접미사

423. 천여 명에 가까운 → 천여 명의, 천 명 가까운

　　※ 여: (수량을 나타내는 말 뒤에 붙어) '그 수를 넘음'의 뜻을 더하는 접미사

424. 국민들 = 국민

425. 믿음과 신뢰가 무너지면 상처만 남는다.

426. 점심을 잘못 먹었는지 생목이 오르는군.

427. 마음먹기로는 꼭 저 언덕을 오르기로 결심했습니다.

428. 원했건 원하지 않했건 해야 한다.

429. 그건 우리 집에서 직접 담근 재래식 된장이지요.

430. "바로 그 少年이었군요. 귀한 시집을 보내준데 대하여⋯."

431. 길 가는 행인을 열심히 따르는 이 녀석은 유기견일까.

432. 덜 익은 벼를 미리 거두어 쪄서 말린 뒤에 찧은 쌀을 찐쌀이라고 한다.

433. 고구마 캐로 온 김에 무도 좀 뽑아가자.

434. 그는 일찍이 세계적 피아노의 거장에게 3년 동안 사사를 받았다.

435. IS는 리비아 외교부 건물 폭탄테러를 자신들의 소행이라고 주장했습니다.

436. 서로 치고박고 싸우는 바람에 사무실은 수라장이 되었다.

437. 우리 동네 '죽림'을 로마자로는 'JUKLIM'이라고 표기한다.

438. 점잖은 사람이라고 허구한 날 점잖만 빼고 있을 수는 없지 않은가.

439. 오시오 하면 오고 가시요 하면 갈 따름이다.

440. 너를 끔찍이도 예뻐해 하시더라.

441. 육안으로도 쉽게 구분이 가능할 정도로 허술해 금새 덜미가 잡힙니다.

442. 새벽녘에 쳐다본 하늘에는 초생달이 떨고 있었다.

443. 원, 달러 환율은 1,109원 50전에 거래가 종료되었습니다.

444. 국가(國家)의 주인(主人)은 국민(國民)입니다.

445. '해안가'는 어법에 맞는 말이고 '해변가'는 틀린 말이다.

 425. 믿음과 신뢰가 → 믿음이, 신뢰가
 426. 틀린 곳 없음
  ※ 생목: 제대로 소화되지 아니하여 위에서 입으로 올라오는 음식물이나 위액
 427. 마음먹기로는 → (삭제)
 428. 하얀 삘기 → 하얀 띠 이삭의 물결
  ※ 삘기는 '띠의 어린 꽃이삭'으로 아직 패지 않은 상태이다.
 429. 직접 → (삭제)
  ※ 문학작품을 읽다보면 군더더기 말이 많이 보임
 430. 少年 → 소년, 보내준데 대하여 → 보내준 데 대하여
 431. 길가는 → (삭제)
 432. 개정되어지면 → 개정되면
 433. 캐로 → 캐러
 434. 사사를 받았다 → 사사했다
  ※ 사사하다: 스승으로 섬기다. 또는 스승으로 삼고 가르침을 받다.
 435. 자신들의 소행 → 자신들이 한 일, 자신들의 의거
  ※ '소행'은 '이미 해놓은 일이나 짓'을 뜻하는데 사건을 일으킨 장본인들이 한 일을 '소행'이라고 했을 리 없다. 언론의 편향적 시각이 엿보인다.
 436. 치고박고 → 치고받고
 437. JUKLIM(죽림) → JUNGNIM(중님)

438. 점잖만 → 점잔만

439. 가시요 하면 → 가시오 하면

440. 예뻐해하시더라 → 예뻐하시더라

※ 좋아해하다, 기뻐해하다, 맛있어해하다 → 좋아하다, 기뻐하다, 맛있어하다

441. 금새 → 금세

442. 초생달 → 그믐달

※ 초생달 → 초승달

※ 초승달은 음력 2~4일경, 일출 후에 떠서 밤에 지는 달이므로 초저녁에 서쪽 하늘에서 지는 모습을 잠깐 볼 수 있다.

※ 그믐달은 음력 27~28일경, 새벽녘에 뜨므로 동쪽하늘에서 잠깐 볼 수 있다.

443. 원, 달러 환율은 1109원 50전에 → 원, 달러는 환율 1,109원 50전으로

444. 국가(國家), 주인(主人), 국민(國民) → 국가, 주인, 국민

※ 누구나 쉽게 이해할 수 있는 단어인데도 한자병기를 남발하는 사례가 많음

※ 《국어기본법》은, 공문서는 한글로 작성하되 뜻을 정확하게 전달하기 위해 필요한 경우, 어렵거나 낯선 전문어 또는 신조어를 사용하는 경우에 한하여 괄호 안에 한 자나 외국글자를 쓸 수 있다고 규정하고 있음

※ 공문서 외에는 별다른 규정이 없지만 국어기본법에 따르는 것이 옳다고 봄

445. 해안가 = 해변가

446. 식인상어로 알려진 백상어가 이곳 해수욕장에 나타났다고 합니다.

447. 그 사람은 술만 취했다하면 해까닥해지니 조심해요.

448. 깨끗치 못한 환경에서 지내면서 마음이 편치 않았겠지요.

449. 이 골짜기는 그가 마지막으로 다달았던 곳이다.

450. 제 몸무게는 74Kg입니다.

451. 옷을 다리고 약을 다렸다.

452. 넓은 주방 한켠엔 대형냉장고가 자리 잡고 있었다.

453. 비가 와서 미끄러운 데다 비탈이 너무 가파라서 위험하기 짝이 없었다.

454. 그가 나를 알은척하는데 아무리 생각해도 누군지 모르겠다.

455. 국이 좀 짭잘한 것 같다.

456. 쌀가마를 짊다가 그만 허리를 삐끗했다.

457. 오랜만에 아궁이에 불을 당겼다.

458. 받은 대로 갚아준다는 뜻으로 쓰이는 '대갚음'의 동사형은 '대갚다'이다.

459. 천정 높은 줄 모르고 물가가 한없이 오르기만 하는 걸 '천정부지'라 한다.

460. 왼짝이 불사조 팀이고 오른짝이 무적 팀이다.

461. 구설수에 올라 시달리더니 이내 종적을 감췄다.

462. 무릎에 무리가 올 수 있으니 달리지 마요.

463. 미국 들어갔다더니 언제 나왔어요?

464. 귀물을 잡다가 고장 난 통발을 수리하고 있어요.

465. 나쁜 사람들을 혼내주고 좋은 일 해보려고요.

466. 아이에게 사탕을 주면서 슬슬 구스리고 있더군.

467. 추워진다니 두터운 이불을 준비해라.

468. 네 팀 모두 200점 문제에 승산이 걸려있다.

469. 마지막 최종 결승전에 진출했습니다.

470. 사랑하는 그대 있음에 나는 외롭지 않아요.

471. 변기통에 휴지를 넣지 말아주십시오.

472. 이 프로그램은 모든 연령의 시청자가 시청할 수 있습니다.

446. 백상어 → 백상아리

447. 해까닥해지니 → 회까닥해지니

448. 깨끗치 → 깨끗지

449. 다달았던 → 다다랐던

450. 74Kg → 74kg

451. 다렸다 → 달였다

452. 한켠엔 → 한편엔

453. 가파라서 → 가팔라서

454. 알은척하다 = 알은체하다

455. 짭잘한 → 짭짤한

456. 틀린 곳 없음

　　※ 짊다: 짐을 가뜬하게 꾸려서 지게나 수레 따위에 올려 얹다.

457. 당겼다 → 댕겼다

　　※ 댕기다: 불이 옮아붙다. 또는 그렇게 하다.

458. 대갚다 → 대갚음하다

459. 천정 → 천장

460. 틀린 곳 없음

461. 구설수에 → 구설에

　　※ 구설: 남과 시비하거나 남에게서 헐뜯는 말을 듣게 될 운수

462. 마요 = 말아요, 마라 = 말아라

463. 들어갔다더니 언제 나왔어 → 나갔다더니 언제 들어왔어

　　※ 어법상으로는 흠잡을 데가 없지만 주객이 바뀐 느낌

464. 고장 난 → 망가진

317

465. 혼내주고 → 벌하고

　　※ 혼내다: 윗사람이 아랫사람의 잘못에 대하여 호되게 나무라거나 벌을 주다.

466. 구스리고 → 구슬리고

467. 두터운 이불 → 두꺼운 이불

　　※ 두텁다: 신의, 믿음, 인정 따위가 굳고 깊다.

468. 승산이 → 승패가, 승부가

469. 마지막 최종 결승전에 → 결승전에

　　※ 중복 표현이 어디까지 허용되는지 애매함. 결실을 맺다. 벅수를 치다. 탁구를 치다. 외갓집. 처갓집. 피해를 입다. 피살되다. 손실을 입다.

　　※ 살해되다/피살되다

470. 있음에 → 있으매

471. 넣지 말아주십시오 → 넣지 마세요, 넣지 마시기 바랍니다

472. 모든 연령의 시청자가 → 누구나

473. 송이버섯 대신 느타리버섯을 드셔주셔도 좋을 것 같아요.

474. 수저와 젓가락을 챙겨라.

475. 소중한 투표 행사합시다.

476. 마을 뒤편으로 벌거벗은 민둥산이 보였다.

477. 이어서 ○○님의 축사가 있으시겠습니다.

478. 오늘 아침에는 박무현상이 나타나겠습니다.

479. 주문하신 커피 나오셨습니다.

480. 김정은 위원장 순천 린비료공장 준공식 참여

481. 지나친 과식은 금물이지요.

482. 마침내 본성을 들어내고야 말았다.

483. 아니오, 그런 뜻이 아니오.

484. 그런 뻔한 거짓말에 속아 넘어가다니!
485. 이 치킨은 중독성 있는 맛이 나서 자꾸 손이 가네요.
486. 팬들에게 사인도 해주고 했는데 코로나 때문에 불가피하게 중지했다.
487. 모짜르트, 마오쩌뚱, 바하, 고호
488. 판넬, 이디오피아
489. 히말라야의 세르파들은 목숨을 걸고 일합니다.

띄어쓰기

490. 그 중에서 고르지 말고 이 중에서 골라봐!
491. 지난 가을의 설악산 단풍은 대단했어.

473. 드셔주셔도 → 드셔도
474. 수저와 젓가락 → 숟가락과 젓가락, 수저
   ※ 수저: 숟가락과 젓가락, 숟가락(세 숟가락, 두 숟갈)
475. 틀린 곳 없음
   ※ 투표: 선거를 하거나 가부를 결정할 때에 투표용지에 의사를 표시하여 일정한 곳에 내는 일, 또는 그런 표
476. 벌거벗은 민둥산 → 민둥산
477. ○○님의 축사가 있으시겠습니다 → ○○님이 축사를 하시겠습니다
478. 박무현상이 나타나겠습니다 → 옅은 안개가 끼겠습니다
479. 나오셨습니다 → 나왔습니다
480. 린 비료공장 → 인 비료공장
   ※ 북한은 두음법칙을 쓰지 않지만 우리 어법에 맞춰 보도해야(로동신문 → 노동신문)

481. 지나친 과식 → 과식
482. 들어내더군요 → 드러내더군요
483. 아니오 → 아니요

　　※ 아니요: 윗사람이 묻는 말에 부정하여 대답할 때 쓰는 말. 감탄사로서 서술어로 쓰이는 '아니오'와 구별

484. 뻔한 → 빤한

　　※ 빤하다: 어떤 일의 결과나 상태 따위가 환하게 들여다보이듯이 분명하다.

　　뻔하다: 앞말이 뜻하는 상황이 일어나지는 않았지만 그럴 가능성이 매우 높았음을 나타내는 말(잠들 뻔했다, 당첨될 뻔했다)

485. 중독성 있는 맛 → 감칠맛

　　※ 중독성: 먹거나 들이마시거나 접촉하면 목숨이 위험하게 되거나 병적 증상을 일으키는 성질(중독성이 강한 마약, 담배는 중독성이 있다)

　　감칠맛: 음식물이 입에 당기는 맛, 마음을 끌어당기는 힘

486. 불가피하게 → 부득이
487. 모짜르트, 마오쩌둥, 바하, 고호 → 모차르트, 마오쩌둥, 바흐, 고흐
488. 판넬, 이디오피아 → 패널, 에티오피아
489. 세르파 → 셰르파

띄어쓰기

490. 그 중 → 그중

　　※ 그다음, 그동안, 그해, 그달, 그때, 그놈, 그분, 그곳, 그이, 이다음, 이때, 이곳, 저곳, 저놈, 이놈, 이달, 다음번, 이번

491. 지난 가을 → 지난가을

　　※ 지난날, 지난주, 지난달, 지난가을, 지난봄, 지난여름, 지난겨울, 지난해

492. 가슴 속에 품어왔던 물음표를 내보냈다.

493. 갈고닦다, 주고받다, 오래 전, 한 잔하자, 한결같다

494. 보잘 것 없다, 쓸 데 없다, 쓸모없다, 느닷없다

495. 바다물결, 바다냄새

496. 안 아름답다, 안 조용하다, 안 배고프다, 안 흐리다

497. 철수는 군밤을 호주머니에 우겨넣었다.

498. 특수기호들의 이름을 불러 보세요.

　　× ○ ※ * % @ # $ & ~ - / \ : ;

　　( ) { } [ ] " " ' ' ^ → ← ↔ 〈 〉 《 》

499. 우리말 날짜, 날수

1일, 2일, 3일, 3~4일, 4일, 3~5일, 4~5일, 5일, 5~6일, 6일, 7일, 8일, 9일, 10일, 15일, 16일, 20일, 27일, 30일

500. 고등어 한 손, 북어 한 쾌, 전어 한 두름, 마늘 한 접, 바늘 한 쌈을 모두 더하면 몇 개인가?

492. 가슴 속 → 가슴속

　　※ 마음속, 머릿속

493. 오래 전 → 오래전, 한 잔하자 → 한잔하자

494. 보잘 것 없다 → 보잘것없다, 쓸 데 없다 → 쓸데없다

　　※ 온데간데없다, 의지가지없다, 헐수할수없다, 두말없다, 밥맛없다

　　※ '없다'를 붙여 쓰는 조건

　　　- '없다'를 '있다'로 바꿀 수 없는 경우(보잘것있다, 느닷있다, 두말있다)

　　　- 중간에 조사를 넣어서 쓰지 않는 경우(보잘 것이 없다, 쓸 데가 없다)

　　　- 의미가 다르게 바뀐 경우(밥맛없다)

　　　- '없다' 앞에 나오는 말이 홀로 쓰이지 않는 경우(느닷없다)

　　　- 사용빈도가 압도적으로 높은 경우(맛없다)

※ 너 나 할 것 없다, 별 볼일 없다, 밑도 끝도 없다

495. 바다물결, 바다냄새 → 바다 물결, 바다 냄새

    ※ 바닷사람, 바닷바람, 바닷물, 바닷속, 바닷가, 바닷고기, 바닷모래

496. 안 아름답다, 안 조용하다, 안 배고프다, 안 흐리다 → 아름답지 않다, 조용하지 않다, 배고프지 않다, 흐리지 않다

    ※ '~지 않다'와 '안~하다'의 용법은 따로 없는 듯

    춥다-춥지 않다, 안 춥다

497. 우겨넣었다 → 욱여넣었다

    ※ 욱여넣다: 주위에서 중심으로 함부로 밀어 넣다.

498. × 가위표(가새표), ○ 동그라미표, ※ 참고표, * 별표, 별사탕, % 퍼센트, 쌍방울표, @ 골뱅이, # 샤프, 우물정, $ 달러, & 앤드, ~ 물결표, - 줄표, _ 밑줄, / 슬러시, \ 역슬러시 : 콜론, 땡땡이, ; 세미콜론, ( ) 소괄호, { } 중괄호, [ ] 대괄호, " " 큰따옴표, ' ' 작은따옴표, ^ 꺽쇠, 웃는 눈, √ 확인, 체크, → 화살표(오른쪽), ← 화살표(왼쪽), ↔ 양화살표(양방향), 〈 〉 홑화살괄호, 《 》 겹화살괄호

499. 1일(초하루, 하루), 2일(초이틀, 이틀), 3일(초사흘, 사흘), 3~4일(사나흘 = 사날), 4일(초나흘, 나흘), 3~5일(사나나달), 4~5일(네댓날), 5일(초닷새. 닷새), 5~6일(대엿새), 6일(초엿새,엿새), 7일(초이레, 이레), 8일(초여드레, 여드레), 9일(초아흐레, 아흐레), 10일(열흘), 15일(보름), 16일(열엿새), 20일(스무날), 27일(스무이레), 30일(그믐, 서른날)

500. 고등어 한 손 = 2마리, 북어 한 쾌 = 20마리, 전어 한 두름 = 20마리, 마늘 한 접 = 100개, 바늘 한 쌈 = 24개

    ※ 오징어 한축 = 20마리, 그릇 한 죽 = 10개, 오이 한 거리 = 50개, 김 한 톳 = 100장, 한약 한 제 = 20첩, 삼치 한 뭇 = 10마리, 기와 한 우리 = 2,000장, 인삼 한 채 = 100근, 달걀 한 판 = 30개